本书出版得到
"西北民族大学重点学术著作资助项目"
和"西北民族大学中国史重点学科"项目的资助

南阳地区
汉墓的
考古学研究

ARCHAEOLOGICAL
RESEARCH ON

THE TOMBS OF
HAN DYNASTY
IN NANYANG AREA

陈亚军
——
著

社会科学文献出版社
SOCIAL SCIENCES ACADEMIC PRESS (CHINA)

目　　录

第一章

绪　论

　　墓葬是盛放尸体或其某些部位的场所与置放方式的统称，墓是场所，葬是方式①。墓葬自出现之初就被赋予了丰富的内涵，在一定程度上反映了当时社会的政治、经济、生产、生活、风俗、宗教、观念等，墓葬常常被视为当时社会的缩影。考古学资料显示，山顶洞人已有埋葬的习俗②，新石器时代以来土葬成为主流，仰韶文化中期出现木质的棺和椁③，周代达到鼎盛，同时坟丘开始出现并逐渐普及④。汉墓在"大一统"的背景下发生新的转变⑤。尽管汉墓的形式趋于统一，但地域性的特质仍然存在，成为探索汉文化"兼容并蓄"的主要对象。

第一节　地理概况与历史沿革

一　地理概况

　　南阳地区包括今河南省西南部和湖北省西北部，北靠伏牛山，东依

---

① 中国大百科全书编辑委员会：《中国大百科全书·考古学》，中国大百科全书出版社，1986，第 665 页；刘尊志：《徐州汉墓与汉代社会研究》，科学出版社，2011，第 1 页。

② 中国大百科全书编辑委员会：《中国大百科全书·考古学》，中国大百科全书出版社，1986，第 520 页。

③ 栾丰实：《史前棺椁的产生、发展和棺椁制度的形成》，《文物》2006 年第 6 期。

④ 黄晓芬：《汉墓的考古学研究》，岳麓书社，2003，第 172~185 页。

⑤ 中国社会科学院考古研究所：《中国考古学·秦汉卷》，中国社会科学出版社，2010，第 27 页；赵化成：《从商周"集中公墓制"到秦汉"独立陵园制"演化轨迹》，《文物》2007 年第 7 期。

桐柏山，南有大洪山与荆山，西面是武当山，中部为海拔 80～120 米的冲积平原（图一），境内河流有唐河、白河、丹江等，其中唐河、白河纵贯盆地中央，丹江及其支流淇河、淅河纵流盆地西部。由于陆相湖泊不断接受泥沙沉积，湖水下泄形成了大大小小的湖积平原，河流的下游也形成了一连串的河谷平川，这些湖积平原和河谷平川的上部形成了肥沃的积层土壤，为农业生产提供了良好的自然条件。南阳地区气候属北亚热带季风型大陆气候过渡区，冬季平均气温在 1℃ 以上，夏季炎热多雨，平均气温 23℃～30℃，全年光照充裕，无霜期长①。因此，本书中的南阳地区不仅是一个相对独立的地理单元，而且也是华北平原与江汉平原的交通要道②。

图一　南阳地区地形图

资料来源：国家文物局主编《中国文物地图集·河南分册》，中国地图出版社，1991，第 6 页，改绘。

---

① 无霜期为 222～241 天，初霜在 11 月上、中旬，终霜在 3 月中、下旬。

② 南阳市地方史志编纂委员会：《南阳市志》，河南人民出版社，1989；淅川县地方史志编纂委员会：《淅川县志》，河南人民出版社，1990，第 60～61 页；晏昌贵：《丹江口水库库区历史地理研究》，科学出版社，2007，第 28～43 页；湖北省襄樊市地方志编纂委员会编著《襄樊市志》，中国城市出版社，1994，第 38～43 页；王子今：《秦汉时期生态环境研究》，北京大学出版社，2007，第 282～287 页；徐少华：《周代南土历史地理与文化》，武汉大学出版社，1994，第 278～285 页。

二　历史沿革

据文献记载，夏初禹把邓州作为都城①。商、周时，境内有申、邓、谢、谷、罗、随、唐、厉、卢戎等。春秋属楚，西部属麇。战国属韩及楚，后为秦所据。秦时为邓、筑阳、山都、鄀、随、郡、鄢、邔等县地。西汉置南阳郡，辖熊耳山以南至大湖山以北；南部襄阳属南郡，王莽时曾改称相阳。东汉时为"南都"，是仅次于洛阳的第二大都市。

南阳地区在西汉属南阳郡全境、南郡北部，司隶部之河南伊南部；东汉属南阳郡全境和南郡北部②，西汉时为五都之一③。更始三年（25 年），刘秀起帝业于南阳；到东汉时，南阳经济发达，人口增加④，呈现出一派欣欣向荣的景象。

第二节　研究简史与现状

一　发现简史

东汉末年，盗墓之风日盛，汉画像石墓成为被盗掘的主要对象，一些魏晋墓的修筑就利用了汉画像石⑤。南阳明清时期的城墙、桥墩、路面、石阶等建筑的基石中就砌有不少汉画像石⑥。虽然金石学家非常重视画像石的著录，但南阳地区的汉画像石却一直未被发现。

---

① （唐）杜佑：《通典》第五册，中华书局，1988，第 4673 页。
② 谭其骧主编《中国历史地图集》第二册，中国地图出版社，1996，第 22～23、49～50 页。
③ 五都即洛阳、临淄、邯郸、成都、南都。《史记·货殖列传》载"南阳西通武关、陨关，东受汉、江、淮，宛亦都会也，俗杂好事，业多贾"，见《史记》第十册，中华书局，1959，第 3269 页；《汉书·地理志》载"南阳郡户三十五万九千三百一十六，口一百九十四万二千五百五十一，县三十六"，见《汉书》第六册，中华书局，1962，第 1563 页。
④ 《后汉书·郡国志》载"南阳郡三十七城，户五十二万八千五百五十一，口二百四十三万九千六百一十八"，见《后汉书》第十二册，中华书局，1965，第 3476 页。
⑤ 即汉代以后利用汉画像石墓中的画像石作为建筑材料，重新修建的墓葬，主要发现于河南南阳、山东、江苏徐州、四川等地，其中南阳地区发现的数量最多。
⑥ 南阳汉画像馆编著《南阳汉代画像石墓》，河南美术出版社，1998，第 11 页。

南阳地区汉墓的发现简史，可以分为四个阶段①。

（一） 第一阶段：20 世纪 20 年代初至中华人民共和国成立前

1923～1924 年，时为北京大学研究生的董作宾、南阳杨章甫等在南阳城附近发现了一些石刻画像②。董作宾的这一发现改变了世人只知山东等地有汉画像石的局面，让南阳汉画像石呈现于世人面前。1928 年冬，南阳籍文史学家张中孚奉命回宛赈灾，工作之余寻访了当地的画像石，后将已拓的画像石拓片交给时任河南省博物馆馆长关百益。关百益选取四十幅编成《南阳汉画像集》③，该书是南阳汉画像的第一本图集，引起了学术界的注意。1931年夏，距南阳城西南 18 里的草店村附近被水冲出一座古墓，后孙文青亲自查看并清理了该墓，获得画像石 27 块，画像 44 幅，撰成《南阳草店汉墓画像记》④ 一文，这是南阳第一次具有考古学意义的发现和发掘。孙文青又在南阳石桥镇东门外发现汉画像 25 幅和随葬品数十件，北广阳镇（今方城县广阳镇）桐庄西太子岭得到画像 6 块，南阳城内及通往各县交通要道上发现画像石 274 块，并记录了这些画像石出土地点和画像内容，写成《南阳汉画像访拓记》⑤。孙文青编著的《南阳汉画像汇存》⑥，是南阳汉画像的第一本大型图录，也是中华人民共和国成立前收集汉画像拓片最多的图录。

（二） 第二阶段：中华人民共和国成立以后至 20 世纪 80 年代中期

中华人民共和国成立以后，该区的考古事业才真正起步。这一时期发

---

① 南阳汉画像馆编著《南阳汉代画像石墓》，河南美术出版社，1998；南阳汉代画像石编辑委员会：《南阳汉代画像石》，文物出版社，1985；刘太祥：《汉代画像石研究综述》，《南都学刊》（人文社会科学学刊）2002 年第 22 卷第 3 期；周到：《河南汉画像石考古四十年概述》，《中原文物》1989 年第 3 期；南阳汉画像馆编著《南阳汉画像石墓》，河南美术出版社，1998；王建中、赵成甫、魏仁华：《河南画像石艺术概论》，载于中国画像石全集编辑委员会《中国画像石全集 6·河南汉画像石》，河南美术出版社，2006，第 1～4 页。
② "南阳汉画不见于著录，民国十二三年，邑人董彦堂、杨章甫等始有发现，尝以未能一睹其概而憾"，见孙文青《南阳汉画像访拓记》，《金陵大学学报》1934 年第 4 卷第 2 期。
③ 关百益：《南阳汉画像集》，中华书局，1930。
④ 孙文青：《南阳草店汉墓画像记》，《国闻周报》1933 年第 10 卷第 41 期。
⑤ 孙文青：《南阳汉画像访拓记》，《金陵大学学报》1934 年第 4 卷第 2 期。
⑥ 孙文青：《南阳汉画像汇存》，金陵大学文学研究所，1937。

现的汉墓数量相比第一阶段有所增加。画像石墓主要有杨官寺画像石墓[①]、英庄画像石墓[②]、南阳七里园画像石墓、赵寨砖瓦厂汉画像石墓[③]、唐河郁平大尹冯君孺人墓[④]、唐河针织厂画像石墓[⑤]、新野前高庙村画像石墓[⑥]、邓县长冢店画像石墓[⑦]、石灰窑画像石墓[⑧]、唐河县湖阳镇画像石墓[⑨]、电厂汉墓[⑩]、南阳军帐营画像石墓[⑪]、南阳石桥画像石墓[⑫]、方城县城关镇画像石墓[⑬]、方城东关画像石墓[⑭]、市中原机校画像石墓[⑮]、南阳东关画像石墓[⑯]、王寨画像石墓[⑰]、南阳市西关汉画像石墓[⑱]、针织厂画像石墓[⑲]等。此外，1954 年在西峡古城发现砖室墓一座[⑳]，1959 年在郧县青龙泉、徐家

[①] 河南省文化局文物工作队：《河南南阳杨官寺汉代画像石墓发掘报告》，《考古学报》1963 年第 1 期。

[②] 南阳博物馆：《河南南阳县英庄汉画像石墓》，《文物》1984 年第 3 期；南阳博物馆：《河南南阳英庄汉画像石墓》，《中原文物》1983 年第 3 期。

[③] 南阳市博物馆：《南阳县赵寨砖瓦厂汉画像石墓》，《中原文物》1982 年第 1 期。

[④] 南阳地区文物工作队、南阳博物馆：《唐河汉郁平大尹冯君孺人画像石墓》，《考古学报》1980 年第 2 期。

[⑤] 柴中庆：《唐河县针织厂汉画像石墓》，《中国考古学年鉴》（1984），文物出版社，1984，第 135～136 页；南阳地区文物工作队、唐河县文化馆：《唐河县针织厂二号汉画像石墓》，《中原文物》1985 年第 3 期。

[⑥] 赵成甫：《新野县前高庙村汉画像石墓》，《中国考古学年鉴》（1984），文物出版社，1984，第 136 页；南阳地区文物工作队、新野县文化馆：《新野县前高庙村汉画像石墓》，《中原文物》1985 年第 3 期。

[⑦] 南阳汉画像石图录编委会：《邓县长冢店汉画像石墓》，《中原文物》1982 年第 1 期。

[⑧] 南阳地区文物队等：《河南南阳唐河石灰窑画像石墓》，《文物》1982 年第 5 期。

[⑨] 南阳地区文物工作队、唐河县文化馆：《唐河县湖阳镇汉画像石墓清理简报》，《中原文物》1985 年第 3 期。

[⑩] 《南阳汉画像石》编委会：《唐河县电厂汉画像石墓》，《中原文物》1982 年第 1 期。

[⑪] 南阳博物馆：《河南南阳军帐营汉画像石墓》，《考古与文物》1982 年第 1 期。

[⑫] 南阳博物馆：《河南南阳石桥汉画像石墓》，《考古与文物》1982 年第 1 期。

[⑬] 南阳地区文物工作队：《河南方城县城关镇汉画像石墓》，《文物》1984 年第 4 期。

[⑭] 南阳市博物馆、方城县文化馆：《河南方城东关汉画像石墓》，《文物》1980 年第 3 期。

[⑮] 南阳汉代画像石编辑委员会：《南阳汉代画像石》，文物出版社，1985。

[⑯] 河南省文化局文物工作队、南阳市文物管理委员会：《河南南阳东关晋墓》，《考古》1963 年第 1 期。

[⑰] 南阳市博物馆：《南阳县王寨汉画像石墓》，《中原文物》1982 年第 1 期。

[⑱] 王儒林：《河南南阳西关一座古墓中的汉画像石》，《考古》1964 年第 8 期。

[⑲] 周到、李京华：《唐河针织厂汉画像石墓的发掘》，《文物》1973 年第 6 期。

[⑳] 韩维周、王儒林：《河南西峡县及南阳市两古城调查记》，《考古通讯》1961 年第 8 期。

坪、郧县中学、大寺等共清理墓葬 83 座①，1961 年在西关大队发现一座长方形砖室墓②，1962 年在新野城东发现大量汉画像砖③，1963 年在桐柏万钢村发现西汉墓 7 座、东汉墓 2 座④，同年在南阳市发现汉墓 1 座⑤，1964年在新安城北 6 千米处古路沟发现砖室墓一座⑥，1976 年在程凹发现 14 座竖穴土坑墓⑦，1978 年 4 月在襄樊南门外（襄阳擂鼓台）发现一座长方形竖穴土坑墓⑧，1980 年在下寺发现一座长方形画像砖墓⑨。1981 年在邓县腰店公社土楼大队祁营村发现一座单室砖室墓⑩，真武山发现 7 座西汉墓⑪。1983 年在湖阳发现一座砖石结构墓⑫。1984 年在刘洼发现 2 座长方形竖穴土坑墓⑬，同年在襄阳清理 1 座西汉墓⑭。1985 年在新野县城北 12千米处樊集清理了 47 座汉画像砖墓⑮。这一时期的发现主要集中在南阳市区，其他区发现甚少；墓葬类型以画像石墓为主，土坑墓、砖室墓较少。

（三）第三阶段：20 世纪 80 年代中期至 90 年代末

相对第二阶段，这一时期发现的画像石墓数量较少，主要有唐河白

---

① 中国社会科学院考古研究所长江工作队：《湖北郧县东周西汉墓》，载于《考古学集刊》(6)，中国社会科学出版社，1989，第 143～171 页。

② 王儒林：《河南南阳市发现汉墓》，《考古》1966 年第 2 期。

③ 吕品、周到：《河南新野新出土的汉代画像砖》，《考古》1965 年第 1 期。

④ 河南省文物考古工作队：《河南桐柏万钢汉墓的发掘》，《考古》1964 年第 8 期。

⑤ 王儒林：《河南南阳市发现汉墓》，《考古》1966 年第 2 期。

⑥ 河南省文化局文物工作队：《河南新安古路沟汉墓》，《考古》1960 年第 3 期。

⑦ 淅川县文管会：《淅川县程凹西汉墓发掘简报》，《中原文物》1987 年第 1 期。

⑧ 襄樊地区博物馆：《湖北襄阳擂鼓台一号墓发掘简报》，《考古》1982 年第 2 期。

⑨ 淅川县文管会、李松：《淅川县下寺汉画像砖墓》，《中原文物》1982 年第 1 期。

⑩ 南阳地区文物工作队、邓县文化馆：《河南邓县发现汉空心画像砖》，《考古》1982年第 3 期。

⑪ 陈逢新：《襄樊市真武山两周遗址及西汉、宋明墓葬》，《中国考古学年鉴》(1990)，文物出版社，1991，第 274 页。

⑫ 赵成甫：《唐河县湖阳汉墓》，《中国考古学年鉴》(1984)，文物出版社，1984，第135 页。

⑬ 南阳市博物馆：《南阳市西郊刘洼汉墓发掘简报》，《中原文物》1985 年第 3 期。

⑭ 襄阳地区博物馆：《湖北襄阳擂鼓墩一号墓发掘简报》，《考古》1982 年第 2 期。

⑮ 南阳地区文物研究所：《新野樊集汉画像砖墓》，《考古学报》1990 年第 4 期。

庄①、刘洼②、刘洼村③、十里铺④、麒麟岗⑤、熊营⑥、蒲山⑦、中建七局⑧、邢营二号⑨、邓州市梁寨⑩、桐柏县安棚⑪、南阳安居新村⑫、教师新村10号墓⑬、东苑私营工业区⑭。新发现画像砖墓的地点有淅川夏湾、高庄⑮、邓县⑯、老河口⑰等。关于砖室墓和土坑墓，南阳有麒麟岗⑱、东苑校区⑲、第二胶片厂⑳、教师新村㉑、508场㉒、汽车制造厂㉓、桑园路㉔等。唐河湖阳发现石洞墓一座㉕。为配合焦枝铁路复线建设，1989年在邓州穰

---

① 南阳市文物研究所、唐河县文化馆：《河南唐河白庄汉画像石墓》，《中原文物》1997年第4期。

② 南阳市博物馆：《南阳市西郊刘洼汉墓发掘简报》，《中原文物》1985年第3期。

③ 南阳地区文物研究所：《河南南阳县蒲山汉墓的发掘》，《华夏考古》1991年第4期。

④ 南阳地区文物工作队、南阳县文化馆：《河南南阳县十里铺画像石墓》，《文物》1986年第4期；南阳市文物研究所：《河南省南阳市十里铺二号画像石墓》，《中原文物》1996年第3期。

⑤ 黄雅峰、陈长山编著《南阳麒麟岗汉画像石墓》，三秦出版社，2008。

⑥ 南阳市文物研究所：《河南省南阳县辛店乡熊营汉画像石墓》，《中原文物》1996年第3期。

⑦ 南阳地区文物研究所：《河南南阳蒲山汉墓的发掘》，《华夏考古》1991年第4期；南阳市文物研究所：《河南南阳蒲山二号汉画像石墓》，《中原文物》1997年第4期。

⑧ 南阳市文物研究所：《南阳中建七局机械厂汉画像石墓》，《中原文物》1997年第4期。

⑨ 南阳市文物工作队：《南阳市邢营画像石墓发掘报告》，《中原文物》1996年第1期。

⑩ 南阳市文物研究所：《河南邓州市梁寨汉画像石墓》，《中原文物》1996年第3期。

⑪ 南阳市文物研究所：《桐柏县安棚画像石墓》，《中原文物》1996年第3期。

⑫ 南阳市文物考古研究所：《河南南阳安居新村汉画像石墓》，《考古》2005年第8期。

⑬ 南阳市文物研究所：《南阳市教师新村10号汉墓》，《中原文物》1997年第4期。

⑭ 李伟男、李东黎：《南阳市发现东汉胡奴陶俑》，《华夏考古》1999年第3期。

⑮ 南阳地区文物研究所：《河南淅川画像砖墓发掘报告》，《华夏考古》1994年第4期。

⑯ 南阳地区文物工作队、邓县文化馆：《河南邓县发现汉空心砖画像砖》，《考古》1982年第3期。

⑰ 杨柳：《湖北老河口市出土汉代空心画像砖》，《考古》1996年第3期。

⑱ 南阳市文物工作队：《河南南阳麒麟岗8号西汉木椁墓》，《考古》1996年第3期。该墓地位于南阳邮电四分局，共发现10座墓葬，目前仅报告1座。

⑲ 南阳市古代建筑保护研究所：《河南南阳市东苑校区古代墓葬清理简报》，《华夏考古》1999年第2期。

⑳ 南阳市文物工作队：《南阳第二胶片厂汉墓发掘简报》，《华夏考古》1994年第4期。

㉑ 南阳市文物研究所：《南阳市教师新村10号汉墓》，《中原文物》1997年第4期。此处共计发掘古墓27座，仅报告10号墓。

㉒ 刘新、周林：《南阳市508场汉墓发掘简报》，《考古与文物》1994年第4期。

㉓ 南阳市文物工作队：《南阳汽车制造厂东汉墓发掘简报》，《华夏考古》1998年第1期。

㉔ 张卓远、李韦男：《河南南阳市桑园路3号东汉墓》，《考古》2001年第8期。

㉕ 南阳地区文物工作队：《唐河湖阳罐山石洞墓》，《中原文物》1986年第1期。

东县发现 2 座东汉墓①。丹江口水库库区发现肖川区②、玉皇庙③等。襄阳有余岗墓地④、砚山⑤、郑家山⑥、团山卞营⑦、法龙付岗⑧、马集李食店⑨等，老河口有柴店岗⑩、百花山⑪、孔家营⑫、杨寨⑬、付老馆⑭。襄樊有长虹南路⑮、彭岗⑯、王寨许家岗⑰、高庄⑱、松鹤路⑲、东街⑳、真武山㉑、

① 河南省文物考古研究所：《河南邓州市穰东汉墓发掘简报》，《华夏考古》2003 年第 3 期。

② 湖北省博物馆、丹江口市博物馆：《丹江口市肖川战国两汉墓葬》，《江汉考古》1988 年第 4 期。

③ 湖北省文物考古研究所、十堰市博物馆、丹江口市博物馆：《丹江口市玉皇庙汉晋墓发掘简报》，《江汉考古》2001 年第 1 期。

④ 襄樊市博物馆：《湖北襄樊市余岗战国之东汉墓葬发掘报告》，《考古学报》1996 年第 3 期；襄樊市博物馆：《襄樊市余岗战国秦汉墓第二次发掘简报》，《江汉考古》2003 年第 2 期。

⑤ 襄樊市博物馆：《湖北襄樊市砚山汉墓清理简报》，《考古》1996 年第 5 期。

⑥ 湖北省文物考古研究所、襄樊市博物馆：《湖北襄樊郑家山战国秦汉墓》，《考古学报》1999 年第 3 期。

⑦ 襄樊市考古队：《襄樊团山卞营墓地第二次发掘简报》，《江汉考古》2000 年第 2 期。

⑧ 襄石复线襄樊考古队：《湖北襄阳法龙付岗墓地发掘简报》，《江汉考古》2002 年第 4 期；襄樊市文物考古研究所：《襄樊付岗墓地第二次发掘报告》，载于《襄樊考古文集》（第一辑），科学出版社，2007。

⑨ 湖北省文物考古研究所、襄樊市襄阳区文物管理处：《湖北襄阳马集、李食店墓葬发掘简报》，《江汉考古》2006 年第 3 期。

⑩ 老河口市博物馆：《湖北老河口市柴店岗两汉墓葬》，《考古》2001 年第 7 期。

⑪ 老河口市博物馆：《老河口市百花山西汉墓清理简报》，《江汉考古》1996 年第 3 期。

⑫ 老河口市博物馆：《老河口市孔家营一号东汉墓清理简报》，《江汉考古》2005 年第 3 期。

⑬ 老河口市博物馆：《老河口杨寨东汉墓清理简报》，《江汉考古》1996 年第 4 期。

⑭ 老河口市博物馆：《老河口市付老馆遗址调查发掘简报》，《江汉考古》2001 年第 1 期。

⑮ 襄樊市考古队：《襄樊长虹南路汉墓清理简报》，《江汉考古》1999 年第 4 期。

⑯ 襄樊市考古队：《襄樊彭岗汉墓群发掘简报》，《江汉考古》2000 年第 2 期；襄樊市文物考古研究所：《襄樊彭岗第六次发掘简报》，载于《襄樊考古文集》（第一辑），科学出版社，2007。

⑰ 襄樊市考古队：《襄樊王寨许家岗墓群发掘》，《江汉考古》1999 年第 4 期。

⑱ 襄樊市考古队：《襄樊高庄墓群发掘报告》，《江汉考古》1999 年第 4 期。

⑲ 襄樊市文物考古研究所：《襄樊松鹤路墓地发掘简报》，载于《襄樊考古文集》（第一辑），科学出版社，2007，第 246~267 页。

⑳ 襄樊市文物考古研究所：《襄阳城东街汉晋墓地发掘报告》，载于《襄樊考古文集》（第一辑），科学出版社，2007，第 268~298 页。

㉑ 湖北省文物考古研究所：《襄樊市真武山西汉墓葬》，《江汉考古》1993 年第 4 期。

杜甫巷①、竹条镇②、谷城过山③、高庄路东侧④、毛纺厂⑤、樊城区高庄⑥
等。这一时期的发现主要集中在南阳和襄阳，淅川和谷城区有少量发现，
其他地区基本没有发现。

（四）第四阶段：21 世纪初至今

由于基础建设项目的增加，以及"南水北调"中线文物保护工程项目的开
展，大量的地下古墓浮出，发现空前。画像石墓有牛王庙 1 号⑦，辛店熊营⑧、
万家园⑨、永泰小区⑩、陈棚彩绘画像石墓⑪、南阳八一路⑫、南阳张衡路⑬
等。另外在南阳丰泰⑭、牛王庙⑮、三杰房地产⑯、南阳一中新校址⑰、陈

① 襄樊市博物馆：《襄樊杜甫巷东汉、唐墓》，《江汉考古》2000 年第 2 期。

② 熊北生：《襄阳竹条汉代墓葬和窑址》，载于《中国考古学年鉴》（1998），文物出版社，
2000，第 179～180 页；湖北省文物考古研究所、襄阳县文物管理处：《襄阳竹条汉代墓
葬、窑址发掘》，《江汉考古》2000 年第 1 期。

③ 湖北省文物考古研究所、谷城县博物馆：《谷城过山战国西汉墓葬》，《江汉考古》1990
年第 3 期。

④ 襄樊市博物馆：《湖北襄樊市两座东汉墓发掘》，《考古》1993 年第 5 期。

⑤ 襄樊市博物馆：《湖北襄樊市毛纺厂汉墓清理简报》，《考古》1997 年第 12 期。

⑥ 襄樊市考古队：《襄樊市高庄墓群第三次发掘》，《江汉考古》2006 年第 1 期。

⑦ 南阳市文物考古研究所：《河南南阳牛王庙 1 号汉墓》，《文物》2005 年第 2 期。

⑧ 南阳市文物考古研究所：《河南南阳辛店熊营汉画像石墓》，《考古》2008 年第 2 期。

⑨ 南阳市文物考古研究所：《河南南阳市万家园汉画像石墓》，《中原文物》2010 年第 5 期。
2005～2006 年，该处共发现古墓葬 247 座，仅报告 M244。

⑩ 南阳市文物考古研究所：《河南南阳市永泰小区汉画像石墓》，《华夏考古》2010 年第 3
期。2000 年，该处共清理墓葬 281 座，仅报告 M194。

⑪ 蒋宏杰等：《河南南阳陈棚汉代彩绘画像石墓》，《考古学报》2007 年第 2 期；南阳知府
衙门博物馆、南阳市文物考古研究所：《南阳市宛城区陈棚汉墓发掘简报》，《中原文物》
2017 年第 5 期。

⑫ 南阳市文物考古研究所：《河南南阳市八一路汉代画像石墓》，《考古》2012 年第 6 期。

⑬ 南阳市文物考古研究所：《南阳市张衡路汉代画像石墓》，《中原文物》2017 年第
2 期。

⑭ 河南省南阳市文物考古研究所、武汉大学历史学院考古系：《南阳丰泰墓地》，科学出版
社，2011。早在 20 世纪 90 年代，先后在此地清理 3000 余座墓葬，且出土一大批随葬品。

⑮ 南阳市文物考古研究所：《南阳牛王庙汉墓发掘报告》，文物出版社，2011。

⑯ 南阳市文物考古研究所：《南阳市三杰房地产开发公司 M49 发掘简报》，《中原文物》
2011 年第 3 期。2003 年，南阳市文物研究所在此区清理古墓葬 52 座，但只报告 1 座即
M49。

⑰ 南阳市文物考古研究所：《河南南阳一中新校址汉墓发掘简报》，《华夏考古》2004 年第 2 期；
南阳市文物考古研究所：《南阳一中 M195、M256 汉墓发掘简报》，《中原文物》2012 年第 4
期；南阳市文物考古研究所：《南阳一中汉墓 M189 发掘简报》，《中原文物》2015 年第 1 期。

棚村①、人民北路②、烟草专卖局③、嘉丰汽修厂④、审计局⑤、拆迁办⑥、防爆厂住宅小区⑦、邢庄⑧等地发现数量较多的汉墓。方城县平高台遗址发现数座汉代墓葬⑨。丹江水库库区和南水北调干渠沿线有淅川东沟长岭⑩、刘家沟口⑪、泉眼沟⑫、新四队⑬、全寨子⑭、赵杰娃⑮、蛮子营⑯、淇县西杨庄、黄庄⑰、马川⑱、镇平程庄⑲、阎杆岭⑳、鳖盖山㉑、香花镇杨河组㉒、

---

① 南阳市文物考古研究所：《河南南阳陈棚村 68 号汉墓》，《考古》2008 年第 10 期。

② 南阳市文物研究所：《南阳市人民北路汉墓发掘简报》，《华夏考古》1999 年第 3 期。

③ 南阳市古代建筑保护研究所：《南阳市烟草专卖局春秋、西汉墓葬的发掘》，《华夏考古》1999 年第 3 期。

④ 南阳市知府衙门博物馆：《南阳市嘉丰汽修厂汉墓清理简报》，《中原文物》2008 年第 4 期。该处共清理 5 座墓葬，仅报告 1 座。

⑤ 南阳张仲景博物馆、南阳市文物考古研究所：《南阳市审计局汉墓发掘简报》，《中原文物》2011 年第 4 期。该处共发掘墓葬 109 座，仅报告 3 座砖室墓。

⑥ 南阳市文物考古研究所：《南阳市拆迁办 M3 东汉墓发掘简报》，《中原文物》2010 年第 6 期。该处发现 281 座古墓葬，仅报告 M3。

⑦ 南阳市文物考古研究所：《南阳市防爆厂住宅小区汉墓 M62、M84 发掘简报》，《中原文物》2008 年第 4 期。该处共发现古墓 387 座，仅报告 M62、M84。

⑧ 南京大学历史系、南阳市文物研究所：《河南南阳市邢庄汉、宋墓群发掘报告》，《华夏考古》2008 年第 3 期。

⑨ 河南省文物考古研究所、南阳文物考古研究所：《河南方城县平高台遗址汉墓发掘简报》，《华夏考古》2007 年第 4 期。

⑩ 河南省文物局编《淅川东沟长岭楚汉墓》，科学出版社，2011。

⑪ 河南省文物局：《淅川刘家沟口墓地》，科学出版社，2011。

⑫ 四川大学历史文化学院考古系、上海大学艺术研究院美术考古研究中心、河南省文物局等：《河南淅川泉眼沟汉代墓葬发掘报告》，《考古学报》2014 年第 3 期。

⑬ 河南省文物局编著《淅川新四队墓地》，科学出版社，2015。

⑭ 河南省文物局编著《淅川全寨子墓地》，科学出版社，2016。

⑮ 河南省文物局编著《淅川赵杰娃墓地》，科学出版社，2016。

⑯ 河南省文物局编著《淅川蛮子营墓地》，科学出版社，2016。

⑰ 河南省文物局编著《淇县西杨庄墓地、黄庄墓地 I 区发掘报告》，科学出版社，2015。

⑱ 河南省文物局南水北调文物保护办公室等：《河南淅川马川墓地汉代积石积炭墓的发掘》，《考古学报》2014 年第 2 期。

⑲ 郑州大学历史文化考古系：《河南镇平程庄墓地汉代墓葬发掘简报》，《华夏考古》2009 年第 4 期。

⑳ 河南省文物考古研究所等：《河南淅川县阎杆岭 38 号汉墓的发掘》，《华夏考古》2006 年第 2 期；河南省文物考古研究所等：《河南淅川县阎杆岭 83 号汉墓的发掘》，《华夏考古》2012 年第 1 期。该处共发现 97 座墓葬。

㉑ 无锡市考古研究所：《丹江口库区鳖盖山墓群发掘简报》，《中原文物》2009 年第 6 期。

㉒ 北京大学考古文博学院等：《河南省淅川县香花镇杨河组的四座汉墓》，《南方文物》2011 年第 2 期。

杨岗码头[①]、莲花池[②]、老幸福院[③]等。另外在郧县西峰发现 24 座岩坑洞室墓[④]。襄阳有九里山[⑤]、北岗墓地[⑥]、王坡墓地[⑦]等。南阳和襄阳的发现持续增长，丹江口水库库区及沿线地区也有大量汉墓出土。

经过多年的考古调查和发掘，该区发现的汉墓 4000 余座[⑧]，分布广泛、数量较大、种类丰富，为系统认识汉墓特征和汉文化提供了良好的基础。

二 研究简史

回顾南阳地区汉墓的研究历程，可以分为四个阶段。

第一阶段：20 世纪初至中华人民共和国成立之前。最早对南阳汉墓及其遗物研究的是关百益，其编纂的《南阳汉画像集》于 1930 年在上海中华书局出版，开创了南阳汉墓研究的先河[⑨]。1933 年孙文青根据收集的汉画像石资料撰写《南阳汉墓中的星象及斗兽图》一文，首次从民俗、宗教、思想文化的不同角度对南阳画像石的内容进行了系统的研究[⑩]。1934 年，孙文青发表的《南阳汉画像访拓记》[⑪]，是考古学史、画像研究史难得的一份实录。1937 年，孙文青编著《南阳汉画像汇存》[⑫]，对南阳汉画像石的发现、出土、分布及其内容做了比较详尽的介绍，总计收录拓片 145 幅，其数量之多，是当时全国同类书籍所少有的；后又编成《南阳汉画像

---

① 山西省考古研究所：《河南淅川县杨岗码头汉墓群发掘简报》，《华夏考古》2011 年第 2 期。
② 北京市文物考古研究所等：《湖北丹江口市莲花池墓地战国秦汉墓》，《考古》2011 年第 4 期。
③ 南水北调中线水源有限责任公司等：《郧县老幸福院墓地》，科学出版社，2007。
④ 襄樊学院、襄阳及三国历史文化研究所：《湖北郧县西峰汉墓群发掘简报》，《江汉考古》2011 年第 4 期。
⑤ 襄樊市文物考古研究所、武安铁路复线九里山考古队：《老河口九里山秦汉墓》，文物出版社，2009。
⑥ 老河口市博物馆：《湖北省老河口市北岗东汉墓发掘简报》，《江汉考古》2004 年第 2 期。
⑦ 湖北省文物考古研究所：《襄阳王坡东周秦汉墓》，科学出版社，2005。
⑧ 资料统计截至 2018 年 6 月 30 日，文中统计的仅是已经发表报告的墓葬。
⑨ 关百益：《南阳汉画像集》，中华书局，1930。
⑩ 孙文青：《南阳汉墓中的星象及斗兽图》，《科学画报》第 1 卷，1933。
⑪ 孙文青：《南阳汉画像访拓记》，《金陵大学学报》1934 年第 4 卷第 2 期。
⑫ 孙文青：《南阳汉画像汇存》，金陵大学文学研究所，1937。

汇存》第二、第三、第四集初稿。1937 年，滕固发表《南阳汉画像石刻之历史的及风格的考察》[①] 一文，首次用中外雕刻对比的方法深入分析了南阳汉画像石的雕刻技法，把中国的石刻画分为浮雕和绘画两种，南阳石刻属于前一种。鲁迅对于南阳汉画像石的研究做出了突出的贡献[②]，1986 年出版的《鲁迅藏汉画像（一）》发表了他收藏的南阳汉画拓片[③]。南阳的特殊地理位置，致使日军于 1945 年 3 月侵占南阳，南阳的文化事业顿时大跌，汉画像石的搜集与研究也进入了冰谷时期。此间孙文青又整理出版了《南阳汉画像汇存》第五集由南阳雨湘图书馆出版。

这一时期的研究集中在汉画像石的收集、拓片和编辑出版方面，研究成果较少，研究方法多限于金石学方法，而孙文青和滕固从艺术史角度对南阳汉画的审视，具有开拓性的意义。

第二阶段：20 世纪 50 年代至 80 年代中期。由于这一时期汉墓的大量发现，研究呈现出多元化的趋势。例如，常任侠在其专著《汉画艺术研究》中认为汉画就技法而言，要比先秦有质的飞跃，石刻画从汉代开始，为后世做了很好的典范[④]。王褒祥认为南阳出现的画像砖墓是承袭了画像石和空心砖而来[⑤]。李发林把汉画像石雕刻技法分为八种，即阴线刻、平面浅浮雕、弧面浅浮雕、凹入平面雕、凹入雕、高浮雕、透雕、阳线刻[⑥]。雷兴军就鄂北地区王莽时期文化结构进行了初步探索[⑦]。吴曾德、周到等认为河伯、西王母、龙等都是汉代升天思想的体现[⑧]。1982 年，周到、吕品等发表《南阳画像石简论》，将南阳汉画像石分为早、中、晚三期，后又根据发掘材料排比，认为新野、南阳出土的高浮雕空心或实心大条形或

① 滕固：《南阳汉画像石刻之历史的及风格的考察》，胡适、蔡元培、王云五编《张菊生先生七十生日纪念论文集》，商务印书馆，1937。该书于 2012 年 1 月由商务印书馆再版。

② 刘克：《南阳汉画像与生态民俗》，学苑出版社，2008，第 81～84 页。

③ 北京鲁迅博物馆、上海鲁迅纪念馆编《鲁迅藏汉画像（一）》，上海人民美术出版社，1986。

④ 常任侠：《汉画艺术研究》，上海出版公司，1955。

⑤ 王褒祥：《河南新野出土的汉代画像砖》，《考古》1964 年第 2 期。

⑥ 李发林：《略谈汉画像石的雕刻技法及其分期》，《考古》1965 年第 4 期。

⑦ 雷兴军：《长江中下游地区王莽时期墓葬文化结构浅析》，载于湖北省考古学会选编《湖北省考古学会论文选集》（三），武汉大学学报编辑部，1978。

⑧ 吴曾德、周到：《南阳汉画像石中的神话与天文》，《郑州大学学报》（哲学社会科学版）1978 年第 4 期。

方形画像砖属于东汉晚期的遗物①。1983 年，杨焕成、吕品在《河南汉画像中的建筑图像》② 一文中，认为河南汉代画像石的建筑图像已有四阿、四角攒尖等建筑形式，有一斗三升的栱，有柱和柱础，有台基、有阙、有观等，显示了丰富多彩的建筑风格。1984 年，王今栋发表《南阳汉画像石研究》③ 一文，对南阳地区汉画像风格有提及。此外，李荣友④、周到⑤、魏仁华⑥、孙世文⑦、吴曾德等⑧分别就该区画像石的建筑图像、美术风格、角抵戏进行了初步研究，永明就南阳汉画中的俳优进行了研究⑨，黄运甫就南阳画像中的棒形具进行了初步研究⑩。也有学者将该区汉墓与四川地区的发现进行比较⑪，更加突出了南阳汉画像的艺术特色。

第三阶段：20 世纪 80 年代中期至 90 年代末。画像石墓方面，肖㐅达在《汉代南阳郡与汉代画像石墓》中把当时的十六座墓葬分为三期，赵成甫在《南阳汉画像石分歧管见》中把该区的画像石墓分为四期⑫。1988年，董旭在《汉代画像形式初探》⑬ 中认为汉代画像石的形式主要表现在三个方面，即汉代画像石中"线"的规律运用、汉画像的形体考释、永恒性的创作观念。王良启发表《试论汉画像石的艺术成就》，认为南阳汉画像石蕴

① 周到、吕品、汤文兴：《河南汉代画像砖》，上海人民美术出版社，1985；吕品：《河南画像砖出土与研究》，《中原文物》1983 年第 3 期；周到、吕品、汤文兴：《河南汉画像砖的艺术风格与分期》，《河南文博通讯》1980 年第 3 期。

② 杨焕成、吕品：《河南汉画像中的建筑图像》，《中原文物》1983 年特刊。

③ 王今栋：《南阳汉画像石研究》，《美术》1984 年第 3 期。

④ 李荣友：《汉画像的音乐学研究》，京华出版社，2001。

⑤ 吴曾德、周到：《漫谈南阳汉画像石中的角抵戏》，《郑州大学学报》1979 年第 2 期。

⑥ 魏仁华：《南阳汉画像中搏击图浅析》，《中原文物》1983 年特刊。

⑦ 孙世文：《汉代角抵戏初探——对汉画像石中的角抵戏的考察》，《东北师范大学学报》1984 年第 4 期。

⑧ 吴曾德、周到：《南阳汉画像石中的神话与天文》，《郑州大学学报》（哲学社会科学版）1978 年第 4 期。

⑨ 永明：《略谈南阳汉画像石中的俳优》，《河南文博通讯》1979 年第 4 期。

⑩ 黄运甫：《略谈南阳汉画像中的棒形具——兼谈持棒者的身份》，《中原文物》1983 年特刊。

⑪ 李晓松：《四川汉代画像砖与南阳汉代画像砖的比较》，《中原文物》1983 年增刊；赵成甫：《南阳汉代画像石墓关系之比较》，《中原文物》1996 年第 4 期。

⑫ 南阳汉代画像石学术讨论会办公室编《汉代画像石研究》，文物出版社，1987。

⑬ 董旭：《汉代画像形式初探》，《河南大学学报》1987 年第 2 期。

藏着原始活力、浪漫与幻想，符合人们的审美需要①。李宏认为南北文化交流，不同艺术的表现聚拢，充实了这一艺术本身②。1989 年，闪修山、王儒林在《南阳汉画像石》③ 中认为南阳地区画像石为后来独幅绘画构图形式开辟了道路。1998 年，由南阳汉画像石馆编著的《南阳汉代画像石墓》④ 一书专门以一章主要从雕刻技法、视图艺术等多方面详细论述了南阳汉代画像石的艺术特征。陈江风的《天文与人文》⑤ 是最早研究汉代画像石中天文图像著作之一。1995 年，由韩玉祥主编《南阳汉代天文画像石研究》论文集出版，该书总计收入 23 篇论文，从画像石所反映的天象图、彗星等方面进行了探讨⑥。信立祥先生将南阳鄂北区画像石墓分为四期⑦。1989年出版的《南阳汉画像石》根据汉画像石的内容、雕刻技法和随葬品器物等因素分为三期⑧。同时李陈广、韩玉祥、牛天伟分别从墓葬形制、画像石内容、随葬器物等方面综合研究后，也将其分为四期⑨。1998 年由南阳汉画像馆编著的《南阳汉代画像石墓》⑩，将当时已经发掘的 30 余座较为完整的画像石墓分为四期，并在后附加一种"再葬画像石墓"类型。岳庆平在《中国秦汉习俗史》⑪ 中引用大量的汉画像石资料，论述了汉代服饰、饮食、居住、交通、婚姻、丧葬等，所引材料涉及南阳地区的画像石墓材料较多。此外，更多学者对画像中包含的汉代乐器种类⑫、游猎习俗⑬、

① 王良启：《试论汉画像石的艺术成就》，《中原文物》1986 年第 4 期。
② 李宏：《略谈南阳汉画像石刻的艺术构图》，《南都学坛》1987 年第 3 期。
③ 闪修山、王儒林：《南阳汉画像石》，河南美术出版社，1989。
④ 南阳汉画像馆编著《南阳汉代画像石墓》，河南美术出版社，1998。
⑤ 陈江风：《天文与人文》，国际文化出版社，1988。
⑥ 韩玉祥：《南阳汉代天文画像石研究》，民族出版社，1995。
⑦ 信立祥：《汉画像石的分区与分期研究》，载于俞伟超《考古类型学的理论与实践》，文物出版社，1989，第 251～261 页。
⑧ 闪修山、王儒林：《南阳汉画像石》，河南美术出版社，1989。
⑨ 李陈广、韩玉祥、牛天伟：《南阳汉代画像石墓分期》，《中原文物》1998 年第 4 期。
⑩ 南阳汉画像馆编著《南阳汉代画像石墓》，河南美术出版社，1998，第 12～18 页。
⑪ 岳庆平：《中国秦汉习俗史》，人民出版社，1994。
⑫ 李真玉：《浅谈汉画中的乐器》，载于韩玉祥《汉画学术文集》，河南美术出版社，1986；李幼馨：《南阳汉代画像石刻中的音乐艺术》，《南都学刊》1992 年第 4 期。
⑬ 艾廷丁、李陈广：《试论南阳汉画像中的田猎活动》，载于南阳汉代画像石学术讨论会办公室编《汉代画像石研究》，文物出版社，1987。

"伏羲女娲"①、神仙故事②、车马出行③、田猎活动④、河伯图⑤、天文⑥、儒家思想⑦、楚辞⑧、建筑形象⑨等进行了常识性的探索。关于画像砖墓，赵成甫把新野樊集出土的37座画像砖墓分为三型，为该区画像砖墓的年代、分期研究提供了重要的依据⑩。1996 年，柴中庆发表《新野樊集汉画像砖墓的几个问题》⑪ 一文，把樊集的 37 座墓按照墓向分为四组，且这四组墓分别代表四个家族或四个血缘关系很近的群体。赵成甫把樊集的 37 座墓，依据夫妻同穴合葬式、五铢钱以及随葬品的流行等，推断南阳汉代画像砖的时代上限不早于武帝时期、下限不晚于新莽时期⑫。柴中庆认为樊集汉画像砖墓时代在西汉的宣元时期⑬。王建中则把邓州收集的 6 块空心砖画像石墓定位于西汉晚期至东汉早期⑭。还有学者对南阳地区画像砖根据内容分类⑮、人物⑯、百戏⑰等做了考释。1991 年，陈振裕先生对该区部分秦汉墓的年代进行了讨论⑱。另外，该区的陶狗⑲、铜

① 程健君：《南阳汉画中的"伏羲女娲"考》，《南都学坛》1988 年第 2 期。
② 吕品：《河南汉画所见图腾遗俗考》，《中原文物》1991 年第 3 期。
③ 信立祥：《汉代画像中的车马出行图考》，《东南文化》1999 年第 1 期。
④ 艾延丁、李陈广：《试论南阳汉画像中的田猎活动》，载于南阳汉代画像石学术讨论会办公室《汉代画像石研究》，文物出版社，1987。
⑤ 李陈广：《南阳汉画像的河伯图试析》，《中原文物》1986 年第 1 期。
⑥ 吴曾德、周到：《南阳汉画像石中的神话与天文》，《郑州大学学报》（哲学社会科学版）1978 年第 4 期。
⑦ 孙怡村：《从南阳汉画看汉代崇尚名节之风》，韩玉祥编《汉画学术文集》，河南美术出版社，1986。
⑧ 李宏：《楚辞与南阳汉画像石刻》，《江汉考古》1987 年第 3 期。
⑨ 赤银中、王卫国：《南阳汉画像石砖中所体现的汉代建筑形象》，《中原文物》1996 年增刊。
⑩ 南阳地区文物研究所：《新野樊集汉画像砖墓》，《考古学报》1990 年第 4 期。
⑪ 柴中庆：《新野樊集汉画像砖墓的几个问题》，《中原文物》1996 年增刊。
⑫ 南阳市文物考古研究所编《南阳汉代画像砖》，文物出版社，1990，第 4～30 页。
⑬ 柴中庆：《新野樊集汉画像砖墓的几个问题》，《中原文物》1996 年增刊。
⑭ 南阳地区文物工作队、邓县文化馆：《河南邓县发现汉空心画像砖》，《考古》1982 年第 3 期。
⑮ 南阳地区文物研究所：《新野樊集汉画像砖墓》，《考古学报》1990 年第 4 期。
⑯ 高现引：《浅论南阳汉画中"胡人"特征及相关问题》，《中原文物》1996 年增刊。
⑰ 王汝雷：《新野汉代戏车画像力学管见》，《中原文物》1996 年增刊。
⑱ 陈振裕：《试论湖北地区秦墓的年代分期》，《江汉考古》1991 年第 2 期。
⑲ 魏仁华、田玉芳：《南阳汉代陶狗概述》，载于洛阳市第二文物工作队《河洛文明论文集》，中州古籍出版社，1993，第 363～375 页。

镜①、陶灶②、建筑明器③、东汉胡俑④也引起了学界的关注。

综合第二阶段和第三阶段，研究成果主要集中在画像墓及其画像方面，而其他类型墓葬（如砖室墓、土坑墓）的研究较为薄弱。

第四阶段：21 世纪初至今。2002 年，杨玉彬、孙广清发表《河南汉代画像石的分布与区域类型》，认为豫南地区画像时间最早，延续时间最长，内容最丰富，对其他地区影响较大⑤。牛天伟、崔华认为南阳陶饼是仿金币的冥币⑥。杨晓春对汉宗资墓的石兽结合文献进行了探索⑦。孙照金就南阳汉代雕塑天禄、辟邪的艺术特色进行了初步的探索⑧。朱晓红对南阳汉画像砖鱼纹进行了探析⑨。张勇在《河南汉代陶阙及相关问题》中也对南阳地区的陶阙进行了较为细致的讨论⑩。《中国画像石全集 6·河南汉画像石》根据汉画像石分布、历史背景、兴衰、题材内容、雕刻技法、艺术特征将其分为六期⑪。2009 年，徐永斌将汉画像的发展脉络分为四期，分别为初创、成长、发展、成熟期⑫。有学者就天文图像⑬、南北星君博弈图⑭、汉画中的民俗⑮进行了初步研究。2011 年，徐承泰根据器形演变及组合关系的逻辑序列，将南阳汉墓分为 8 期 14 段⑯。2012 年，徐承泰、蒋

---

① 包明军、王伟：《南阳汉墓出土铜镜简介》，《江汉考古》1997 年第 1 期；张方、卓玉：《河南南阳出土一件汉代铁镜》，《文物》1997 年第 1 期。

② 郭灿江：《河南汉代出土的陶灶》，《中原文物》1998 年第 3 期。

③ 张勇：《河南出土汉代建筑明器》，《中原文物》1999 年第 2 期。

④ 李伟男、苏东黎：《南阳市新发现的东汉胡奴俑俑》，《华夏考古》1999 年第 3 期。

⑤ 杨玉彬、孙广清：《河南汉代画像石的分布与区域类型》，载于《河南考古探索》，中州古籍出版社，2002，第 395～396 页。

⑥ 牛天伟、崔华：《南阳汉巷出土陶饼》，《中国钱币》2004 年第 2 期。

⑦ 杨晓春：《南阳汉宗资墓石兽的历史记载与研究现状》，《考古与文物·汉唐考古》2004 年增刊。

⑧ 孙照金：《南阳汉代雕塑天禄、辟邪的艺术特色》，《中原文物》2005 年第 4 期。

⑨ 朱晓红：《南阳汉画像砖鱼纹探析》，《中原文物》2005 年第 4 期。

⑩ 张勇：《河南汉代陶阙及相关问题》，《中原文物》2006 年第 5 期。

⑪ 中国画像石全集编辑委员会：《中国画像石全集 6·河南汉画像石》，河南美术出版社，2006。

⑫ 徐永斌：《南阳汉画像石的发展与分期》，《中原文物》2009 年第 1 期。

⑬ 任义玲：《浅析南阳汉画像石天文图像之功能》，载于郑先光主编《汉画研究：中国汉画学会第十届年会论文集》，湖北人民出版社，2006，第 260～266 页。

⑭ 朱青生主编《中国汉画研究》（第四卷），广西师范大学出版社，2011。

⑮ 王清建、王玉金：《河南南阳画像石中的民俗初探》，《南都学坛》2001 年第 1 期。

⑯ 徐承泰：《南阳战国晚期至秦汉墓葬出土仿铜礼器研究》，《江汉考古》2011 年第 2 期。

宏杰以丰泰墓地为例描述了南阳地区战国晚期至东汉晚期的文化变化和演进，并对历史原因做出了相关分析①。宋蓉在此基础上也进行了分期补充研究②。蒋宏杰在《南阳出土铜镜》中对南阳汉镜的出土情况、形制与区域特点以及年代进行了系统的研究③，成为研究南阳汉镜的基础。

第四阶段的研究随着考古发现的增多，研究主题涉及汉墓的方方面面，如利用地层学、类型学对这一地区汉墓年代的基础梳理。画像石墓的研究除结合文献对图像内容考释外，有学者尝试从图像学、艺术史的视角发现新的问题。

三　研究现状

南阳地区汉墓研究的成果较为丰硕，为更清楚地明晰取得的成果和存在的不足，本书分画像石墓、画像砖墓、其他墓葬（土坑墓、砖室墓、积石积炭墓、岩坑洞室墓、瓮棺葬、瓦棺葬）三类论述。

（一）画像石墓

南阳地区作为汉代画像石墓的主要分布地区之一，一直以来是南阳汉墓研究的重点，根据研究内容的不同，分为以下几个方面。

1. 分期与编年

关于南阳画像石墓的分期研究，具体可分为三种。

（1）三期说。周到、吕品、肖亢达等持此观点，尽管大多学者认同划分三期的观点，但对于具体各期的年代也存在较大分歧。

（2）四期说。信立祥、赵成甫、李陈广、韩玉祥、牛天伟、徐永斌等认为南阳画像石墓可分为四期。例如，《南阳汉画像石分歧管见》将画像石墓分为 4 型 14 式，根据画像石、画像内容、随葬器物之间依附关系分为

---

① 徐承泰、蒋宏杰：《南阳秦汉考古文化内涵及其历史诠释：以南阳丰泰墓地为个案进行的考察》，《江汉考古》2012 年第 1 期。

② 宋蓉：《汉代郡国分治的考古学观察——以关东地区汉代墓葬为中心》，上海古籍出版社，2016。

③ 蒋宏杰：《南阳出土铜镜》，文物出版社，2010。

四期①。《南阳汉代画像石墓分期》根据墓葬形制、画像内容、随葬品等综合因素分为四期，即西汉中期、西汉晚期、东汉早中期、东汉晚期②。《南阳汉画像石的发展与分期》将其发展过程分为初创、成长、发展、成熟四个阶段③。

（3）六期说。王建中在《汉代画像石通论》中将南阳画像石墓分为六期，并对每个时期的画像石墓进行了详细的论述④。《中国画像石全集6·河南汉画像石》根据汉画像石的分布、历史背景、兴衰、题材内容、雕刻技法、艺术特征等将其分为六期⑤。

2. 艺术风格

关于汉画像石艺术风格的研究有艺术形式、雕刻技法、艺术风格三个方面⑥。

（1）艺术形式。常任侠⑦、王良启⑧、董旭⑨、沈颂金⑩、王建中等从不同角度对南阳汉画像的艺术形式进行了讨论。例如，王建中在《汉代画像石通论》中说："汉代画像石的构图主要继承了传统的以平面的散点和分层布局的法则，汉代画像石的造型，具有线描表达和摄影观察的特点，汉代雕刻有'拟绘画'、'拟浮雕'多种技法，汉代画像石的彩绘则强调了轮廓和形象的修饰功能，这些都反映了汉代、汉民族、汉文化、汉艺术的思想观念与审美意识等内在特性的外部印证，从而形成了独特的艺术风格。"⑪

---

① 南阳汉代画像石学术讨论会办公室编《汉代画像石研究》，文物出版社，1987。
② 李陈广、韩玉祥、牛天伟：《南阳汉代画像石墓分期》，《中原文物》1998年第4期。
③ 徐永斌：《南阳汉画像石的发展与分期》，《中原文物》2009年第1期。
④ 王建中：《汉代画像石通论》，紫禁城出版社，2001。
⑤ 中国画像石全集编辑委员会：《中国画像石全集6·河南汉画像石》，河南美术出版社，2006。
⑥ 刘太祥：《汉代画像石研究综述》，《南都学刊》（人文社会科学刊）2002年第22卷第3期。
⑦ 常任侠：《汉画艺术研究》，上海出版公司，1955。
⑧ 王良启：《试论汉画像石的艺术成就》，《中原文物》1986年第4期。
⑨ 董旭：《汉代画像形式初探》，《河南大学学报》1987年第2期。
⑩ 沈颂金：《汉代画像石研究概述》，《中国史研究动态》1993年第1期。
⑪ 王建中：《汉代画像石通论》，紫禁城出版社，2001，第494页。

（2）雕刻技法。最早研究汉画像雕刻技法的是日本学者关野贞①。滕固在研究汉画像时把雕刻技法放在首位②。《南阳汉代画像石墓》详细描述了南阳汉画像石的雕刻技法③。信立祥把汉代画像雕刻技法划分为两类，一是线刻类，一是浮雕类④。

（3）艺术风格。在王今栋⑤、王良启⑥、李宏⑦、闪修山、王儒林⑧、曹东坡⑨、王建中⑩的论著中均有涉及。其中《南阳汉代画像石墓》专门从雕刻技法、视图艺术等多方面论述了南阳画像石的艺术特征⑪。

3. 专题

南阳发现的画像石内容丰富、题材广泛，是研究汉代政治、经济、文化、科学技术的珍贵材料。例如，陈江风⑫、任义玲⑬、陈长山⑭从不同角度对画像中的天文图像进行了初步研究。《南阳汉代天文画像石研究》收入23篇相关论文，对画像中的天象图、彗星等方面进行了探讨⑮。汉画中的乐舞百戏图像是研究汉代音乐、舞蹈、杂技、戏剧的重要材料，周到详细考证了河南汉画像中反映的乐舞百戏，其中打击乐器有铙、建鼓、石磬等；吹奏乐器有埙、笛、排箫、瑟；舞蹈有建鼓舞、长袖舞、踏鼓舞；百

① 〔日〕关野贞：《中国山东汉代墓葬的装饰艺术》，东京帝国大学工科大学纪要，第八册一号，1996。
② 滕固：《南阳汉画像石刻之历史的及风格的考察》，载于胡适、蔡元培、王云五编《张菊生先生七十生日纪念论文集》，商务印书馆，1937。
③ 南阳汉画像馆编著《南阳汉代画像石墓》，河南美术出版社，1998。
④ 信立祥：《汉代画像石综合研究》，文物出版社，2000。
⑤ 王今栋：《南阳汉画像石研究》，《美术》1984年第3期。
⑥ 王良启：《试论汉画像石的艺术成就》，《中原文物》1986年第4期。
⑦ 李宏：《略谈南阳汉画像石刻的艺术构图》，《南都学坛》1987年第3期。
⑧ 闪修山、王儒林：《南阳画像石》，河南美术出版社，1989。
⑨ 曹东坡：《南阳汉代画像石刻艺术初探》，《南阳师专学报》1996年第1期。
⑩ 中国画像石全集编辑委员会：《中国画像石全集6·河南汉画像石》，河南美术出版社，2006，第19～24页。
⑪ 南阳汉画像馆编著《南阳汉代画像石墓》，河南美术出版社，1998。
⑫ 陈江风：《天文与人文》，国际文化出版社，1988。
⑬ 任义玲：《浅析南阳汉画像石天文图像之功能》，郑先光执行主编《汉画研究：中国汉画学会第十届年会论文集》，湖北人民出版社，2006，第260～266页。
⑭ 朱青生主编《中国汉画研究》（第四卷），广西师范大学出版社，2011。
⑮ 韩玉祥：《南阳汉代天文画像石研究》，民族出版社，1995。

戏有杂技、角抵、游戏等①。李荣友②、李真玉③、李幼馨④考证画像中的
乐器种类。吴曾德、周到⑤、魏仁华⑥、孙世文⑦、孙景琛⑧等论述角抵戏
及相关问题。吕品、周到对画像中的杂技进行了分类⑨，永明对俳优进行
了初步研究⑩，黄运甫讨论了棒形具⑪。艾延丁、李陈广⑫、程健君⑬、吕
品⑭、信立祥⑮、王清建和王玉金⑯等从不同视角对画像中的女娲、车马出
行进行了分类。岳庆平在《中国秦汉习俗史》中运用了汉画像石材料论述
了汉代服饰、饮食、居住、交通、婚姻、丧葬⑰。画像中的思想文化⑱、建
筑⑲也引起了研究者的广泛关注。

---

①　周到:《试析河南汉画像石中的乐舞百戏图像》,《中原文物》1981 年特刊。

②　李荣友:《汉画像的音乐学研究》,京华出版社,2001。

③　李真玉:《浅谈汉画中的乐器》,载于韩玉祥《汉画学术文集》,河南美术出版社,
1986。

④　李幼馨:《南阳汉代画像石刻中的音乐艺术》,《南都学刊》1992 年第 4 期。

⑤　吴曾德、周到:《漫谈南阳汉画像石中的角抵戏》,《郑州大学学报》1979 年第 2 期。

⑥　魏仁华:《南阳汉画像中搏击图浅析》,《中原文物》1983 年特刊。

⑦　孙世文:《汉代角抵戏初探——对汉画像石中的角抵戏的考察》,《东北师范大学学报》
1984 年第 4 期。

⑧　孙景琛:《汉代的角抵百戏》,《文史知识》1985 年第 5 期。

⑨　吕品、周到:《河南汉画中杂技艺术》,《中原文物》1984 年第 2 期。

⑩　永明:《略谈南阳汉画像石中的俳优》,《河南文博通讯》1979 年第 4 期。

⑪　黄运甫:《略谈南阳汉画像中的棒形具——兼谈持棒者的身份》,《中原文物》1983 年
特刊。

⑫　艾延丁、李陈广:《试论南阳汉画像中的田猎活动》,载于南阳汉代画像石学术讨论会办
公室编《汉代画像石研究》,文物出版社,1987。

⑬　程健君:《南阳汉画中的"伏羲女娲"考》,《南都学刊》1988 年第 2 期。

⑭　吕品:《河南汉画所见图腾遗俗考》,《中原文物》1991 年第 3 期。

⑮　信立祥:《汉代画像中的车马出行图考》,《东南文化》1999 年第 1 期。

⑯　王清建、王玉金:《河南南阳画像石中的民俗初探》,《南都学坛》2001 年第 1 期。

⑰　岳庆平:《中国秦汉习俗史》,人民出版社,1994。

⑱　李陈广:《南阳汉画像的河伯图试析》,《中原文物》1986 年第 1 期;吴增德、周到:《南
阳汉画像石中的神话与天文》,《郑州大学学报》1978 年第 4 期;孙怡村:《从南阳汉画
看汉代崇尚名节之风》,《汉画学术文集》,河南美术出版社,1986;李宏:《楚辞与南阳
汉画像石刻》,《江汉考古》1987 年第 3 期;王玉金:《从南阳汉画看汉代的等级制度》,
《南都学坛》1993 年第 1 期。

⑲　杨焕成、吕品:《河南汉画像中的建筑图像》,《中原文物》1983 年特刊;李宏:《南阳汉
代画像石刻美学风格初探》,《中原文物》1983 年特刊;赤银中、王卫国:《南阳汉画像
石砖中所体现的汉代建筑形象》,《中原文物》1996 年增刊。

唐河"冯君孺人"墓①、南阳麒麟岗墓②较为特殊，有学者尝试对其进行了个案研究。

（二）画像砖墓

南阳发现的画像砖墓较之画像石墓少，研究内容主要以分期和编年为主，也有关于画像内容和渊源的考释。例如，赵成甫依据夫妻同穴合葬式、五铢钱以及随葬品的年代，推断南阳汉画像砖墓年代上限不早于武帝、下限不晚于新莽③。柴中庆则把樊集的 37 座墓按照墓向分为四组，分别代表四个家族或四个血缘关系很近的群体，时代在西汉宣元时期④。王建中把邓州收集的 6 块空心砖画像石墓定在西汉晚期至东汉早期⑤。关于画像砖墓的渊源，王褒祥认为南阳画像砖承袭画像石和空心砖发展而来⑥。周到、吕品、汤文兴通过对画像砖的艺术风格的排比，认为新野、南阳出土的高浮雕空心大条砖、方形画像砖的时代在东汉晚期⑦。画像砖中的人物⑧、百戏⑨等与其他地区相比⑩，艺术特色较为独特⑪。

---

① 南阳地区文化局考古队、南阳市博物馆：《唐河县新店发现的一座有纪年的画像石墓》，《河南文博通讯》1978 年第 3 期；南阳地区文物队、南阳博物馆：《唐河汉郁平大尹冯君孺人画像石墓》，《考古学报》1980 年第 2 期；〔日〕西林昭一：《郁平大尹冯君孺人画像石墓の题记》，《不手非止》第四号，昭和 56 年；杨爱国：《幽明两界：纪念汉代画像石研究》，陕西人民美术出版社，2006，第 97 页；王建中、闪修山：《南阳两汉画像石》，文物出版社，1990，第 285～292 页；闪修山：《汉郁平大尹冯君孺人画像石墓研究补遗》，《中原文物》1991 年第 3 期；信立祥：《汉代画像石墓综合研究》，文物出版社，2000，第 230 页。
② 黄雅峰、陈长山编著《南阳麒麟岗汉画像石墓》，三秦出版社，2008；南阳地区文物研究所：《新野樊集汉画像砖墓》，《考古学报》1990 年第 4 期；柴中庆：《新野樊集汉画像砖墓的几个问题》，《中原文物》1996 年增刊。
③ 南阳市文物考古研究所编《南阳汉代画像砖》，文物出版社，1990，第 4～30 页。
④ 柴中庆：《新野樊集汉画像砖墓的几个问题》，《中原文物》1996 年增刊。
⑤ 南阳地区文物工作队、邓县文化馆：《河南邓县发现汉空心画像砖》，《考古》1982 年第 3 期。
⑥ 王褒祥：《河南新野出土的汉代画像砖》，《考古》1964 年第 2 期。
⑦ 周到、吕品、汤文兴：《河南汉代画像砖》，上海人民美术出版社，1985；吕品：《河南画像砖出土与研究》，《中原文物》1983 年第 3 期；周到、吕品、汤文兴：《河南汉画像砖的艺术风格与分期》，《河南文博通讯》1980 年第 3 期。
⑧ 高现引：《浅论南阳汉画中"胡人"特征及相关问题》，《中原文物》1996 年增刊。
⑨ 王汝雷：《新野汉代戏车画像力学管见》，《中原文物》1996 年增刊。
⑩ 李晓松：《四川汉代画像砖与南阳汉代画像砖的比较》，《中原文物》1983 年增刊。
⑪ 南阳市文物考古研究所编《南阳汉代画像砖》，文物出版社，1990，第 31～38 页；田平信：《浅论南阳汉代画像砖雕刻艺术渊源》，《中原文物》1996 年增刊。

（三）其他墓葬

南阳地区汉代竖穴土坑墓、砖石墓、积石积炭墓、石洞墓、瓮棺葬的相关研究成果较少。其中徐承泰根据丰泰墓地陶器演变及组合将整个墓地分为 8 期 14 段，充分反映了仿铜礼器形制和组合的变化历程①，初步建立了该区陶器谱系和年代序列。雷兴军在《长江中游地区王莽时期墓葬文化结构浅析》一文中将长江中游地区分为五个区域，其中一个是鄂北地区（聂家湾、王家湾墓地），汉武建元三年（前 138 年），东欧人内徙至江淮之间；元鼎六年，越人徙处江淮之间，文化内部融合与复杂清晰可见，在王莽时期呈现出大融合的现象②。余静认为鄂西地区在西汉早期汉文化中并不突出，楚秦文化和两湖区文化因素与汉代主体文化因素并重；西汉晚期，汉代以前的列国文化正式退出历史舞台，至东汉，具有地域特色的汉文化继续发展，并纳入汉文化发展中③。此外，包明军、王伟对南阳基建发现的铜镜进行分类和年代学的研究④，张方、卓玉就南阳市东郊宛城汉墓出土的一面铁镜进行了详细讨论⑤，蒋宏杰对南阳汉代铜镜的出土情况、形制与区域特点以及年代进行了系统的研究⑥。武玮认为南阳汉墓中随葬陶井模型的流行时间早于两京地区，主要流行无陶质井架形制，更接近于长江中游两湖地区汉墓的陶井，是受南方的影响出现的，东汉出现井架、井亭⑦。牛天伟、崔华认为南阳汉巷出土陶饼是仿金币的冥币，且南阳在两汉时期盛行随葬冥币⑧。魏仁华、田玉芳对南阳汉代陶狗进行了分类，并准确揭示了陶狗形制的演变和在墓葬中的意义⑨。

---

① 徐承泰：《南阳战国晚期至秦汉墓葬出土仿铜礼器研究》，《江汉考古》2011 年第 2 期。
② 雷兴军：《长江中下游地区王莽时期墓葬文化结构浅析》，载于湖北省考古学会选编《湖北省考古学会论文选集》（三），武汉大学学报编辑部，1978。
③ 余静：《鄂西地区两汉墓葬的文化因素分析及其文化发展过程》，载于中国考古学会编著《中国考古学会第十三次年会论文集》（2010），文物出版社，2011。
④ 包明军、王伟：《南阳汉墓出土铜镜简介》，《江汉考古》1997 年第 1 期。
⑤ 张方、卓玉：《河南南阳出土一件汉代铁镜》，《文物》1997 年第 1 期。
⑥ 蒋宏杰：《南阳出土铜镜》，文物出版社，2010。
⑦ 武玮：《河南南阳汉墓出土陶井明器的区域特征》，《文物世界》2012 年第 2 期。
⑧ 牛天伟、崔华：《南阳汉巷出土陶饼》，《中国钱币》2004 年第 2 期。
⑨ 魏仁华、田玉芳：《南阳汉代陶狗概述》，载于洛阳市第二文物工作队《河洛文明论文集》，中州古籍出版社，1993，第 363 ~ 375 页。

四　小结

综上所述，南阳地区汉墓的研究已经取得了较为丰硕的研究成果，但仍有很多亟待解决的问题。

一是南阳地区汉墓的年代序列和区域墓葬的发展脉络尚不清晰。第一，画像石墓研究起步较早，分期存在三期、四期、六期等，且不同学者对每期年代的认识存在较大分歧。画像砖墓的编年研究也存在同样的问题。第二，近年南阳地区的土坑墓、砖室墓的数量大增，除陶器的年代序列较为清晰外①，墓葬的年代和分期研究稍显滞后。第三，南阳地区作为汉墓研究的重点区域之一，汉墓发展与演变的总体脉络不甚清晰。

二是南阳地区汉墓的墓葬制度和与之相应的文化结构缺乏纵深的探讨。第一，相关研究偏重于画像墓，其他类型的墓葬研究较为薄弱。第二，南阳地区作为一个相对独立的地理单位，汉墓文化结构（即考古学文化内部的特征、性质、相互之间的关系）、文化特征（即哪些是自身文化，哪些是外来文化）、形成机制等问题未能得到深入的关注。

三是考古学文化所折射出的社会面貌探索不足。第一，虽然汉画像墓研究论著较多，但高质量者较少，且部分论述中臆测成分多、结构不严谨。第二，豫西南－鄂西北地区自新石器时代、青铜时代以来就是南北文化交流的重要通道②，在汉代该区与周邻地区是如何交融的，除历史文献中有部分记载外③，考古实物所反映的情况基本未有涉及。第三，考古学研究中既要研究"物"，又要研究"人"④，该区汉代人的精神文化尚未有深入的挖掘。

南阳地区汉墓的各个方面仍然有大量课题可以继续深入研究，在考古发现、文献材料和相关学科的研究成果基础上，进行全面而细致的综合研

---

① 徐承泰：《南阳战国晚期至秦汉墓葬出土仿铜礼器研究》，《江汉考古》2011年第2期。
② 马保春、杨雷：《新石器时代晚期豫陕鄂间文化交流通道的初步研究》，《江汉考古》2007年第2期；马保春：《早期豫陕鄂间文化交流通道初步研究》，《中原文物》2006年第5期。
③ 马保春：《由古文字材料管窥早期伊洛南阳之地理通道》，《中原文物》2009年第3期。
④ 俞伟超：《文物研究中既要研究"物"，又要研究"人"》，载于俞伟超《考古学是什么：俞伟超考古学理论文选》，中国社会科学出版社，1996，第137～142页。

究当是今后工作的重点。墓葬较之城址、手工业遗址等，包含的信息较为丰富，在当时政治、经济、文化及生产生活之外，还应全面地反映人的精神、宗教思想等方方面面，展现一个立体而全面的古代社会面貌，这也是考古学研究的终极目标①。

第三节　研究目的与方法

诚如"研究现状"一节的总结，我们看到了学界一直对于该区汉墓研究的努力和取得的成果，为进一步深入研究奠定了坚实的基础，但也看到了近百年来研究中的不足，尤其缺乏在专题之上的系统、综合研究。

本书的研究主要分三步进行。第一步，对南阳地区的汉代墓葬及其遗物进行考古类型学的分析，结合考古年代学的方法对其进行统一分期、断代，明晰该区汉墓的年代序列和发展脉络。第二步，在考古类型学研究基础上，运用文化因素分析法辨析该区汉墓的文化因素构成，同时运用动态考察方式分析该区汉墓文化演进的过程，总结相关墓葬制度和区域文化特征。第三步，在前两步研究基础上，利用历史学、文献学、历史地理学研究的相关成果，对以上现象背后所蕴含的历史背景略作探索。

作为一种方法论，考古类型学可以确定遗迹、遗物的相对早晚，也有助于推断在一定空间、一定时间的范畴内所包含的文化及其主要因素，为做好社会分析基础准备②。本书研究的对象是墓葬，考古类型学涉及的主要有墓、随葬品及墓地结构等方面。本书在注重随葬陶器器物形制的变化之外，也将陶器制作工艺作为陶器分类的一个标准。墓葬研究侧重于墓葬形制和构造的分类③，墓葬规模和墓主身份的差别也是本书研究的重点。

年代学方面，部分南阳汉墓有明确的纪年材料，除此之外，部分墓葬相互的叠压与打破关系是我们进行断代的基础之一。总结该区汉墓随葬具

---

① 韩国河：《有关墓葬考古学研究的思考——以两汉墓葬为例》，《西部考古》2006 年第 1 期。
② 俞伟超：《关于"考古学类型学"的问题——为北京大学七七至七九级青海、湖北考古实习同学而讲》，载于《考古类型学的理论与实践》，文物出版社，1989，第 12～13 页。
③ 峰之：《近 30 年来汉墓综合研究中的墓葬分类问题》，《中国文物报》2002 年 11 月 8 日 007 版。

有标准器物性质的陶器、铜器的形态链和器物组合，并结合其他地区（如西安地区、洛阳地区）汉墓的相关较成熟的研究成果，确立该区汉墓的年代序列和发展脉络。

文化因素分析法主要用来剖析南阳汉墓的文化结构和文化特征。文化结构的研究中，首先对该区汉墓包含的文化因子进行分组，然后对文化因子的性质进行分析，进而结合年代学的结果推测汉代文化演进过程。汉墓文化特征包含有器物形态及其组合的关系、墓葬形制、葬俗和葬制等。

最后对墓葬规模与墓主身份、社会结构的关系，器类和器物组合变化与文化交流与融合，器类变化、墓葬形制变化等所反映的丧葬观念、礼仪规范的变化等问题，结合历史学、文献学[①]、历史地理学、民族志、人口学等学科的研究成果进行探索，企图构建一个全景式的汉代区域社会。描述全景式的历史就需要扩大历史研究的视野，这也正是本书把"年鉴学派"的研究范式和资料范围扩大化的目的，但这并不影响坚持"重建古史"的使命和以常规方法研究的根基[②]。

作为对南阳地区汉墓的系统性、综合性的研究，本书的研究意义是明显的。

第一，初步建立南阳地区汉代墓葬的统一的年代序列，明晰其发展脉络。现有的基础已有关于年代序列的研究，但仅限于某一类墓葬或某一类器物。第二，通过对该区墓葬制度和文化结构的讨论，反映汉代丧葬文化在区域地区内的"地方化"特征。该区汉墓研究偏重于画像墓，其他类型汉墓未能引起足够重视。第三，南阳汉墓是全国汉墓的重要组成部分，作

①　宋治民：《战国秦汉考古研究的思考》，载于《四川大学考古专业创建三十五周年纪念文集》，四川大学出版社，1998，第 246 ~ 255 页。

②　考古学（本书指科学考古学）作为一门新兴的学科自产生以来就受到各个邻近学科的热烈追捧，但这影响了考古学家本身的使命工作（当然大多参与到考古工作中的人似乎不想承认这一事实），中国考古学也是如此，反观之，美国考古学家就是我们的榜样，能摆脱西方考古学的传统，把考古学纳入人类学阵营（当然也不排除特殊历史原因），以追求现代人类社会有关的通则为目的，因此究竟我们能否根据自己的实际情况而形成"中国考古学派"呢？如果能从中国考古学资料发现普遍意义的课题，推衍成为普世性的理论，这时才称得上"中国学派"，当然"中国学派"也不能只是一派。见杜正胜《新史学与中国考古学——李济》，载于《新史学之路》，三民书局，2004；查小英：《二十世纪关于中国考古学的走向》，《四川大学学报》（哲学社会科学版）2003 年第 1 期。

为影响汉墓结构变迁的核心地区之一①，对其年代序列、墓葬制度、丧葬习俗的系统研究尤其重要。

第四节　时空范围与术语

一　时空范围

本书的南阳地区是指今河南省的西南部，湖北省的西北部两省交界的地方，行政区划上包括河南省的南阳市（方城县、唐河县、南召县、新野县、镇平县、内向县、淅川县、西峡县），湖北省的襄樊市、十堰市的部分县市（襄樊市、谷城县、老河口市、丹江口市、郧县、郧西县）。自然地理上属于南阳盆地及其邻近地区、襄阳盆地北部、丹江盆地东部（图二）。西汉时期属荆州刺史部之南阳郡全境、南郡北部，司隶部之河南伊南部；东汉属荆州刺史部之南阳郡全境和南郡北部②。

杨哲峰认为汉墓的研究应注重与汉代历史背景相结合，也要注意自然环境的区域差别对于丧葬文化的影响，"回归"到汉代历史背景中去，才是我们的选择③。本书选择的南阳地区在汉代属于荆州刺史部之南阳郡全境、南郡北部，以及司隶部之河南伊南部，从根本上来说南阳是该区域的核心区域（图三）。南阳地区是一个相对独立的地理单元，这里的文化共性强，区域特征显著。在同一时空下的经济文化分区、风俗文化分区、方言文化分区都是建立在地域基本传统之上的，即民间传统，所以汉代考古

---

① 杨哲峰在其博士论文中认为关中地区、郑洛地区、苏鲁豫皖交界地区、南阳鄂北地区是影响汉墓结构变迁的主要区域。见杨哲峰《汉墓结构和随葬釉陶器的类型及其变迁》，北京大学博士学位论文，2005。数据来源：中国国家图书馆，博士论文数据库，网址：http://res4.nlc.gov.cn/home/search.trs。

② 谭其骧主编《中国历史地图集》第二册，中国地图出版社，1996，第22~23、49~50页。

③ 峰之：《汉墓研究中的七种区域选择类型》，《中国文物报》2004年11月19日007版。峰之先生根据以往研究，把过去汉墓区域选择分为七类：一是以省区级单位区划作为研究范围，也是较为流行的一种；二是以省区内的集中城市行政单位区划划分单位研究；三是省内的某些区域划分如鲁南等单位；四是区域选择，如西南地区；五是以自然地理单位界定的，如长江中下游之类；六是以具有历史文化性质的空间单元或区域划分，如关中、河西、三楚等；七是根据实际分布情况。

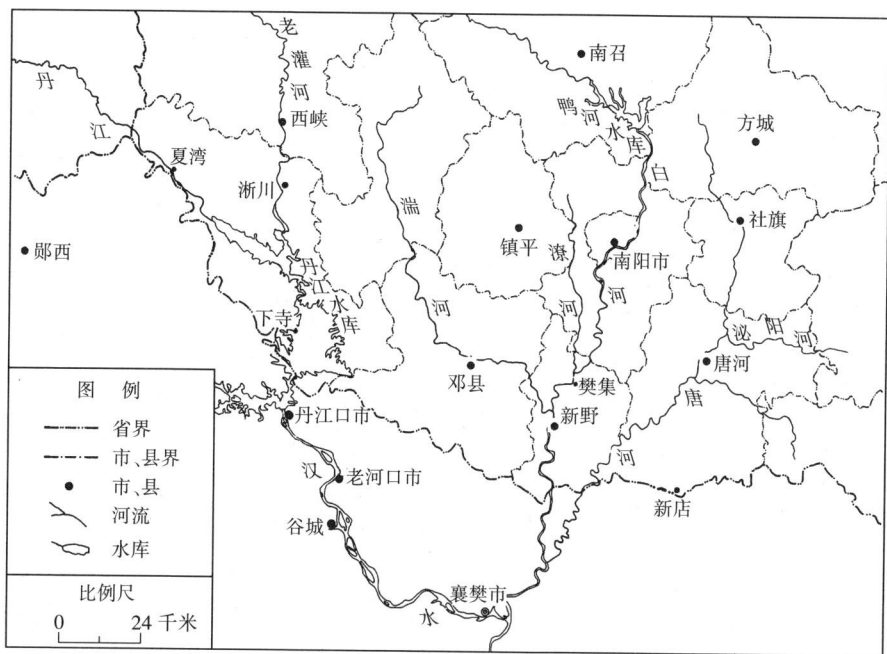

图二 本书研究范围示意

学文化的分区也应该"建立在类似的民间文化传统层面上，这样的分区才可以互相比较分析"①，满足条件的只有中小型墓葬②，该区的中小型汉墓类型丰富，是进行区域汉墓研究的极佳条件。由于地理位置独特，南阳地区是南北文化交流的重要通道；自然资源丰富，是重要的冶铁中心，也是两汉时期重要的经济、文化中心。

中国的秦汉考古事业蒸蒸日上，中小型汉墓的研究已经初显成效③。本书研究的汉代包括中国历史上的西汉、新莽、东汉三个时期，即从公元前206年至220年④。本书以历史纪年为依据，从考古资料反映的物质文

---

① 雷虹霁：《秦汉历史地理与文化分区研究——以〈史记〉〈汉书〉〈方言〉为中心》，中央民族大学出版社，2007，第244页。

② 本书所谓的中小型秦汉墓，是指王侯身份以下的墓葬。中国社会科学院考古研究所：《中国考古学·秦汉卷》，中国社会科学出版社，2010，"官吏与平民墓葬"一章。

③ 高崇文：《读〈中国考古学·秦汉卷〉》，《考古》2012年第8期；焦南峰：《秦汉考古的第三代权威工具书——读〈中国考古学·秦汉卷〉》，《中国文物报》2012年9月21日第4版。

④ 〔英〕崔瑞德、〔英〕鲁唯一编《剑桥中国秦汉史》，杨品泉等译，中国社会科学出版社，1992。

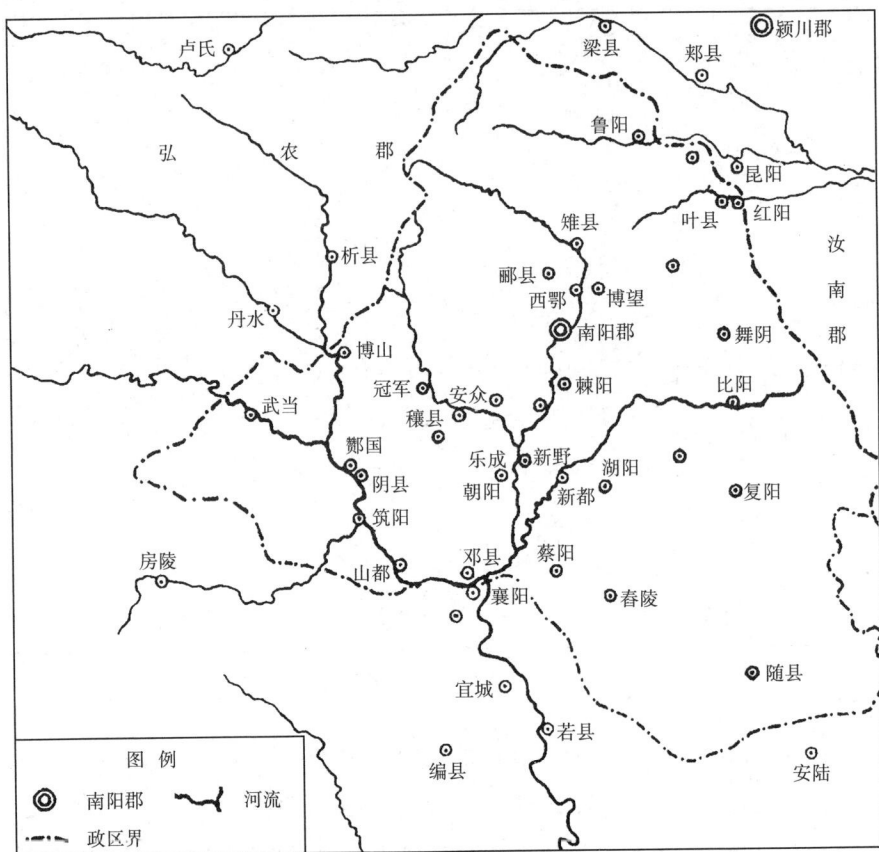

图三 南阳地区汉代形势图

资料来源：谭其骧主编《中国历史地图集》第二册，中国地图出版社，1996，第22~23页，改绘。

化变迁的实际出发，参考《中国考古学·秦汉卷》，将"汉代"分为七个阶段，即西汉早期（公元前206~前141年）、西汉中期（公元前140~前49年）、西汉晚期（公元前48年~8年）、新莽时期（9~24年）、东汉早期（25~105年）、东汉中期（106~189年）、东汉晚期（190~220年）①。各个阶段的上、下限年代并非完全绝对。

---

① 中国社会科学院考古研究所：《中国考古学·秦汉卷》，中国社会科学出版社，2010，第17~18页。

二　相关术语

在汉代考古中，"汉代墓葬""汉墓""中小型汉墓"等几个常用的术语有必要进行界定。其中汉代墓葬，指在公元前 206 年（秦灭亡）到 220 年（延康元年汉献帝被废、曹丕称帝）汉帝国境内所有的墓葬，既包括汉墓，也包括汉初的秦墓（具有秦文化的墓葬），同时包括边疆地区的墓葬。汉墓，指具有汉文化性质的墓葬，一定意义上还包括受汉文化影响而采用其埋葬习俗的墓。进入汉代以后，传统的竖穴椁墓逐渐走向衰退，横穴式墓逐步推广和普及[1]，真正意义上的汉墓当是以横穴式墓为标志的。因此，本书的汉墓是指汉朝统治下，以汉文化因素为主体的墓葬。中小型汉墓，指王侯身份以下的墓葬[2]，到东汉晚期许多豪强有逾越葬制现象。南阳地区未发现王侯级别的墓葬，本书所研究的汉墓均为中小型汉墓[3]。

汉文化，本书是指考古学文化[4]。俞伟超先生认为汉文化是西汉早期新的族群形成、承自秦的政治制度、楚地黄老思想、六国文化的复苏等这些多元结构文化整合的结果，形成于西汉中期。就考古学文化而言，主要表现在家族茔地的兴起、多代合葬一墓、模拟庄园面貌的模型明器的发达、墓室壁画和画像石所反映的"三纲五常"道德观和"天人感应"的世界观[5]。

文化因素分析法，在中国产生较早，是在类型学研究的前提下做出分析，分析的对象应该是一个相对独立的单位，其文化因素的构成主要有来

---

① 黄晓芬：《汉墓的考古学研究》，岳麓书社，2003，第 70 ~ 95 页。

② 赵化成、高崇文：《秦汉考古》，文物出版社，2002，第 105 页；《中国考古学·秦汉卷》中称之为"官吏与平民墓葬"，见中国社会科学院考古研究所《中国考古学·秦汉卷》，中国社会科学出版社，2010。

③ 峰之：《近 30 年来汉墓综合研究中的墓葬分类问题》，《中国文物报》2002 年 11 月 8 日 007 版。

④ 安志敏：《考古学文化》，载于《中国大百科全书·考古学》，中国大百科全书出版社，1986，第 253 ~ 254 页。

⑤ 俞伟超：《考古学中的汉文化问题》，载于张忠培、俞伟超《考古·文明与历史》，中研院历史语言研究所，1999；俞伟超：《古史的考古学探索》，文物出版社，2002，第 180 ~ 190 页。

源和性质两个方面，分析时尽量采用定量的分析方法。考古研究中运用文化因素分析方法可以确定考古遗存的文化性质，划分地方类型和探讨文化中心区的问题，帮助追寻文化的渊源，探讨文化之间的交流、融合、人口迁徙，理解考古学文化在区系类型学中的地位和作用①。文化结构，指考古学文化内部各组成部分的特征、性质及其相互间的关系。文化因子，指构成文化结构的各个要素。文化内涵，指具体的文化结构和文化特征。

画像研究作为考古学、美术学、艺术史、历史学等学科研究古代美术、艺术、社会思想文化的重要素材之一，已经是专门的研究领域，因此对于该区画像的考证、探索并不是本书研究的重点。同时铜镜、钱币等都是汉墓比较常见的出土物，在实际研究中已经成为专门的分支学科，本书不对其所涉及的相关问题进行专门研究。

---

① 栾丰实等：《考古学理论·方法·技术》，文物出版社，2002，第85~93页。

第二章

墓葬形制与随葬品

第一节　墓葬形制

目前发现的汉墓数以万计，种类繁多，杨哲峰总结了近三十年汉墓的研究现状，认为对于汉墓的分类主要有三种模式：一是侧重于墓葬规律与墓主身份差别的分类（等级分类），二是侧重墓葬形制和结构的分类（构造分类），三是墓葬装饰的特征。这些分类多呈平面式，如要真实地反映汉代社会的相关问题，应该是立体的，有不同层次的，有明确体系的分类。汉墓分类的逐步完善应该和综合研究的进步密切相关，是相辅相成的[①]。黄晓芬把墓葬分为椁墓和室墓，即汉代以前都归入椁墓，而室墓则是以横穴为原理[②]，对汉代很多无椁有棺的墓如何归属，作者并没有说明和讨论。蒋晓春则把三峡地区的汉墓分为密闭型和开通型，突出了墓室结构的变革[③]。余静则分为木（岩）圹墓、椁墓、室墓等[④]。汉墓的分类要以考古学的最终目的为方向，为研究社会生活和复原、构建古代社会为终极目标。

---

① 峰之：《近 30 年来汉墓综合研究中的墓葬分类问题》，《中国文物报》2004 年 11 月 19 日 007 版。
② 黄晓芬：《汉代墓葬的考古学研究》，岳麓书社，2002。
③ 蒋晓春：《三峡地区秦汉墓研究》，巴蜀书社，2010，第 164～170 页。
④ 余静：《中国南方地区两汉墓葬研究》，吉林大学博士学位论文，2009。

南阳地区汉墓类型丰富，根据墓葬建筑材料的差异，并结合相关构筑方式、墓葬装饰形式等综合因素，本书将南阳地区汉墓分为九类，分别为竖穴土坑墓（甲类）、土坑木棺椁墓（乙类）、岩坑洞室墓（丙类）、砖室墓（丁类）、画像砖墓（戊类）、画像石墓（己类）、积石积炭墓（庚类）、瓮棺葬（辛类）、瓦棺葬（壬类）。前六类墓葬的数量相对较多，后三类墓葬发现数量较少。

一 竖穴土坑墓

竖穴土坑墓是使用土圹直接埋葬死者的墓葬，无葬具，是南阳地区汉墓中较为常见、数量较多的一类墓葬。

（一）墓葬形制

根据土坑墓有无墓道的情况，分为两型。

A 型　平面为长方形，无墓道。根据墓壁形状分为两个亚型。

Aa 型　直壁。根据二层台的变化分为 4 式。

Ⅰ式　平面为长方形，直壁，平底。例如，南阳牛王庙 M1，长 347 厘米、宽 170 厘米，墓地距地表 434 厘米[1]（图四，1）。

Ⅱ式　平面为长方形，直壁，平底，两边设有二层台。例如，南阳丰泰墓地 M27，墓壁垂直无收分，东西两边设有二层台，墓口长 230 厘米、宽 100 厘米，墓底宽 60 厘米，二层台宽 20 厘米、高 50 厘米，墓深 100 厘米[2]（图四，2）。

Ⅲ式　平面为长方形，直壁，平底，三边设有二层台。例如，襄樊彭岗 M117，长方形竖穴土坑墓，墓长 286 厘米、宽 200 厘米、深 146 厘米，东、西、北三边设有熟土二层台，分别宽 30 厘米、18 厘米、30 厘米[3]

---

[1] 河南省南阳市文物考古研究所、武汉大学历史学院考古系：《南阳丰泰墓地》，科学出版社，2011，第 14 页，图一三。为行文方便，本书的墓葬、随葬品的图片来源均采用脚注说明，下同。

[2] 河南省南阳市文物考古研究所、武汉大学历史学院考古系：《南阳丰泰墓地》，科学出版社，2011，第 11 页，图九。

[3] 襄樊市考古队：《襄樊彭岗汉墓群发掘简报》，《江汉考古》2000 年第 2 期，第 18 页，图四。

（图四，3）。

Ⅳ式 平面为长方形，直壁，平底，四边设有二层台。例如，南阳牛王庙M77，墓壁垂直无收分，四边设有二层台，墓室长440厘米、宽320厘米、台宽20~50厘米、高76厘米①（图四，4）。

Ab型 平面为长方形，斜壁，墓口大于墓底。根据二层台情况分为3式。

Ⅰ式 平面为长方形，没有二层台。例如，南阳丰泰M344，平面为长方形，墓壁有收分，呈斗形，墓口长315厘米、宽220厘米，墓底长264厘米、宽170厘米、深95厘米②（图四，5）。

Ⅱ式 平面为长方形，两边设有二层台。例如，南阳丰泰M95，平面为长方形，墓口大于墓底，有收分，呈斗形，东西两边设有二层台，墓口长260厘米、宽180厘米，墓底长290厘米、宽95厘米，台宽25~30厘米、高65厘米、深140厘米③（图四，6）。

Ⅲ式 平面为长方形，四边设有二层台。例如，南阳丰泰墓地M88，平面为长方形，斜壁，有收分，呈斗形，四边有二层台。墓室口长450厘米、宽390厘米，墓底长250厘米、宽142厘米，台宽30~34厘米、高55厘米④（图四，7）。

B型 有墓道。根据墓道剖面形状分为两个亚型。

Ba型 平面为长方形，斜壁，斜坡墓道。例如，南阳邢庄M2，墓室口大底小，墓道窄于墓室的宽度，墓口长275厘米、宽115厘米⑤（图四，8）。

Bb型 平面为长方形，直壁，斜坡墓道。根据墓道形状分为2式。

Ⅰ式 墓道与墓室宽度相同。如镇平程庄墓地M39，长方形竖穴土坑

① 南阳市文物考古研究所：《南阳牛王庙汉墓发掘报告》，文物出版社，2011，第160页，图一二九。
② 河南省南阳市文物考古研究所、武汉大学历史学院考古系：《南阳丰泰墓地》，科学出版社，2011，第25页，图二五。
③ 河南省南阳市文物考古研究所、武汉大学历史学院考古系：《南阳丰泰墓地》，科学出版社，2011，第23页，图二三。
④ 河南省南阳市文物考古研究所、武汉大学历史学院考古系：《南阳丰泰墓地》，科学出版社，2011，第21页，图二一。
⑤ 南京大学历史系、南京文物研究所：《河南南阳市邢庄汉、宋墓群发掘报告》，《华夏考古》2008年第3期。

带斜坡墓道，墓道与墓室底部相连，墓室长 280 厘米、宽 100 厘米、深 70 厘米，墓道口长 260 厘米、宽 100 厘米①（图四，9）。

　　Ⅱ式　墓道窄于墓室，墓道狭长，直壁。如淅川东沟长岭 M55，墓室位于北部，墓道位于南部，墓道为长方形斜坡墓道，墓室长 240 厘米、宽 150 厘米、深 185 厘米，墓道长 340 厘米、宽 98～110 厘米②（图四，10）。

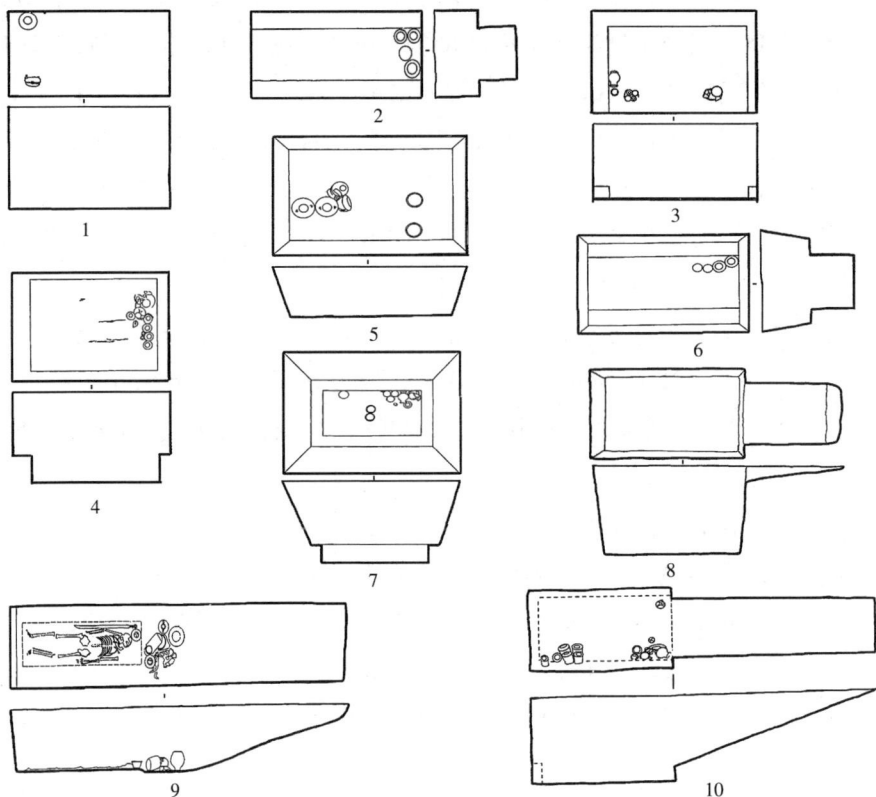

图四　竖穴土坑墓

1. Aa 型Ⅰ式（牛王庙 M1）　2. Aa 型Ⅱ式（丰泰 M27）　3. Aa 型Ⅲ式（彭岗 M117）

4. Aa 型Ⅳ式（牛王庙 M77）　5. Ab 型Ⅰ式（丰泰 M344）　6. Ab 型Ⅱ式（丰泰 M95）

7. Ab 型Ⅲ式（丰泰 M88）　8. Ba 型（南阳邢庄 M2）

9. Bb 型Ⅰ式（程庄 M39）　10. Bb 型Ⅱ式（东沟长岭 M55）

① 郑州大学历史学院考古系：《河南镇平县程庄墓地汉代墓葬发掘简报》，《华夏考古》2009 年第 4 期，第 30 页，图二。

② 河南省文物局编《淅川东沟长岭楚汉墓》，科学出版社，2011，第 274 页，图二一七。

（二）墓葬修筑方式

竖穴土坑墓一般是在平地直接挖成的竖穴坑，有些设有二层台，有些没有二层台。填土为五花土，大多数没有夯筑，少数也会夯筑。

（三）葬式

土坑墓的人骨保存较差，绝大部分人骨已不存在或是残存牙齿等。葬式情况不明。

（四）随葬品放置

因为该类墓葬没有葬具，所以随葬品和人骨放置在同一墓坑中，从已经发表的资料来看，随葬品的放置较为集中，如南阳丰泰墓地 M27 的随葬品主要放置在墓室靠近北壁的底部①。虽然部分墓葬设有二层台，但未见放置随葬品。

二　土坑木棺椁墓

土坑木棺椁墓指墓坑为竖穴土坑，葬具使用木棺或棺椁埋葬死者的墓。南阳地区的该型墓葬数量相对较多。

（一）墓葬形制

根据使用棺、椁的不同分为三型。

A 型　单独使用木棺作为葬具。此类墓葬规模相对较小，墓口均为长方形。根据有无二层台可分为两个亚型。

Aa 型　无二层台，木棺置放于墓坑。例如，襄阳王坡 M11，墓坑口大底小，斜壁，墓口长 290 厘米、宽 150 厘米，棺为平底方棺，残长 200 厘

---

① 河南省南阳市文物考古研究所、武汉大学历史学院考古系：《南阳丰泰墓地》，科学出版社，2011，第 11 页，图九。

米、宽 60 厘米、高 33 厘米①（图五，1）。

Ab 型　有二层台，木棺置于墓坑底部二层台之间。例如，老河口九里山 M153，墓坑口大底小，斜壁，墓底东、西两边设有二层台，墓口长 232 厘米、宽 120 厘米，台宽 18 厘米、16 厘米②（图五，2）。

B 型　一椁一棺墓，墓坑为长方形竖穴土坑，椁下通常有两条垫木。根据墓道和二层台分为三个亚型。

Ba 型　无墓道和二层台。例如，老河口九里山 M120，墓坑口大底小，斜壁，墓口长 344 厘米、宽 216 厘米。椁室平面呈"Ⅱ"形，椁底板为直行并列平铺，椁下南北各有一半圆形垫木③（图五，3）。

Bb 型　有墓道无二层台，墓道一般为斜坡墓道。根据墓道与墓室关系分为 2 式。

Ⅰ式　墓道平面为梯形，墓葬平面为"凸"字形，墓道与墓室之间用薄木板隔开，且墓室与墓道之间有明显的分界线。例如，九里山 M46，墓葬平面为"凸"字形，墓圹平面为长方形，墓道平面为梯形。墓道与墓室之间用薄木板隔开，椁室平面呈"Ⅱ"形④（图五，4）。

Ⅱ式　墓道平面为长方形，墓葬平面为"刀"形，墓道与墓室之间界线不明显。例如，九里山 M89，刀形竖穴土坑木椁墓，墓室和墓道平面均为长方形，墓坑口大底小，斜壁，坑壁光滑，木棺位于椁内东北部⑤（图五，5）。

Bc 型　有墓道有二层台，墓葬平面为"凸"字形，墓道与墓室之间界线不明显。例如，南阳麒麟岗 M8，墓室平面为长方形，斜坡墓道，填土经过夯打，夯窝清晰。四边均设有二层台，台宽 55 厘米，二层台上发现

---

① 湖北省文物考古研究所等：《襄阳王坡东周秦汉墓》，科学出版社，2005，第 220 页，图一六三。

② 襄樊市文物考古研究所、武安铁路复线九里山考古队：《老河口九里山秦汉墓》，文物出版社，2009，第 144 页，图一七一。

③ 襄樊市文物考古研究所、武安铁路复线九里山考古队：《老河口九里山秦汉墓》，文物出版社，2009，第 299 页，图三四四。

④ 襄樊市文物考古研究所、武安铁路复线九里山考古队：《老河口九里山秦汉墓》，文物出版社，2009，第 176 页，图二一五。

⑤ 襄樊市文物考古研究所、武安铁路复线九里山考古队：《老河口九里山秦汉墓》，文物出版社，2009，第 247 页，图二八八。

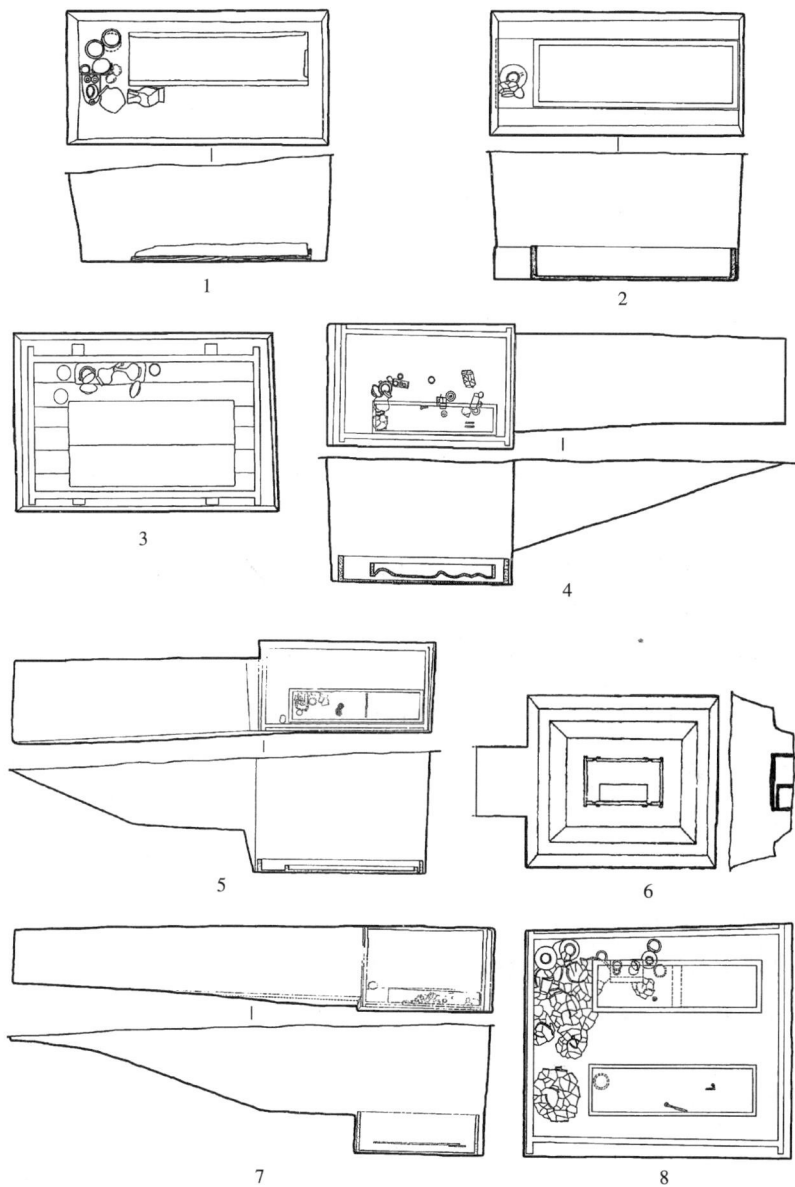

图五　土坑木棺椁墓

1. Aa 型（王坡 M11）　　2. Ab 型（九里山 M153）

3. Ba 型（九里山 M120）　　4. Bb 型 I 式（九里山 M46）

5. Bb 型 II 式（九里山 M89）　　6. Bc 型（麒麟岗 M8）

7. Ca 型（九里山 M47）　　8. Cb 型（九里山 M43）

一层木炭，椁室周围填有一层厚 10～18 厘米的青膏泥，木棺位于椁室东部[①]（图五，6）。

C 型　一椁两棺，或称单椁并棺，长方形竖穴土坑墓，斜坡墓道。根据墓道数量可分为两个亚型。

Ca 型　一条墓道。例如，老河口九里山 M47，墓室平面呈长方形，墓口长 300 厘米、宽 232 厘米。斜坡墓道，平面为梯形，口长 774 厘米、宽 145～205 厘米。墓室与墓道分界明显。一椁双棺，椁室平面呈"Ⅱ"形，双椁分别靠近南北椁板，棺板均散开[②]（图五，7）。

Cb 型　两条墓道。例如，老河口九里山 M43，"Y"形竖穴土坑墓，墓室和墓道口上整体加盖封土，形成一圆形封土堆，因耕土破坏，现存直径约 16 米，厚 10～60 厘米。墓室平面为长方形，墓口长 340 厘米、宽 270 厘米。南设两条窄长的斜坡墓道，整体呈"Y"形，即南部分开，北部因有打破关系而交叉，其中东墓道打破西墓道。一椁两棺，椁室平面呈"Ⅱ"形，双棺分别位于椁内中部偏东、西侧[③]（图五，8）。由墓道的打破关系和墓内填土来看，该墓一次起筑墓圹、椁室，同时下挖西墓道，西棺先行下葬，东棺后葬，葬入东棺时再挖东墓道，即该墓为先后下葬的同穴同椁合葬墓。

（二）葬具

（1）葬具类型。

顾名思义，竖穴土坑木棺椁墓的葬具是木棺或者木棺椁，部分墓葬被破坏或者腐朽。从残存和腐痕来看主要有单棺、一椁一棺、一椁两棺，一些墓葬可能还存在头箱或者是边箱。少量墓葬的椁底下两端有木沟槽，椁下应有支垫物。

①　南阳市文物工作队：《河南南阳市麒麟岗 8 号西汉木椁墓》，《考古》1996 年第 3 期，第 14 页，图一。

②　襄樊市文物考古研究所、武安铁路复线九里山考古队：《老河口九里山秦汉墓》，文物出版社，2009，第 181 页，图二一九。

③　襄樊市文物考古研究所、武安铁路复线九里山考古队：《老河口九里山秦汉墓》，文物出版社，2009，第 167 页，图二〇六。

（2）棺椁的制作方法。

西汉时期的棺、椁制作使用榫卯拼接，而到东汉则普遍使用棺钉。

（三）葬式

该类墓的人骨保存较差。老河口九里山的 78 座墓葬除存有牙齿和少量人骨的墓葬之外，可以看出葬式的仅 18 座，其中 1 座为侧身屈肢葬，其余 17 座均为仰身直肢葬。

（四）随葬品放置

单棺者，随葬品一般放置于棺与土圹之间的空隙处；有椁者，主要放置于棺与椁之间的空隙处，另外随身物品如带钩、铜镜、剑等则放置在棺内。无论哪种放置位置，随葬品较集中地放置在椁或棺的一侧或一端。

三　岩坑洞室墓

（一）墓葬形制

该区岩坑洞室墓的类型相对简单，根据墓葬平面形状分为三型。

A 型　墓葬平面形状为长方形。根据墓道形状以及与墓室的关系分为 2 式。

Ⅰ式　墓道与墓室宽度一样，分界不明显，平面为长方形。例如，郧县西峰 M5，洞室两壁直，底平，圆拱形顶，长方形平底墓道，与墓室底部平齐。墓室长 280 厘米、宽 140 厘米，墓道残长 276 厘米、宽 140 厘米[①]（图六，1）。

Ⅱ式　墓道略窄于墓室宽度，分界明显，墓道平面略呈梯形。例如，郧县西峰 M2，洞室壁面不甚规整，底较平，上角略弧，顶较平，墓道平面略呈梯形，墓道与墓室交界处有一道浅凹槽，墓室长 296 厘

[①]　襄樊学院、襄阳及三国历史文化研究所：《湖北郧县西峰汉墓群发掘简报》，《江汉考古》2011 年第 4 期，第 41 页，图三。

米，最宽处 126 厘米，墓道残长 220 厘米，前宽 88 厘米，后宽 110 厘米① （图六，2）。

B 型　墓葬平面形状为"凸"字形。根据墓道的变化分为 3 式。

Ⅰ式　墓道为竖穴式。例如，唐河湖阳罐山岩坑石洞墓，洞室为长方形，长 320 厘米、宽 300 厘米，墓底凿成平面，墓室三面（东壁除外）均自底向上内敛，略呈弧形，墓顶为穹窿顶，墓口作竖井式，呈长方形。墓口底部与墓室相通处，用一长方形石板封堵② （图六，3）。

Ⅱ式　墓道为斜坡墓道。例如，郧县西峰 M15，洞室两壁较直，平底，圆弧顶。斜坡墓道，平面近似梯形，后端底面略高于墓底底面。墓室长 438 厘米、宽 190 厘米，墓道残长 162 厘米，前宽 85 厘米、后宽 110 厘米③ （图六，4）。

Ⅲ式　斜坡墓道，洞室外有甬道连接墓道与墓室。例如，郧县西峰 M23，洞室两壁较直，平底，圆拱顶，墓室长 416 厘米、宽 212 厘米。斜坡墓道，有甬道，平面为长方形，残长 54 厘米、宽 86 厘米，墓室用砖砌壁④ （图六，5）。

C 型　墓葬平面为"刀"形，即墓道位于墓室的一侧。根据墓道的变化分为 2 式。

Ⅰ式　竖穴墓道，墓道与墓室分界系一道单层条砖横行对缝叠砌的封门。例如，郧县西峰 M3，洞室较为规整，底较平，上角略弧，顶较平。墓室长 344、宽 180 厘米。墓道位于墓室前部南侧，平面为长方形，长 262 厘米、宽 120 厘米⑤ （图六，6）。

Ⅱ式　斜坡墓道，且墓道与墓室之间有甬道相连。例如，郧县西峰

---

① 襄樊学院、襄阳及三国历史文化研究所：《湖北郧县西峰汉墓群发掘简报》，《江汉考古》2011 年第 4 期，第 42 页，图四。

② 南阳地区文物工作队：《唐河湖阳罐山石洞墓》，《中原文物》1986 年第 1 期，第 11 页，图一、二。

③ 襄樊学院、襄阳及三国历史文化研究所：《湖北郧县西峰汉墓群发掘简报》，《江汉考古》2011 年第 4 期，第 43 页，图六。

④ 襄樊学院、襄阳及三国历史文化研究所：《湖北郧县西峰汉墓群发掘简报》，《江汉考古》2011 年第 4 期，第 44 页，图八。

⑤ 襄樊学院、襄阳及三国历史文化研究所：《湖北郧县西峰汉墓群发掘简报》，《江汉考古》2011 年第 4 期，第 44 页，图九。

M22，墓室壁面不甚规整，底平，圆拱顶，墓室长480厘米，前宽236厘米、后宽224厘米。斜坡墓道，平面为长方形，位于墓室前西侧，与墓室之间由甬道相连。墓道残长100厘米、宽104厘米①（图六，7）。

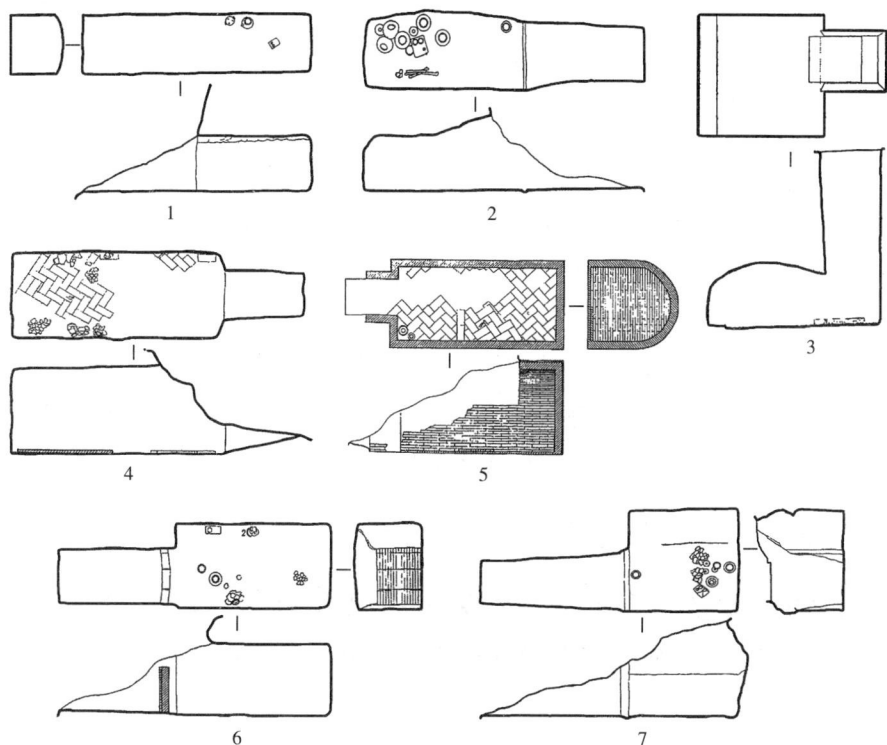

图六 岩坑洞室墓

1. A型Ⅰ式（西峰M5） 2. A型Ⅱ式（西峰M2） 3. B型Ⅰ式（湖阳罐山）

4. B型Ⅱ式（西峰M15） 5. B型Ⅲ式（西峰M23）

6. C型Ⅰ式（西峰M3） 7. C型Ⅱ式（西峰M22）

（二）墓葬修筑方式

岩坑洞室墓的墓坑一般选择在40°~60°的斜坡，于自然岩体上垂直向下、外开凿横断面呈"凹"形、纵断面呈三角形的平底或斜坡墓道，上、

---

① 襄樊学院、襄阳及三国历史文化研究所：《湖北郧县西峰汉墓群发掘简报》，《江汉考古》2011年第4期，第45页，图一一。

下外端均起自岩面，少量有短甬道，斜坡墓道也较为平缓。在墓道后端中、下部向内掏挖墓室，横断面大多为长方形，少量为圆拱形，壁面粗糙，个别还有侧室。少量的墓葬底部铺地砖，有的在铺地砖上砌筑单面或多面墙，个别还完全砌筑为墓室。部分墓葬在墓道、墓室交界的底部或岩壁上凿有浅槽，推测应有木质封门，因年代久远腐烂无存。

（三）葬具

岩坑洞室墓由于被严重破坏，绝大多数未见葬具或不清楚，仅郧县西峰 M22 的墓室中可见并列的双棺的腐痕，推测其应为木质单棺并列。郧县西峰 M23 的墓室后壁有砖砌棺床，推测原有葬具[①]。

（四）葬式

由于破坏严重，大部分未见人骨，仅在郧县西峰 M2、M3 内有少量发现，呈散乱状放置。因此该类墓的葬式不明。

（五）随葬品放置

墓葬被破坏较为严重，大部分墓葬出土器物的摆放位置较为混乱，或者已经被移位。依报告推测随葬品主要摆放在墓室内的一端、一侧或中部。

四　砖室墓

砖室墓，即使用小型长方形砖砌筑、局部使用楔形砖和榫卯砖，西汉中后期开始出现于中原和关中地区，不久便迅速普及，到东汉已流行全国。本书的砖室墓不包括空心砖墓和画像砖墓。

（一）墓葬形制

根据墓葬的结构、平面的不同分为四型。

---

① 襄樊学院、襄阳及三国历史文化研究所：《湖北郧县西峰汉墓群发掘简报》，《江汉考古》2011 年第 4 期，第 45 页，图一一；第 44 页，图八。

A 型　用实心长方形砖砌筑，一至三个并列的单室，无前后室之分，发现的数量最多。根据墓室数量和平面形态的不同分为四个亚型。

Aa 型　单室墓，平面为长方形，无墓道。根据封顶材料和形态的变化可以分为 2 式。

Ⅰ式　用木板盖顶，平顶。例如，南阳丰泰墓地 M211，长方形，墓室长宽比例在 2∶1 之下，长 280 厘米、宽 200 厘米、高 78 厘米[①]（图七，1）。此型墓从西汉早期流行至西汉晚期。

Ⅱ式　砖顶，券顶。例如，南阳丰泰墓地 M163，平面为长方形，券顶，无铺地砖，墓室长 292 厘米、宽 112 厘米、高 120 厘米，葬具为木质单棺[②]（图七，2）。

Ab 型　墓室由并列两个单室组成，平面为长方形。根据墓顶结构和墓室结构的变化分为两式。

Ⅰ式　顶用木板盖顶，平顶。例如，南阳丰泰墓地 M330，平面为长方形，由并列东、西两室组成，两室大小、形状和结构相同，两室相邻隔墙的北端有门相通，墓室长 318 厘米，各宽 90 厘米，高 95 厘米[③]（图七，3）。

Ⅱ式　顶用砖封顶，券顶。例如，南阳丰泰墓地 M140，券顶砖室墓，平面为长方形，由封门、墓室组成。封门位于墓室西部，平砖错缝垒砌。墓室由大小、形状和结构相同的两个单室组成，两室之间无门相通。墓室长 290 厘米，各宽 80 厘米，高 140 厘米[④]（图七，4）。

Ac 型　墓室由并列三个单室组成，券顶。例如，南阳丰泰墓地 M201，平面近方形，券顶，由三个大小、形状、结构相同，平面均为长方形的单室组成，相邻墓室之间有券门相通。墓室长 380 厘米，各宽 88 厘米、高

---

① 河南省南阳市文物考古研究所、武汉大学历史学院考古系：《南阳丰泰墓地》，科学出版社，2011，第 32 页，图三一。

② 河南省南阳市文物考古研究所、武汉大学历史学院考古系：《南阳丰泰墓地》，科学出版社，2011，第 34 页，图三三。

③ 河南省南阳市文物考古研究所、武汉大学历史学院考古系：《南阳丰泰墓地》，科学出版社，2011，第 49 页，图四八。

④ 河南省南阳市文物考古研究所、武汉大学历史学院考古系：《南阳丰泰墓地》，科学出版社，2011，第 49~50 页，图四九。

180 厘米①（图七，5）。

Ad 型　砖室平面为长方形，由长方形墓道、封门、墓室三部分组成。根据封门、盖顶及其形制的变化分为 3 式。

Ⅰ式　木板封门和盖顶。例如，老河口九里山 M19，斜坡墓道，木板封门和盖顶，墓室为砖砌筑，墓室长 244 厘米、宽 108 厘米、高 74 厘米②（图七，6）。

Ⅱ式　砖封门和封顶，且为券顶，封门为横、纵叠砌呈垂直状。例如，老河口九里山 M77，斜坡长方形墓道，砖封门，墓室为砖砌筑，墓室长 368 厘米、宽 140 厘米、深 170 厘米③（图七，7）。

Ⅲ式　砖封门和封券顶，封门为横向弧形封砌。例如，襄樊市高庄 M27，斜坡墓道，墓室长 314 厘米、宽 96 厘米、残高 120 厘米，随葬品放置在墓室内壁三面④（图七，8）。

B 型　砖室平面为"刀"形，即墓道偏向墓室的一边，由墓道、甬道、墓室三部分组成。根据墓室顶部结构和形态的变化分为 2 式。

Ⅰ式　券顶，墓室平面为长方形。例如，郧县老幸福院 M20，斜坡墓道，长 450 厘米、宽 80~86 厘米。砖室由墓室和甬道构成，墓室平面为长方形，长 344 厘米、宽 157 厘米、残高 154 厘米。甬道为长方形，长 88 厘米、宽 72 厘米⑤（图七，9）。

Ⅱ式　穹隆顶，墓室平面呈梯形。例如，郧县老幸福院 M3，斜坡墓道，砖室由墓室和甬道两部分组成，其中墓室顶部为穹隆顶，甬道为券顶。墓室长 344 厘米、宽 134~155 厘米、残高 164 厘米⑥（图七，10）。

---

① 河南省南阳市文物考古研究所、武汉大学历史学院考古系：《南阳丰泰墓地》，科学出版社，2011，第 54~56 页，图五三。

② 襄樊市文物考古研究所、武安铁路复线九里山考古队：《老河口九里山秦汉墓》，文物出版社，2009，第 127 页，图一五一。

③ 襄樊市文物考古研究所、武安铁路复线九里山考古队：《老河口九里山秦汉墓》，文物出版社，2009，第 228 页，图二六八。

④ 襄樊市考古队：《襄樊市高庄墓群第三次发掘》，《江汉考古》2006 年第 1 期，第 27 页，图三。

⑤ 南水北调中线水源有限责任公司等：《郧县老幸福院墓地》，科学出版社，2007，第 93 页，图七六。

⑥ 南水北调中线水源有限责任公司等：《郧县老幸福院墓地》，科学出版社，2007，第 96 页，图七九。

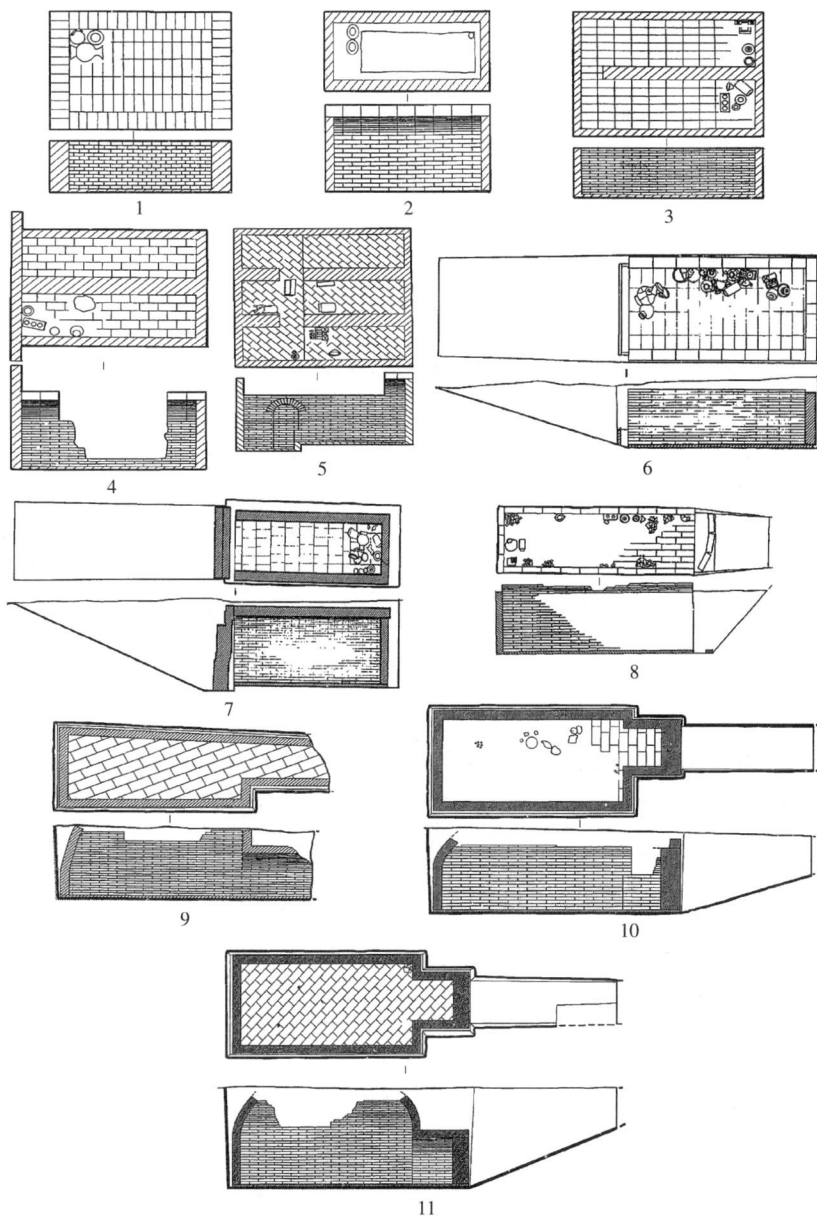

图七　砖室墓

1. Aa 型 I 式（丰泰 M211）　2. Aa 型 II 式（丰泰 M163）　3. Ab 型 I 式（丰泰 M330）

4. Ab 型 II 式（丰泰 M140）　5. Ac 型（丰泰 M201）　6. Ad 型 I 式（九里山 M19）

7. Ad 型 II 式（九里山 M77）　8. Ad 型 III 式（高庄 M27）

9. B 型 I 式（老幸福院 M20）　10. B 型 II 式（老幸福院 M3）

11. C 型（老幸福院 M18）

C 型　砖室平面为"甲"字形墓，即墓道位于墓室一端的中部，由墓道、甬道、墓室三部分组成。例如，郧县老幸福院 M18，斜坡墓道，残长510 厘米、宽 90~110 厘米。封门砖为"人"字形。墓室为长方形，顶为穹隆顶，长 424 厘米、宽 220 厘米、高 220 厘米。甬道为长方形，穹隆顶，长 110 厘米、宽 150 厘米①（图七，11）。

D 型　砖室为前、后室双室结构，前室为横长方形，后室一个墓室或用隔墙分为两个或三个并列墓室。根据后室的数量可分为三个亚型。

Da 型　后室为单室，墓道和前室之间由甬道连接，甬道为长方形券顶。根据墓室顶部和墓室结构的变化，分为 2 式。

Ⅰ式　前室券顶，后室长方形券顶。例如，南阳市东苑小区 M85，前后室结构，南北长 360 厘米、宽 74 厘米、高 150 厘米②（图八，1）。

Ⅱ式　前室为穹隆顶，后室为长方形券顶。例如，襄樊贾巷 M5，由甬道、前室、后室三部分组成，前室为穹隆顶，后室为长方形券顶。前室长 240 厘米、宽 230 厘米、残高 205 厘米，后室长 305 厘米、宽 148 厘米、高 165 厘米③（图八，2）。

Db 型　后室为并列双室。根据墓室顶部和墓室结构的变化分为 2 式。

Ⅰ式　横前室，券顶；双后室，分券顶。例如，南阳第二胶片厂 M6，砖室由墓门、甬道、前室、后室四部分组成，平面结构呈"中"字形。墓门为东西并列两门，前室券顶，主要用来摆放随葬品。后室呈长方形，两室东西并列，两室之间有一道隔墙，两室的券顶同样从隔墙向两侧分券④（图八，3）。

Ⅱ式　前室为穹隆顶，后双室均为券顶。例如，襄阳东街墓地 M2，斜坡墓道，砖室由封门、甬道、前室、双后室四部分组成。前室与甬道垂

①　南水北调中线水源有限责任公司等：《郧县老幸福院墓地》，科学出版社，2007，第 72 页，图五九。

②　襄樊市文物考古研究所：《襄樊贾巷墓地发掘报告》，载于《襄樊考古文集》（第一辑），科学出版社，2007，第 272 页。

③　襄樊市文物考古研究所：《襄樊贾巷墓地发掘报告》，载于《襄樊考古文集》（第一辑），科学出版社，2007，第 306 页，图八。

④　南阳市文物工作队：《南阳第二胶片厂汉墓发掘简报》，《华夏考古》1994 年第 4 期，第 33 页，图二。

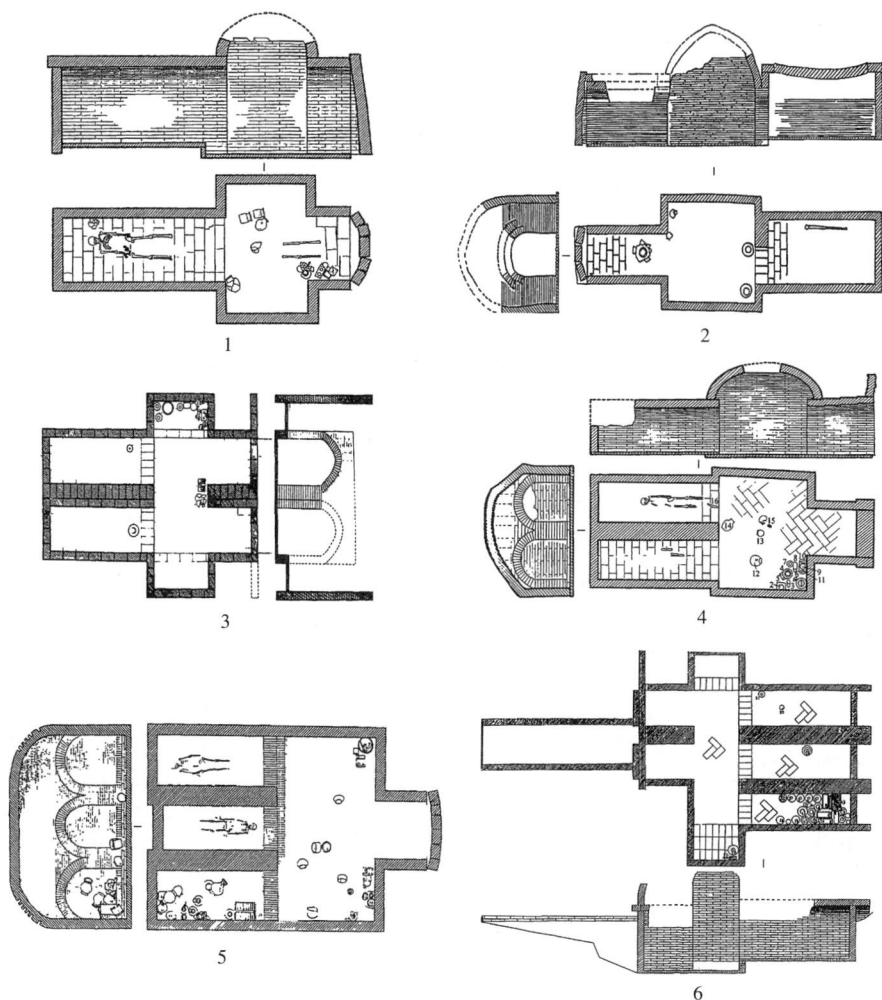

图八 砖室墓

1. Da 型 I 式（东苑小区 M85） 2. Da 型 II 式（襄樊贾巷 M5）
3. Db 型 I 式（南阳第二胶片厂 M6） 4. Db 型 II 式（襄阳东街墓地 M2）
5. Dc 型 I 式（杜甫巷 M2） 6. Dc 型 II 式（南阳市人民北路 M1）

直相交，地平面为长方形，穹隆顶，四壁的砌筑过程中外弧 10~12 厘米，呈四条弧线，然后使用楔形砖四面内收为穹隆顶。双后室与前室垂直相交，后室大小、形制相同，均为券顶①（图八，4）。

---

① 襄樊市文物考古研究所：《襄阳城东街汉晋墓地发掘报告》，载于《襄樊考古文集》（第一辑），科学出版社，2007，第 273 页，图六。

Dc 型　后室为并列三室墓。根据墓室顶部和墓室结构的变化分为2式。

I式　前室平面为长方形，券顶；后室均为券顶。例如，杜甫巷 M2，砖室有墓门、甬道、前室、三后室组成。其中甬道平面为长方形，券顶。前室呈横长方形，券顶。后室中的南、北两室大小、结构相同，中室较小。均为券顶，其中北、中室各有人骨一架，南室放置随葬品①（图八，5）。

II式　前室为穹隆顶，后室为券顶；且前室增加耳室。例如，南阳市人民北路 M1，墓葬由墓道、两个甬道、前室、两个侧室、三个后室五部分组成。甬道位于前室和墓道之间，券顶。前室平面为长方形，东壁有三个拱形券门，南北各有一耳室，穹隆顶。后室的三室大小相同，卷尾券顶，其中南室放置随葬器物②（图八，6）。

（二）墓葬修筑方式

1. 墓砖种类和修筑方式

（1）墓砖种类。

南阳地区发现的砖室墓数量较多，同样出土了一批精美的墓砖，砌筑墓葬的砖通常有泥质青灰色、泥质褐陶和泥质褐红等，其中泥质青灰色砖质地非常坚硬，其他两种质地较差，大多粉化严重。墓砖有长条形砖、楔形砖两种，其中长条形砖一般长 34～36 厘米、宽 15～17 厘米、厚 5～7 厘米，主要用于修筑墓墙、封门和铺地。楔形砖一般长 34～36 厘米、宽15～17 厘米、背厚 5～7 厘米、刃厚 3.4～4 厘米，主要用于砌筑券顶。

墓砖主要为模制，一般正面为素面，背面为绳纹。但部分墓砖的侧面饰有不同的纹饰、符号或纪年铭文，砌筑时有纹饰的一侧通常朝向墓内。根据这些纹饰的特点可以分为以下几类（图九）。

几何纹：包括弧线纹、网格纹、直线纹、单线交叉"五"字纹、三线交叉几何纹、对称三角形纹、交错三角形纹、菱形纹等。

鱼纹：主要见于郧县老幸福院墓地出土的墓砖，有两条鱼和一条鱼纹

---

① 襄樊市博物馆：《襄樊杜甫巷东汉、唐墓》，《江汉考古》2000 年第 2 期，第 48 页，图四。
② 南阳市文物研究所：《南阳市人民北路汉墓发掘简报》，《华夏考古》1999 年第 3 期，第 54 页，图二。

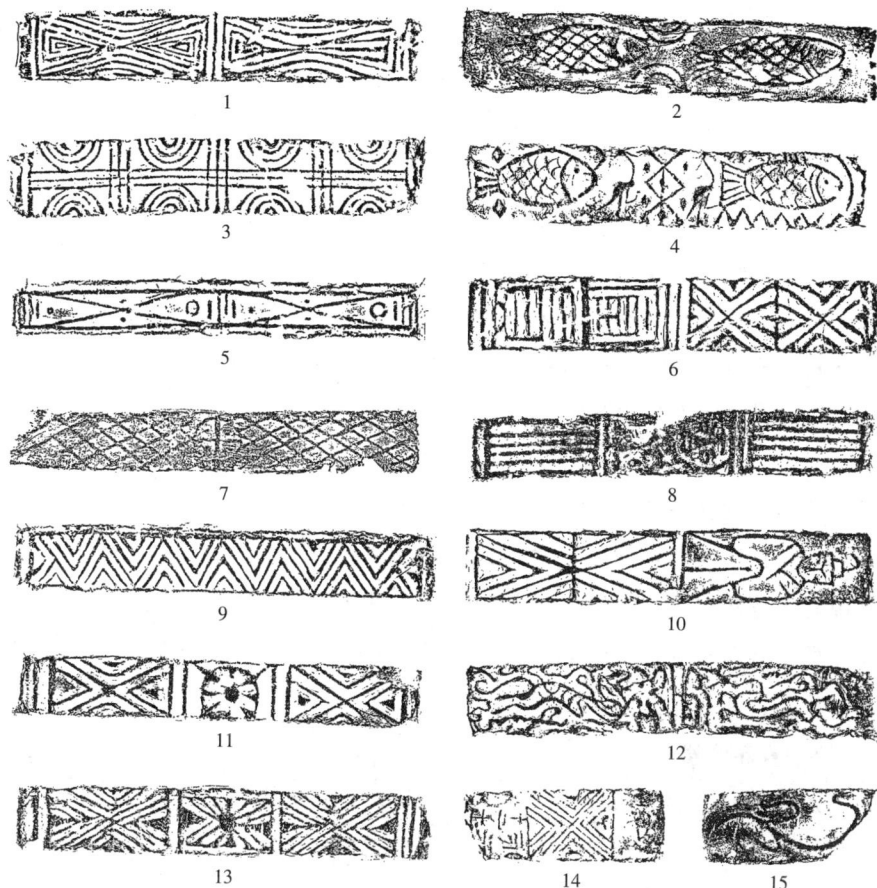

图九　墓砖花纹

1. M16　2. M5　3. M37　4. M72　5. M32　6. M28　7. M27　8. M23
9. M17　10. M9　11. M6　12. M21　13. M30　14. M18　15. M19

资料来源：南水北调中线水源有限责任公司等：《郧县老幸福院墓地》，科学出版社，2007，第 114～131 页。

饰两种。

动物纹：主要为龙、虎，线条简洁。

人物纹：出土于郧县老幸福院 M19、M23。

钱纹：出土于郧县老幸福院 M20，为方孔圆钱，无钱名。

文字、符号：文字砖有郧县老幸福院 M28 的墓砖刻有"富贵"，M18 出土一砖上有"永元十二年"铭文。符号类主要是"五""十""千"等字形符号，也有一些圆圈、梯形符号。

（2）砌筑方式。

主要是关于砖室中砖墙、封门、铺地砖、券顶的砌筑类型。

墓室中的砖墙多用长条形砖砌筑，其中顺向平铺错缝最为流行，一般为一层砖，少数也有二层砖；第二种是顺向错缝，即砖侧立放置；第三种是竖立放置，常见与第一种混合使用；第四种为混合砌筑，即以上三种砌砖方式组合使用。

封门，砖室墓的封门主要有木板和砖两种。砖封门一般为单层，少数墓葬有二层封门。封门多用条砖（或半条砖）成顺向或竖立放置，封门形状有直门或者向外弧形两种。

铺地，一般使用长条砖，也有少数使用方砖，铺地方式主要有三种，对缝平铺、错缝平铺、"人"字形平铺。

券顶，券顶方式可分为并列式券顶和纵连式券顶①。并列式券顶的前后由若干排砖组成，每排之间有通缝，依据砖的放置方式不同，主要有顺向立券、顺向平券、横向平券、纵连券。穹隆顶多为四壁条砖错缝向上内收，平砖逐渐变为立砖。

2. 墓葬的修筑

砖室墓的修建有两种：一种没有墓道，先在地面挖一个竖穴土坑，然后再在土坑中砌筑砖室，通常墓室四壁与墓圹之间有 10 厘米左右的空隙，所以在墓室的两端找不出有门的结构，此类墓室的砌筑是四壁逐层向上砌筑，不存在有门的设置，到起券高度后，将葬具（死者）、随葬品由墓顶放入墓室，然后再行封顶。这类墓葬一般较小。另一种是较大的带有墓道、券顶、穹隆顶的墓葬，应该是在挖好的墓圹内先修筑砖室，然后放入葬具、死者、随葬品等后封门，最后填土。砖室的修建先是在土坑内斜向交错平铺铺地砖，然后在铺地砖上用单砖错缝砌筑甬道和墓室，四角交互叠压。券顶一般是砖墙修到一定高度后才开始使用长条砖或楔形砖逐渐内收券拱，使用长条砖的券顶背部会有很多缝隙，用碎砖等填实；穹隆顶在砖墙修到一定高度后开始使用楔形砖，四面内收为穹隆顶。

---

① 中国社会科学院考古研究所：《中国考古学·秦汉卷》，中国社会科学出版社，2010，第382 页。

（三）葬具、葬式

绝大多数墓已被破坏，且年代久远，大多葬具没有保存下来，残存部分中只有木棺。人骨保存极差，大多葬式不明，少数可见的为仰身直肢葬。

（四）随葬品放置

目前发掘的墓葬，大多数已被破坏，随葬器物有的被盗，有的破损严重，有的移动了位置，仅部分随葬品的位置较为清晰。Aa 型如南阳丰泰 M12，随葬品放置在砖室南壁附近[①]；Ab 型如南阳丰泰 M78，在东部靠北专门设置一个耳室放置随葬品[②]，或是将随葬品集中放置在墓室前侧；Db 型墓如南阳丰泰 M63，随葬品集中放置在前室东半部[③]；襄樊杜甫巷 M1 的铁剑位于墓主东侧，带钩在腰部附近，钱币在盆骨附近，陶器主要在头部附近[④]。铜镜主要在死者头部附近。

五　画像砖墓

画像砖是模印或刻画有图像和花纹的砖，主要用于嵌砌、装饰墓葬[⑤]。画像砖在战国时期就已出现[⑥]。

（一）墓葬形制

根据画像砖墓使用砖的类型、墓葬结构可以分为三型。

A 型　墓葬使用空心花纹砖或使用空心花纹砖和实心长方形砖建造，

---

① 河南省南阳市文物考古研究所、武汉大学历史学院考古系：《南阳丰泰墓地》，科学出版社，2011，第 36~37 页。
② 河南省南阳市文物考古研究所、武汉大学历史学院考古系：《南阳丰泰墓地》，科学出版社，2011，第 53~54 页。
③ 河南省南阳市文物考古研究所、武汉大学历史学院考古系：《南阳丰泰墓地》，科学出版社，2011，第 58~59 页。
④ 襄樊市博物馆：《襄樊杜甫巷东汉、唐墓》，《江汉考古》2000 年第 2 期，第 47 页，图三。
⑤ 罗二虎：《川渝地区汉画像砖墓研究》，《考古学报》2017 年第 3 期。
⑥ 如河南郑州南阳路北仓中街发掘的 11 号、12 号战国墓的空心砖上有树和虎的画像。见郑州市文物考古研究所《郑州市两处战国墓的发掘报告》，《中原文物》1997 年第 3 期。

平顶或无盖。根据砖的类型分为 2 式。

Ⅰ式　全部使用空心砖砌筑，墓葬平面为长方形。例如，新野县潦口村南墓，长方形墓葬，平顶。长 290 厘米、宽 128 厘米、高 127 厘米①（图一〇，1）。

Ⅱ式　用空心砖和实心长方砖合筑，墓室北端较小。例如，新野县棉麻公司墓，平面呈长方形，长 153 厘米、宽 67 厘米、高 38 厘米。墓室北端随葬有两个陶器②（图一〇，2）。

B 型　用实心长方砖砌筑，有一至三个并列的单室，无前后室之分。一般由墓道、封门、墓室组成。根据墓室数量可分为三个亚型。

Ba 型　单室，墓室平面为长方形。根据墓顶结构的变化分为 3 式。

Ⅰ式　顶部横剖面呈"⌒"形。例如，新野县樊集吊窑 M23，平面为长方形，斜坡墓道，墓门由南、北两立柱和门楣组成。长 276 厘米、宽 130 厘米、高 142 厘米③（图一〇，3）。

Ⅱ式　顶部剖面近弧形，墓室平面为长方形。例如，新野樊集 M16，长 271 厘米、宽 159 厘米。墓室由小砖砌筑④（图一〇，4）。

Ⅲ式　顶部为拱形券顶，墓室平面为长方形。例如，淅川夏湾 M5，平面为长方形，长 376 厘米、宽 278 厘米、高 233 厘米⑤（图一〇，5）。

Bb 型　墓室由并列两个单室组成，平面为长方形。根据墓顶结构和墓室结构的变化分为 3 式。

Ⅰ式　顶部横剖面呈"⌒"形。例如，新野樊集 M39，斜坡墓道，墓室平面为长方形，墓室中部一道砖墙将墓室分为两个大小相同的单室⑥（图一〇，6）。

Ⅱ式　顶部结构与Ⅰ式相同，但在墓室前侧增加了耳室。例如，新野樊集 M40，由墓道、主室、耳室三部分组成，斜坡墓道。墓室长 415 厘米、宽 392 厘米。耳室位于北主室封门前偏北部位，长 183 厘米、宽 93 厘米、

① 南阳市文物考古研究所编《南阳汉代画像砖》，文物出版社，1990，第 5 页，图二。
② 南阳市文物考古研究所编《南阳汉代画像砖》，文物出版社，1990，第 5 页，图三。
③ 南阳市文物考古研究所编《南阳汉代画像砖》，文物出版社，1990，第 7 页，图五。
④ 南阳市文物考古研究所编《南阳汉代画像砖》，文物出版社，1990，第 6 ~ 7 页。
⑤ 南阳市文物考古研究所编《南阳汉代画像砖》，文物出版社，1990，第 10 ~ 13 页。
⑥ 南阳市文物考古研究所编《南阳汉代画像砖》，文物出版社，1990，第 9 页，图七。

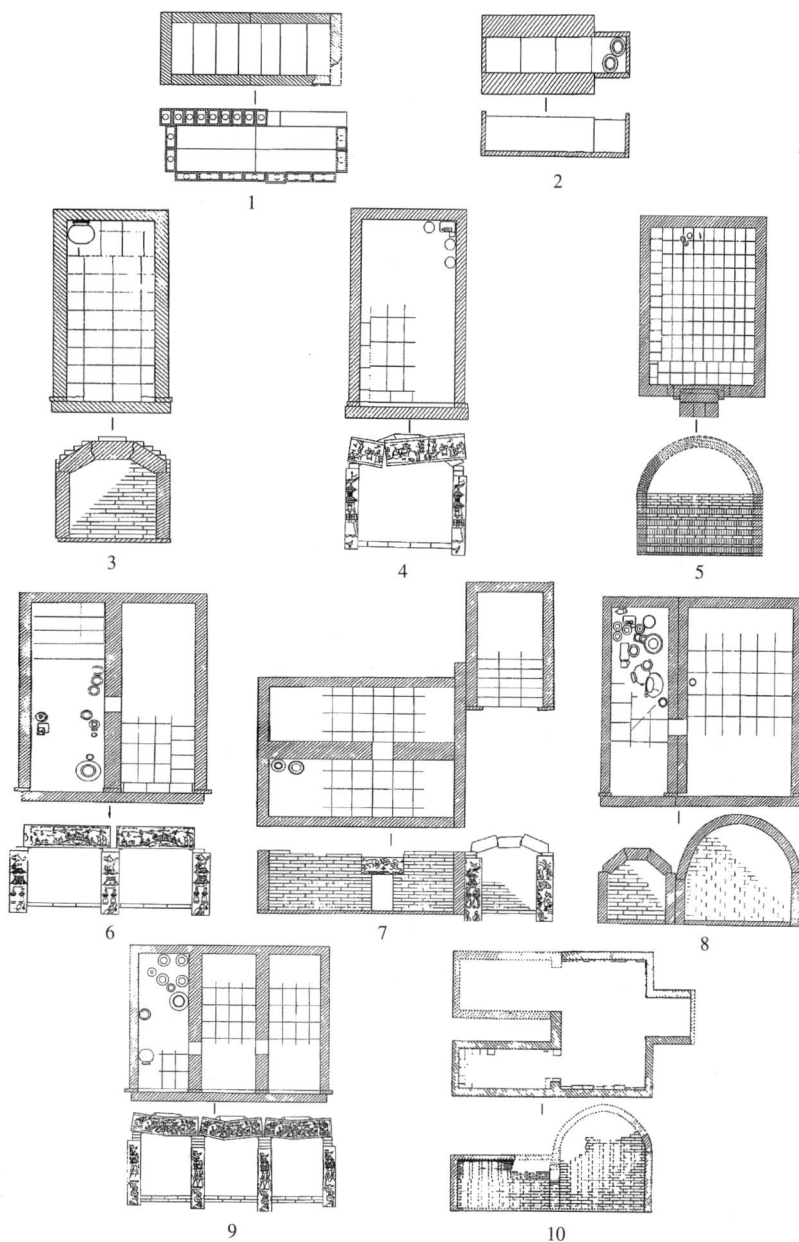

图一〇　画像砖墓

1. A 型I式（新野县潦口村南墓）　2. A 型Ⅱ式（新野棉麻公司墓）
3. Ba 型I式（新野县樊集吊窑 M23）　4. Ba 型Ⅱ式（新野樊集 M16）　5. Ba 型Ⅲ式（淅川夏湾 M5）
6. Bb 型 I 式（新野樊集 M39）　7. Bb 型 Ⅱ 式（新野樊集 M40）　8. Bb 型Ⅲ式（樊集吊窑 M36）
9. Bc 型（樊集吊窑 M24）　10. Cb 型（淅川夏湾 M1）

高 127 厘米①（图一〇，7）。

Ⅲ式　顶部一为拱形券顶，一为横剖面呈"︵"形，墓室平面为长方形。例如，樊集吊窑 M36，斜坡墓道，墓室中间的隔墙将墓室分为南、北两单室，北室上为券顶，南室顶与Ⅰ式顶相同②（图一〇，8）。

Bc 型　墓室由并列三个单室组成，顶部横剖面呈"︵"形。例如，樊集吊窑 M24，墓室平面呈长方形，斜坡墓道。长 296 厘米、宽 363 厘米、高 162 厘米③（图一〇，9）。

C 型　前、后室双室结构，后室一般一个墓室或用隔墙分为两个并列墓室。根据后室数量分为两个亚型。

Ca 型　后室为单室。例如，淅川下寺画像砖墓，长方形砖室墓，斜坡墓道，前、后室结构墓葬。前室长 272 厘米、宽 222 厘米，后室略大于前室，长 323 厘米、宽 272 厘米。墓顶用子母砖榫楔形砖和子母榫长条砖纵连券筑④。

Cb 型　后室由两个单室构成，前室顶部为券顶，后室为平顶。例如，淅川夏湾 M1，墓葬平面为"凸"字形，由墓道、甬道、前室、二后室等四部分组成，墓长 790 厘米、宽 448 厘米、高 328 厘米⑤（图一〇，10）。

（二）墓葬修筑方式

1. 画像砖类型

画像砖墓使用的画像砖的形制可分为三大类：空心砖（长方形空心砖、一侧有凸棱的长方形空心砖、一端呈斗状的空心砖等三种）、实心砖（实心长方砖、实心方砖、小条砖）、楔形砖（包括小楔形砖、长方形子母榫小砖、子母榫楔形小砖）等（图一一）。

---

① 南阳市文物考古研究所编《南阳汉代画像砖》，文物出版社，1990，第 11 页，图八。
② 南阳市文物考古研究所编《南阳汉代画像砖》，文物出版社，1990，第 13～14 页，图一二。
③ 南阳市文物考古研究所编《南阳汉代画像砖》，文物出版社，1990，第 10～12 页，图九。
④ 淅川县文管会、李松：《淅川县下寺汉画像砖墓》，《中原文物》1982 年第 1 期。
⑤ 南阳地区文物研究所、淅川县博物馆：《河南淅川汉画像砖墓发掘报告》，《华夏考古》1994 年第 4 期，第 22 页，图二。

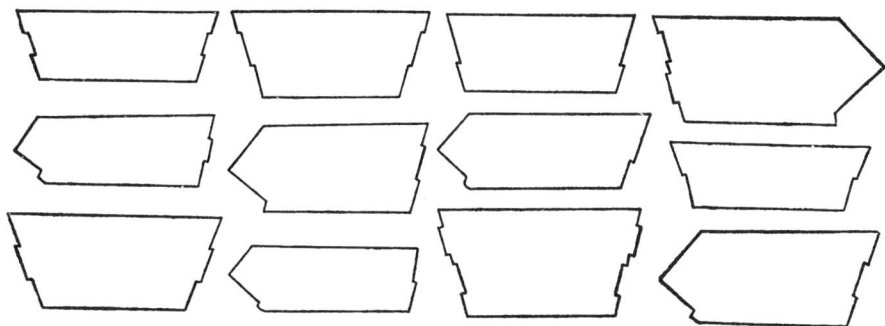

图一一　楔形榫卯砖

资料来源：南阳地区文物研究所：《新野樊集汉画像砖墓》，《考古学报》1990 年第 4 期，第 478 页，图三。

2. 修筑方式

画像砖墓的形制较为简单，结构基本相同，修筑方法近似。例如，A 型 Ⅰ 式墓是在挖好的墓坑中先用 7 块砖铺地，然后再砌壁。墓道基本为斜坡式墓道，在近封门处墓道较平，垂直下挖；封门使用小砖砌筑，少数使用小条砖，也用少量券顶砖和铺地砖，因砖的大小不一，所以墙面凹凸不平；砌墙方法皆为错缝平砌，部分墙面外弧；封门墙一般高出门楣。Ba 型 Ⅰ 式墓的券顶前后横列，每列由 3 块砖组成，中间使用上底大、下底小的梯形砖，两侧用斜撑砖。铺地砖基本使用长方砖，边沿处使用小条砖填补缝隙，一般是单层平铺，平铺二层的少见，多数采用直排连缝或横排连缝。

（三）葬具、葬式

画像砖墓中还没有发现葬具或葬具痕迹，未见保存完整的人骨，葬式不明。

（四）随葬品放置

大多数墓已被破坏，有的被盗，有的破损严重，有的发生严重位移。A 型 Ⅱ 式，如新野县棉麻公司画像砖墓的随葬品摆放在墓室北端，Bc 型樊集吊窑 M24 的随葬品全部放置在东室，而 Bb 型 Ⅲ 式樊集吊窑 M36 的随葬品放置在南室后部。由此可见随葬品的放置较为集中，而多室墓会选择一个墓室专门放置。

（五）画像砖

《南阳画像砖墓》就当时发现的画像砖的制作、内容等有详细的论述①，本书在补充新资料的同时，略论如下。

1. 制作方法

空心砖的制作方法主要有两种：一是四片黏合法，即四面按照一定尺寸做成泥片，待干后，将四片对合，界面处黏合、抹平；二是支撑法，用几块长条木板做撑板，撑板外裹以粗麻布，再在四侧贴泥。实心砖则是将泥拍打成厚片，按需要再切割成坯。小条砖和小楔形砖属于模制。目前还未发现专门烧制画像砖的陶窑，具体方法待后补充。

画像的制作方法可分为三种：第一种是用尖器在泥坯上刻画阴线，勾成图像；第二种是压印法，用小模子在半干的泥坯上印出画像；第三种是翻倒脱模法，在木模上贴泥，拍打牢实，翻倒脱模，在制作过程中，画像同步产生。

2. 画像内容

画像内容相当丰富，具体可以分为地主庄园生活、田猎车骑出行、舞乐百戏、远古神话、历史故事、升仙、辟邪、祥瑞等②。与画像石相比，画像砖在一个砖面上同时表现四种乃至更多的互不相关的内容。

六 画像石墓

画像石墓是指用画像石建造石椁和墓室，或在崖墓的洞石内外雕刻图像的墓葬③。这类墓葬的用石数量不等，石刻上多刻有内容繁简不一的图像。

---

① 南阳市文物考古研究所编《南阳汉代画像砖》，文物出版社，1990，第31～39页。
② 南阳市文物考古研究所编《南阳汉代画像砖》，文物出版社，1990，第31～34页。
③ 具体就"画像石"而言是一种石刻艺术，就其成型艺术而言，应属雕刻；就其整体形体艺术而言，实似绘画，故习称画像石。见俞伟超《中国画像石概论》，载于《中国画像石全集》（第1卷），山东美术出版社，2000，第3页。

（一）墓葬形制

根据墓葬的平面布局和顶部结构，可以分为三型。

A 型　两至三个并列的单室，无前后室之分。根据并列单室的多少分为两个亚型。

Aa 型　并列两个单室。根据墓葬顶部结构的变化可以分为 2 式。

Ⅰ式　平顶。例如，唐河县石灰窑村画像石墓，墓室中间有一道隔墙，把墓室分成南北两部分，两室的后室都呈不规则弧形，墓壁与隔墙的极大部分都是用碎毛片砌筑，墓底和墓室后补，未经砌筑，该墓用 20 块较大的石材砌筑，其中盖顶 9 块，墓室长 397 厘米、宽 334 厘米[①]（图一二，1）。

Ⅱ式　券顶，拱形单层竖排对缝起券。例如，南阳市万家园画像石墓，砖石混合结构，由墓道、封门、墓门和南北两室组成。墓道平面呈斜坡状，封门位于墓门东、西部。墓门为石结构，由两门楣、三门柱、四门扉和两垫石组成。墓室平面呈长方形，砖结构，由南北两室组成，两室中部筑有留门隔墙，券顶为拱形单层竖排对缝起券。墓室长 406 厘米、宽 324 厘米、残高 240 厘米[②]（图一二，2）。

Ab 型　并列三个单室，墓室顶部拱形双层起券。例如，唐河县湖阳镇墓画像石墓，砖石砌筑，由墓道、封门、墓室三部分组成。墓道由坡度不同的西、中、东三部分组成，分三次挖成。墓门由三个门楣、四个门柱、六个门扉和槛石构成，墓门封砖用单砖顺砌。墓室由三个并列的券洞构成，中部有通向东、西两室的过道，三室大小基本相同，东、中两室顶部为双层券，西室顶为单层券。墓室长 598 厘米、宽 554 厘米、高 278 厘米[③]（图一二，3）。

B 型　前、后室双室结构，后室一般一个墓室或用隔墙分为两个或三

[①] 该墓的墓道未做清理，所以情况不明，南阳地区文物工作队等：《河南唐河县石灰窑村画像石墓》，《文物》1982 年第 5 期。

[②] 南阳市文物考古研究所：《河南省南阳市万家园汉画像石墓》，《中原文物》2010 年第 5 期，第 12 页，图二。

[③] 南阳地区文物工作队、唐河县文化馆：《唐河县湖阳镇汉画像石墓清理简报》，《中原文物》1985 年第 3 期，第 8 页，图二。

个并列的墓室。根据后室数量的多少分为三个亚型。

Ba 型　后室为一个墓室的墓葬。例如，南阳丰泰小区画像石墓，墓葬平面呈长方形，为砖石混合墓。由墓门、前室、后室和耳室组成。墓门由门楣、门柱、垫石构成，门高 150 厘米、宽 202 厘米。前室平面呈长方形，拱形顶，长 104 厘米、宽 200 厘米。后室平面为长方形，拱形顶，门口放置一门槛石，长 212 厘米、宽 200 厘米。耳室近似方形，位于后室西部，长 70 厘米、宽 78 厘米、高 54 厘米①（图一二，4）。

Bb 型　后室用隔墙分为两个墓室。根据墓室顶部结构和后室结构的变化，可以分为 5 式。

Ⅰ式　平顶，后室用隔墙分为两个墓室。例如，南阳英庄画像石墓M4，为砖、石混筑结构，由墓道、墓门、前室、后室组成。墓道未清理，由中柱、两侧柱、两门楣、两门槛、四门扉构成南北并列的两门，门高134 厘米、宽 312 厘米。前室略宽于两主室，且低于后室 20 厘米，宽 245厘米、深 126 厘米、高 188 厘米。后室两墓室之间由三根立柱和二根石梁构成隔墙，分为大小略同的南北两室，长 222 厘米、宽 93 厘米、高 108 厘米，顶部各用三块长方形石材南北覆盖②（图一二，5）。

Ⅱ式　前、后室为券顶，后室用隔墙分为两个墓室。例如，南阳蒲山二号画像石墓，为砖石结构，平面为长方形，由墓道、墓门、前室、后室组成。墓道为斜坡墓道，平面为梯形，残长 235 厘米、宽 110 厘米。墓门由二侧柱、一中柱、二门楣、四门扉、二槛石和前室大梁南端构成，封砖为人字形砌筑。前室平面为长方形，长 280 厘米、宽 100 厘米。后室中间用隔墙分为两个大小略同的墓室，隔墙由三立柱架一石梁构成，总长 484厘米、宽 215 厘米③（图一二，6）。

Ⅲ式　前、后室均为券顶，且前室左、右两端各分筑一个耳室。例如，南阳石桥画像石墓，由墓道、墓门、前室、耳室、后室组成。斜坡

①　南阳市文物考古研究所：《河南南阳市永泰小区汉画像石墓》，《华夏考古》2010 年第 3期，第 33 页，图二。
②　南阳博物馆：《河南南阳英庄汉画像石墓》，《中原文物》1983 年第 3 期，第 102 页，图二。
③　南阳市文物研究所：《河南南阳蒲山二号汉画像石墓》，《中原文物》1997 年第 4 期，第49 页，图一。

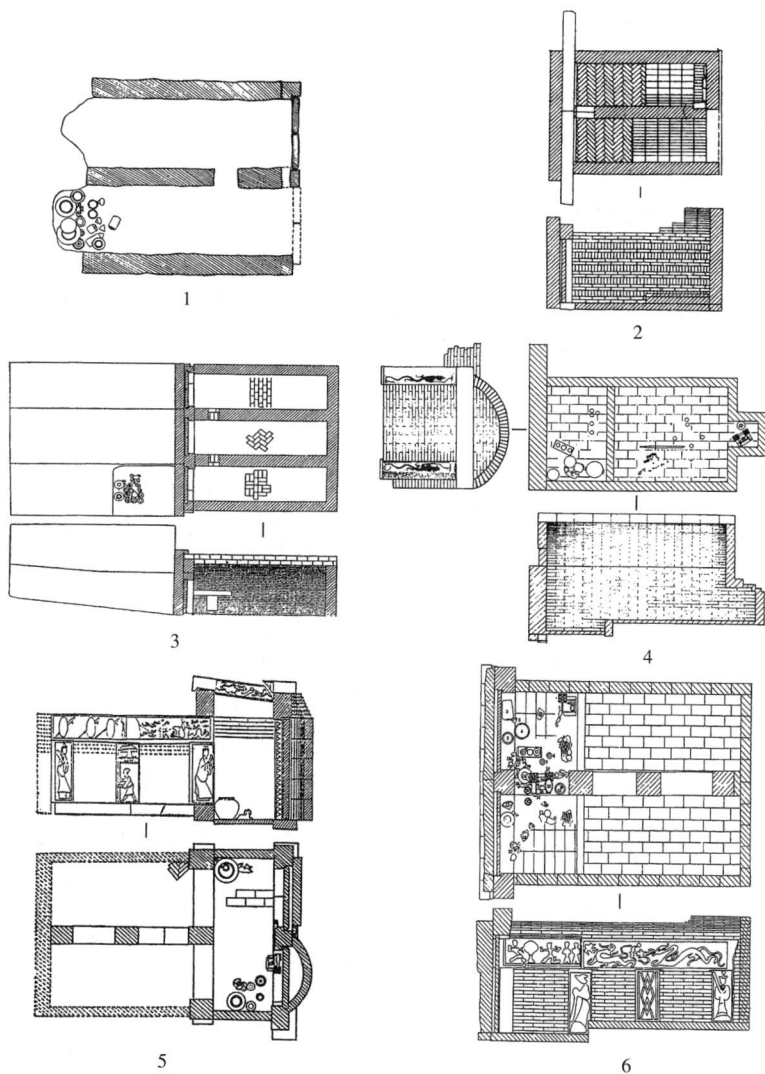

图一二　画像石墓

1. Aa 型 Ⅰ 式（唐河县石灰窑村）　　2. A 型 Ⅱ 式（南阳市万家园）
3. Ab 型（唐河县湖阳镇墓）　　4. Ba 型（南阳丰泰小区）
5. Bb 型 Ⅰ 式（南阳英庄 M4）　　6. Bb 型 Ⅱ 式（南阳蒲山二号）

墓道，留有开凿痕迹。墓门系石材砌筑而成，由一方柱、二门框、门扉、门槛构成，高 150 厘米、宽 210 厘米。前室平面为长方形，宽 243 厘米、深 122 厘米。后室中间一隔墙把后室分为两个墓室。两个后室的券顶和前室的券顶相连接，形成前室与主室相连通的并列券顶。耳室大小略同，平面为长方形，顶部为小砖错缝券顶，券顶和前室券顶相垂直①（图一三，1）。

Ⅳ式　前室为穹隆顶，后室为券顶，前室两侧的耳室各分为两个并列的墓室，且耳室大小与后室一样。例如，邓县长冢店画像石墓，系砖石结构混合砌筑而成，由墓道、墓门、前室、后室、耳室组成。斜坡墓道，平面为长方形，长750厘米、宽225厘米。墓门由门楣、槛石、二立柱构成。前室平面呈方形，穹隆顶，长269厘米、宽275厘米，底低于后室24厘米。后室平面为长方形，中间用石柱和石梁隔离呈南北并列的两室，各室长275厘米、宽102厘米，两后室均为拱形券顶。南北两侧耳室各有并列的两室，大小与后室相同②（图一三，2）。

Ⅴ式　墓道与墓门之间由甬道连接，前室两侧的耳室各分为两个并列的墓室，且耳室大小与后室一样。例如，新野县前高庙村画像石墓M1，为砖、石合构墓，南北长834厘米、东西宽890厘米，由墓道、甬道、墓门、前室、后室、耳室组成。斜坡墓道，墓道与墓门之间由甬道相连，墓门仅有两门扉。前室平面基本呈正方形，长285厘米、宽290厘米。后室用一墙隔成并列的两室，东、西耳室格局、大小和后室基本相同③（图一三，3）。

Bc型　前室横长方形，后室用隔墙分为三个墓室。例如，南阳赵寨画像石墓，整个墓室南北长520厘米、宽402厘米，由墓道、墓门、前室、两个主室、一个侧室组成，主室为东西两室，侧室和主室之间用隔墙分开④（图一三，4）。

C型　带有回廊墓室，即墓葬的主体墓室由前室、后室、回廊组成，

① 南阳博物馆：《河南南阳石板桥汉画像石墓》，《考古与文物》1982年第1期。

② 南阳汉画像石目录编委会：《邓县长冢店汉画像石墓》，《中原文物》1982年第1期，第17页，图一。

③ 平面图和文字描述中未介绍M1的墓道，系笔者根据图二照片确认，南阳阳地区文物工作队、新野县文化馆：《新野县前高庙村汉画像石墓》，《中原文物》1985年第3期，第3页，图二。

④ 南阳地区文物工作队、唐河县文化馆：《唐河县针织厂二号画像石墓》，《中原文物》1985年第3期，第14页，图一。

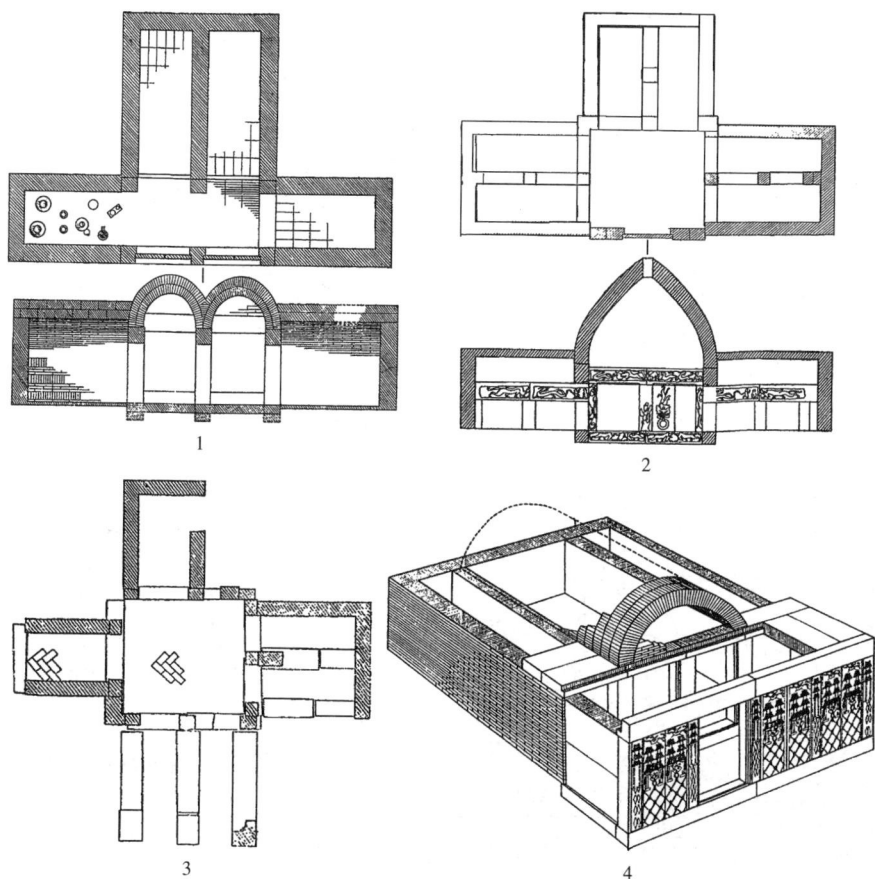

图一三　画像石墓

1. Bb 型Ⅲ式（南阳石桥）　　2. Bb 型Ⅳ式（邓县长冢店）
3. Bb 型Ⅴ式（新野县前高庙村 M1）　4. Bc 型（南阳赵寨）

平面呈"回"字形。根据墓室顶部结构可以分为 3 式①。

Ⅰ式　平顶，全部用石材砌筑。例如，南阳杨官寺画像石墓，全部系各种大小不同的石料砌筑而成。整个墓室由前室、中室、耳室、后室组成，各室之间皆有门相通，平面呈"回"字形（图一四，1、2）。

Ⅱ式　券顶或穹隆顶，砖石混合结构砌筑。例如，唐河郁平大夫"冯

---

① 此类型的墓葬目前发现数量较少，要正确区分其形制演变还存在难度，主要参考信立祥研究成果。见信立祥《汉画像石的分区与分期研究》，载于俞伟超主编《考古类型学的理论与实践》，文物出版社，1989，第 253 页。

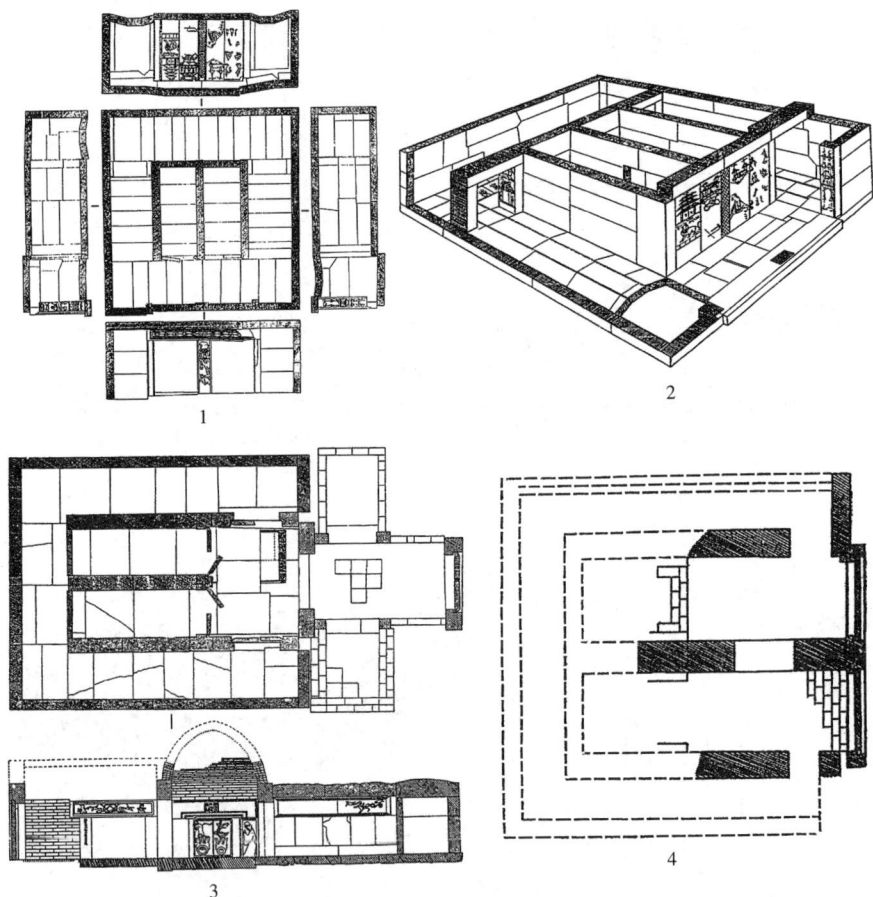

图一四　画像石墓

1、2. C 型 I 式（南阳杨官寺墓平剖面图、透视图）

3. C 型 II 式（冯君孺人墓）　　4. C 型 III 式（方城县东关）

君孺人"画像石墓，砖石结构，根据题记，墓由墓门、前室、南车库、北车库、中大门、中室、南主室、北主室、南阁室、北阁室、西阁室等 11 个单位组成，各阁室形制相同，形成回廊式的建筑①（图一四，3）。

————————

① 学界对于"冯君孺人"和"冯君孺久"存在争议，本书从"冯君孺人"说。见西林昭一《郁平大尹冯君孺人画像石墓の题记》，《不手非止》第四号，昭和 56 年；王建中、闪修山：《南阳两汉画像石》，文物出版社，1990，第 285～292 页；闪修山：《汉郁平大尹冯君孺人画像石墓研究补遗》，《中原文物》1991 年第 3 期；信立祥：《汉代画像石墓综合研究》，文物出版社，2000，第 230 页；南阳地区文物队、南阳博物馆：《唐河汉郁平大尹冯君孺人画像石墓》，《考古学报》1980 年第 2 期。

Ⅲ式 阁室均为券顶，砖石混合结构砌筑，且石材料只用于墓门。例如，方城县东关画像石墓，由墓门、前室、中室、后室、耳室等组成，且后室两端与两耳室相通，形成回廊式的建筑①（图一四，4）。

（二）墓葬修筑方式

关于画像石墓的建造，先是在平地挖一个较墓室稍大竖穴土坑作为墓圹，然后再在土圹内以石（或砖石并用）砌筑墓室，墓圹的前端有斜坡形墓道。墓室上部一般都有封土，现绝大部分早已不存在，但部分画像石墓如南阳教师新村 10 号墓、邓县长冢店、唐河针织厂二号画像石墓等，在 20 世纪 50 年代还可以见到高出地面的"大冢子"，应是封土。该区的画像石墓多为夫妻合葬墓，平面结构和立体造型大都应该是模仿地上房屋建筑格局，"宅第化"很明显。

1. 墓道

墓道一般位于墓圹的前端，多数为一次挖成，有些墓道分两次或三次开挖而成②，如南阳中建七局机械厂画像石墓的墓道系两次开挖而成，第一次为斜坡墓道，回填花土夯筑，第二次为阶梯形墓道，回填白土夯筑；唐河华阳镇画像石墓的墓道系三次开挖而成③。墓道一般是用来运料和入葬的。通常墓室与土圹之间的空隙用原坑土回填，部分还会夯实。

2. 封门、墓门

封门一般位于墓门前，多为砖结构，一般为一平一丁、二平三丁、一平二丁、三平砖错缝垒砌或错缝平砌。墓门为石结构，一般由一中柱、两侧柱、垫石和门楣组成，门楣下和垫石上有门柱窝。墓门上雕刻有画像。

3. 墓室

单用石材的墓室直接用画像石砌筑而成。砖石混构的一般是画像石嵌在砖墙中，或是仅在部分处如转角或立柱用石材，甬道一般为纯砖结构，砌筑方法和砖砌墓室基本一致。

---

① 南阳市博物馆、方城县文化馆：《河南方城东关汉画像石墓》，《文物》1980 年第 3 期。
② 南阳市文物研究所：《南阳中建七局机械厂汉画像石墓》，《中原文物》1997 年第 4 期。
③ 南阳地区文物工作队、唐河县文化馆：《唐河县湖阳镇汉画像石墓清理简报》，《中原文物》1985 年第 3 期。

4. 墓顶

石材直接平盖于墓室顶部。券顶多用楔形砖作成拱形，有单层券和双层券两种。楔形砖有三种，大砖长 39 厘米、宽 19.5 厘米、背厚 9.3 厘米、刃厚 7 厘米；中型砖长 31.5 厘米、宽 15.5 厘米、背厚 6.7 厘米、刃厚 5.5 厘米；最小的长 29 厘米、宽 27 厘米、背厚 5.7 厘米、刃厚 4.7 厘米。

5. 铺地砖

铺地砖有纵铺、竖排错缝平铺、一顺一纵、两顺一纵、横列"人"字形等。铺地砖一般为单层，也有双层、三层的。砖多为青灰色，长 30～32 厘米、宽 16～17 厘米、厚 6～8 厘米。

（三）葬具、葬式

该区的画像石在历史上都遭到不同程度的破坏和盗掘，绝大多数墓葬保存较差。墓葬内仅见棺钉和少量人骨，推测用的木质棺，但葬式不明。

（四）随葬品放置

画像石墓大多为残墓，有些墓葬随葬品较为丰富，但大多被盗，有的破损严重，有的移动了位置。如唐河石灰窑墓的随葬品主要摆放在西室的北部；唐河白庄画像石墓的随葬品主要摆放在南室的一个耳室内[1]；唐河电厂画像石墓的随葬品主要摆放在回廊内[2]；南阳安居新村画像石墓的随葬品大多放置在前室南侧靠近墓门的位置[3]；南阳永泰小区画像石墓的随葬品主要放置在前室，铜钱和铁剑主要放置在人骨周围；辛店熊营画像石墓的随葬主要放置在北室[4]；杨官寺画像石墓的随葬品主要放置在回廊中，以上几座墓的随葬品摆放位置较为清晰，可见画像石墓的随葬品放置较为特殊，一般放置在前室或耳室，或回廊中，基本不会放置在主室内。铁剑一般靠近尸骨。

---

① 南阳市文物研究所、唐河县文化馆：《河南唐河白庄汉画像石墓》，《中原文物》1997 年第 4 期。
② 《南阳汉画像石》编委会：《唐河电厂汉画像石墓》，《中原文物》1982 年第 1 期。
③ 南阳市文物考古研究所：《河南南阳市安居新村汉画像石墓》，《考古》2005 年第 6 期。
④ 南阳市文物考古研究所：《河南南阳市辛店熊营汉画像石墓》，《考古》2008 年第 2 期。

（五）画像石

1. 制作过程

画像石的制作主要分为前期石料处理和后期雕刻、着色两大步骤。制作过程比较复杂，山东嘉祥宋山出土的永寿三年石刻题记，详细记载了制作画像石的情况①。通过对该区画像石的观察，制作过程一般要经过采石、打制石料、勾勒物象、雕刻、上色等步骤。雕刻技法有阴线刻、凹面阴线刻、凹面浅浮雕、剔地浅浮雕、高浮雕兼透雕等。值得注意的是南阳安居新村 M2 在筑造过程中使用了斗拱形梁柱②，这在画像石墓中极为少见。

2. 画像内容

南阳汉画像的内容丰富多样，为研究汉代社会的各个方面提供了十分形象化的材料。《南阳汉代画像石墓》对画像内容进行了详细的分类③，本书在此基础上，将画像内容分为十类。第一类为天文图像，主要有日月合璧图、三足乌图、彗星等，另外还有四宫和二十八宿中的大部分星宿等。第二类为乐舞百戏，有舞蹈、乐器及乐队组合、杂技和幻术等几种，其中舞蹈类主要有建鼓舞、踏拊舞、长袖舞、七盘舞（或称盘鼓舞）等；乐器类主要有建鼓、铙、镈钟、埙、竽、排箫、瑟等；乐队主要是打击乐器和管弦乐器组成的混合乐队；幻术仅见吐火一项；杂技有冲狭、飞剑跳丸、倒立、蹴鞠等。第三类为角抵，主要有斗兽、人与人搏斗、兽与首兽斗等三种，其中人与人相搏有徒手相斗、徒手搏器械、持械相搏三种情况。第四类为社会生活，主要有车骑出行、田猎、宴饮、投壶、拜谒、武库、小吏、耕耘、牵牛、阉牛、捕鱼等画像，总体来看这些画像可以分为官僚、地主等统治阶级的生活，普通劳动者的生活以及奴婢阶级的生活。第五类为历史故事类，主要有二桃杀三士、晏子见齐景公、鸿门宴、聂政自屠、范雎受袍、狗咬赵盾、赵氏孤儿、荆轲刺秦王、高祖斩蛇、西门豹治邺、鲁义妇等，这些画像多刻在墓室，有的刻在墓门上。第六类为神话传说，

① 济宁地区文物组、嘉祥县文管所：《山东嘉祥宋山 1980 年出土的画像石》，《文物》1982年第 5 期。

② 南阳市文物考古研究所：《河南南阳市安居新村汉画像石墓》，《考古》2005 年第 8 期。

③ 南阳汉画像馆编著《南阳汉代画像石墓》，河南出版社，1998，第 19～32 页。

主要有伏羲女娲、雷神、雨师、风伯、河伯、羿射十日、嫦娥奔月、黄帝、虎食女魅①、人面鸟等，这些画像多刻在墓室顶部，少数在主室门柱上，表现自然现象的以及天文、神话主要刻在墓顶，而伏羲女娲主要刻在主室门柱上。第七类主要表现神仙思想，有瑞兽、升仙、辟邪三种，其中瑞兽有龙、朱雀、麒麟、玄武、仙鹤、大螺等几种；升仙有仙人乘龙、仙人骑虎、仙人乘鹿、鹿车升仙、仙人乘龟、羽人等几种；辟邪画像主要有白虎、铺首衔环、方相氏等。该区这类的画像比重较大，约占三分之一。第八类为建筑形象，主要有厅堂、楼阁、阙、桥梁等。第九类为图案，主要装饰于墓门、墓顶，主要为二方、四方连续的菱形或菱形穿环图案，另外有少量的三角形图案。第十类为画像石上的榜题，目前发现榜题的汉代画像石墓主要有郁平大夫冯君孺人墓②、杨官寺画像石墓③、独山西坡画像石墓。另外在方城县出土了一块"胡奴门"的画像石，这些榜题主要是记载墓主人的有关情况、墓葬的入葬时间、墓室名称、工匠名字等。

七　积石积炭墓

典型的积石积炭墓时代处于春秋战国时期，如太原金胜村 M251④，是指在木椁外既置石块又置木炭。汉代的积石积炭墓则是在土坑墓室底部和四壁填充炭粒、石块。

（一）墓葬形制

目前发现的积石积炭墓均为"甲"字形墓葬，斜坡墓道，根据墓道与墓室之间有无甬道分为两型。

A 型　墓道与墓室之间无甬道。例如，淅川阎杆岭 M38，由墓道和墓室两

---

① "女魅"也有学者谓为"鬼魅"。见孙晓彤《"虎食人"之"人"应为"鬼魅"》，《大众考古》2016 年第 1 期。

② 南阳地区文物队、南阳博物馆：《唐河汉郁平大尹冯君孺人画像石墓》，《考古学报》1980年第 2 期。

③ 河南省文化局文物工作队：《河南南阳杨官寺汉代画像石墓发掘报告》，《考古学报》1963年第 1 期。

④ 山西省考古研究所：《太原晋国赵卿墓》，文物出版社，1996。

部分组成，墓道向西北，斜坡状，口大底小，墓道壁向下内收，长 144 厘米、宽 55～94 厘米。墓室为长方形竖穴土坑，长 272 厘米、宽 248 厘米。墓壁竖直，周边和墓底积石积炭，周边积石积炭厚度在 9～12 厘米（图一五，1）。

B 型　墓道与墓室之间有甬道。例如，淅川阎杆岭 M83，由墓道、甬道和墓室三部分组成，墓道向西，斜坡状，口大底小，近甬道处为平底，口长 508 厘米、宽 114 厘米。墓道与甬道结合处用空心砖封堵。甬道为砖砌，两壁用半圆纹砖错缝平砌，券顶。墓室为长方形竖穴土坑，长 308 厘米、宽 292 厘米，墓壁竖直，墓室周边和墓底积石积炭（图一五，2）。

（二）葬具

目前报道的阎杆岭两座墓葬中，M38 被盗，破坏较为严重，葬具不存。M83 的墓室南部东西向并列有两木棺。

（三）葬式

墓葬破坏较为严重，其中 M38 的人骨和部分肢骨分别散落三处，葬式无法判断。M83 的人骨腐朽较为严重，无法判断，但从两棺的位置分析，应为夫妻合葬墓，北棺大于南棺，北棺墓主应为男性；南棺较小，且头部随葬有铜镜，墓主应为女性①。

（四）随葬器品放置

M38 由于被破坏，随葬品扰乱较为严重，且部分器物位移较为严重，放置位置无规律可循。M83 出土的 88 件随葬品，主要分布于甬道内和墓室北部，棺内及其周围也有少量随葬品，头部附近有 1 面铜镜。

八　瓮棺葬

瓮棺葬指专门用陶瓮、陶罐、陶鬲、陶盆等陶容器作为葬具来埋葬死

---

① 河南省文物考古研究所等：《河南淅川县阎杆岭 83 号汉墓发掘简报》，《华夏考古》2012年第 1 期，第 23 页。

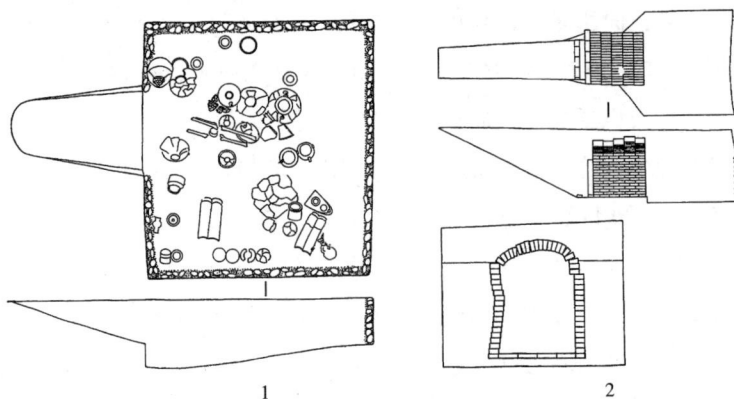

图一五　积石积炭墓
1. A 型（阎杆岭 M38）　　2. B 型（阎杆岭 M83）

者的一种埋葬形式，并不包括用瓦作葬具或者是用陶棺作葬具的墓葬以及在石室墓随葬品中盛放人骨等情形。

（一）墓葬形制

瓮棺葬墓坑均为竖穴土坑，根据墓坑平面形制的不同分为两型。

A 型　墓坑平面长方形，如南阳牛王庙 M129，竖穴土坑，平面为长方形，墓室长 150 厘米、宽 85 厘米①（图一六，1）。

B 型　墓坑平面为圆形，如郧西归仙河遗址 W1，墓坑平面近圆形，弧直壁，圆底，直径 48～53 厘米、深 55 厘米②（图一六，2）。

（二）修筑方式

瓮棺葬的修筑方式一般是先挖一个竖穴土坑，底多呈圆底状，再把装有人骨的瓮棺平放入坑内。

（三）瓮棺及其组合

瓮棺葬所用葬具均为陶瓮，平放，通常会在瓮口放置砖或砾石块封

① 南阳市文物考古研究所：《南阳牛王庙汉墓考古发掘报告》，文物出版社，2011，第 244 页，图二〇七。
② 武汉大学考古系：《湖北郧西归仙河遗址 2009 年度发掘简报》，《江汉考古》2012 年第 1 期，第 16 页，图十八。

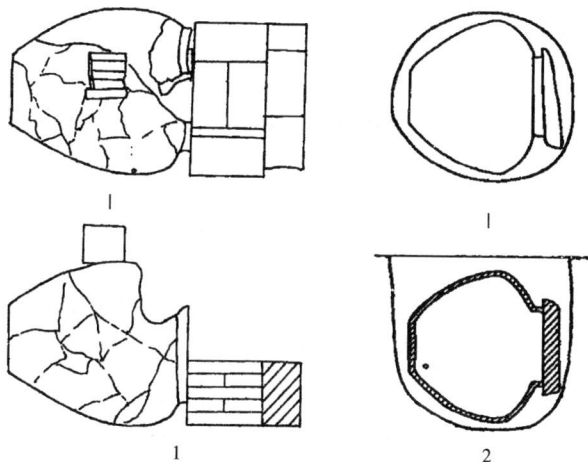

图一六　瓮棺葬

1. A 型（牛王庙 M129）　　2. B 型（归仙河 W1）

口。如南阳牛王庙 M129 的瓮口斜放三块砖①，而郧西归仙河遗址 W1 则是用一块砾石封口②。

（四）葬式

葬式均不详。但在郧西归仙河遗址 W1 的陶瓮腹部近底部有一小圆孔。

（五）随葬品放置

战国秦汉时期瓮棺葬绝大多数没有随葬品③，少数是"装身具"的可能性较大④。南阳地区有的瓮棺葬出土随葬品，如南阳牛王庙 M129 的陶瓮内有 5 枚铜钱。

---

① 南阳市文物考古研究所：《南阳牛王庙汉墓发掘报告》，文物出版社，2011，第 243 页。

② 武汉大学考古系：《湖北郧西归仙河遗址 2009 年度发掘简报》，《江汉考古》2012 年第 1 期，第 16 页。

③ 白云翔：《战国秦汉时期瓮棺葬研究》，《考古学报》2001 年第 3 期；陈亚军：《峡江地区战国秦汉时期瓮棺葬初步研究》，《江汉考古》2012 年第 4 期。

④ "装身具"一词引自日语，是指佩戴在身上的装饰品。〔日〕八幡一郎：《世界考古学事典》（上），平凡社，1979，第 634 页。

九　瓦棺墓

南阳牛王庙墓地和丰泰墓地共发现瓦棺墓 9 座，均使用泥质灰陶棺作为葬具。

（一）墓葬形制

瓦棺墓的土坑均为竖穴土坑，平面为长方形，如南阳牛王庙 M102，墓室长 210 厘米、宽 68 厘米，墓室四壁无收分（图一七，1）。

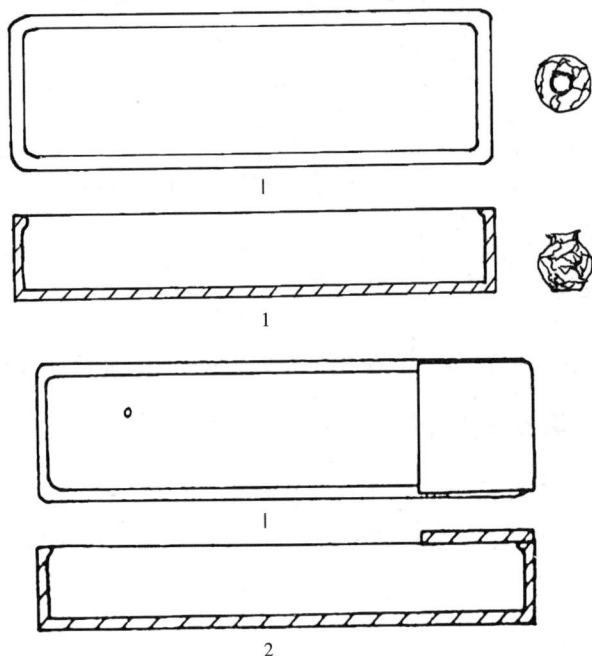

图一七　瓦棺墓

1. 南阳牛王庙 M102　2. 南阳牛王庙 M7

（二）墓葬修筑方式

瓦棺墓一般是先挖一个竖穴土坑，再把装有人骨的瓮棺平放入坑内。

（三）葬具

葬具均为泥质灰陶棺，如南阳牛王庙 M7 的葬具瓦棺长 180 厘米、宽 47 厘米、高 38 厘米（图一七，2）。

（四）葬式

均未发现人骨，具体不详。

（五）随葬品放置

根据目前的发现，随葬品有放置在瓦棺内和瓦棺外两种情况。如南阳牛王庙 M102 随葬 1 枚五铢钱币，放置于瓦棺内部[1]；南阳牛王庙 M7 随葬陶罐 1 件，放置在瓦棺外[2]。

一〇 封土

真正意义上的封丘形成于东周时期，其不仅是一种墓葬建筑，也是区分墓主等级身份的标志之一[3]。南阳地区汉墓一般是一墓一封土，现在可见者不多，土地改革以前存在很多"土墩子"，应该就是这些墓葬的封土（图一八，1）。也有多墓一封土的情形，如老河口九里山东区的三组墓葬，其中一号和三号冢下各有 2 座墓葬，二号冢下有 11 座墓葬。封土平面为圆形，中部最高，往外逐渐降低。以二号冢为例，封土分为 6 层，11 座墓葬为同冢异穴合葬墓，但开口于不同的层位下，有的还存在打破关系[4]（图一八，2）。至于封土的具体形状，中小型墓葬不像帝陵等封土高大，由于受到风雨侵蚀和后来的人为破坏，且大多封土多被忽视，所以具体形状不能准确推测。

---

[1] 南阳市文物考古研究所：《南阳牛王庙汉墓考古发掘报告》，文物出版社，2011，第 201 页。

[2] 南阳市文物考古研究所：《南阳牛王庙汉墓考古发掘报告》，文物出版社，2011，第 25 页。

[3] 韩国河：《论中国古代封丘墓的产生与发展》，《文博》1981 年第 1 期。

[4] 襄樊市文物考古研究所、武安铁路复线九里山考古队：《老河口九里山秦汉墓》，科学出版社，2009，第 381 页，图四三六。

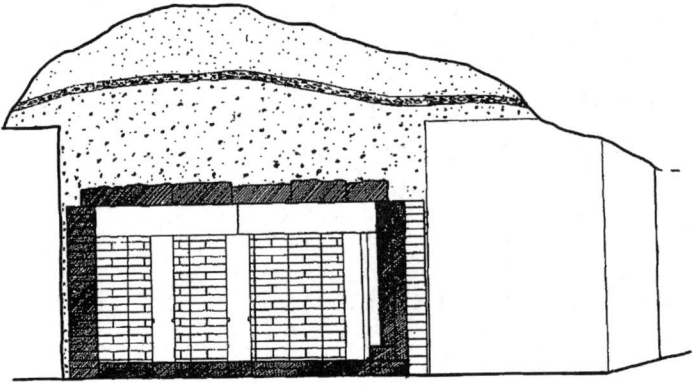

1

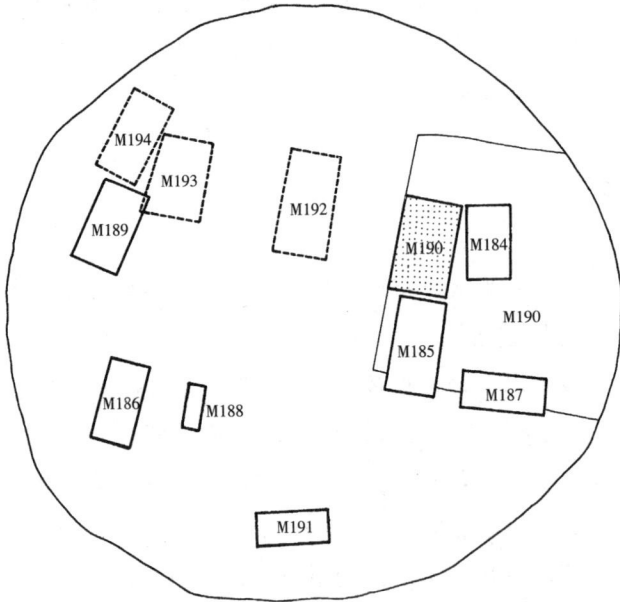

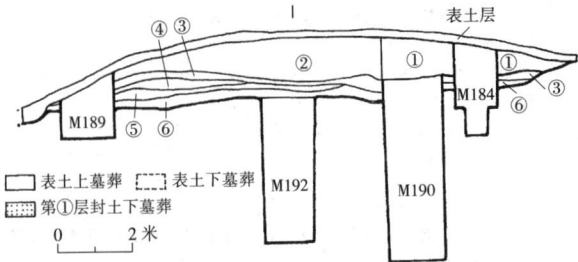

2

图一八　封土

1. 南阳南漳城关汉墓　2. 老河口九里山东区二号冢

一一　防盗、防腐措施

墓葬除了墓室、封门等相关设施具有防盗和保护尸体的功能外，常常还会设置一些专门的防盗和防腐措施。例如，襄阳擂鼓台一号墓，为乙类 Ca 型墓葬（一椁二棺），在墓坑填土中，在不同高度分别平铺两层石块（图一九），石块一般长 100 厘米、宽 70 厘米、厚 20～30 厘米；另外在该墓的第二层石块以下、椁室周围全部填塞细腻而严实的青膏泥，厚 60 厘米；椁室底板下有长 262 厘米、宽 18 厘米的两根横垫木[①]，平铺的石块具有防盗的功能，青膏泥具有防腐和防盗的双重功能。

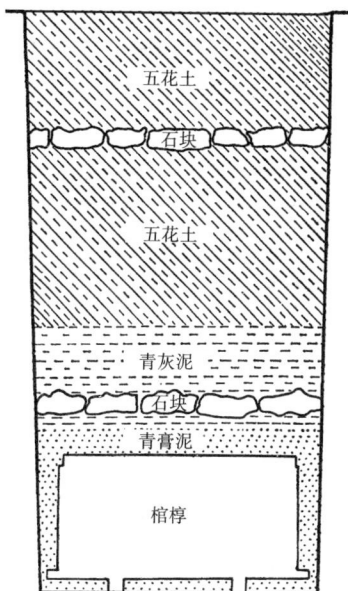

图一九　襄阳擂鼓台一号墓防盗、防腐措施

资料来源：襄阳地区博物馆：《湖北襄阳擂鼓台一号墓发掘简报》，《考古》1982 年第 2 期，第 147 页，图二，改绘。

---

① 襄阳地区博物馆：《湖北襄阳擂鼓台一号墓发掘简报》，《考古》1982 年第 2 期，第 147 页，图二。

第二节　随葬品

南阳地区汉墓的出土随葬品已有数千件（组），数量庞大，但有些墓地未发表完整报告，不能准确统计其资料。就目前发现的随葬品而言，根据质地可以分为陶器、釉陶、硬纹陶、铜器、铁器、玉石器、玻璃器、金器、银器、铅器、漆木器、骨器、瓷器、玛瑙、煤精、水晶块、海贝、料珠等。其中陶、瓷器主要是仿铜礼器、生活用具、模型明器、俑、建筑器材等；金属器主要有礼器、兵器、乐器、生活用具、生产用具、丧葬用具等；玉石器主要有玉、滑石以及玻璃、水晶等，包括礼器、丧葬用具、生活用具等；骨器主要由动物骨骼改造而成，有刷柄、棋子等；漆木器因墓内条件差，大多未保存下来，有丧葬用具、生活用具。如此丰富的器类和庞大的数量，已经具备了研究的条件。限于篇幅和研究目的，本书选取典型随葬品进行分析。

一　陶器

陶器是目前发现数量最多的随葬品，按照性质、组合的不同分为仿铜礼器、生活用器、模型明器等三类，其中模型明器根据组合的不同可以分为仓灶井组合、磨圈厕组合、杯案盘组合、俑类、陶钱等。

（一）仿铜礼器

仿铜礼器延续使用时间长，组合清晰，以鼎、盒、壶为核心，另有钫、豆。

1. 鼎

一般为子母口、圆或方唇、折肩、肩有对称的长方形耳、三足，素面或腹中部饰凹弦纹、凸弦纹、折棱。根据足部的差异分为四型（表一）。

A型　蹄形足，器形较大。根据足部形状的差异分为两个亚型。

Aa型　细蹄足。根据耳、腹、足以及陶色的变化可分为7式。

表一　陶鼎

分期	A型 Aa型	A型 Ab型	B型	C型 Ca型	C型 Cb型	D型
第一期	I式（九M124: 3）	I式（丰M88: 3）				
第二期	II式（九M50: 2）	II式（丰M179: 4）		I式（王M39: 2）	I式（九M12: 2）	
第三期	III式（九M80: 1）、IV式（九M108: 3）	III式（丰M247: 5）	I式（九M104: 1）	II式（王M109: 8）	II式（九M91: 2）	I式（丰M63: 20）
第四期	V式（九M115: 2）	IV式（丰M275: 8）	II式（九M77: 1）	III式（王M126: 2）	III式（九M93: 6）	II式（丰M18: 5）
第五期	VI式（九M19: 3）、VII式（九M175: 9）	V式（丰M205: 2）	III式（九M46: 3）		IV式（九M180: 1）	
第六期						
第七期						

注：九：老河口九里山墓地；王：襄阳王坡墓地；丰：南阳丰泰墓地；牛：南阳牛王庙墓地；辛：郧县老辛福院；刘：淅川刘家沟沟口墓地；东：淅川东沟长岭墓地。下同。

75

Ⅰ式　器形整体较为矮小，口沿较长，凹底或凹圆底，蹄足较高，横断面呈扁圆或半圆形。例如，老河口九里山墓地 M124：3，泥质灰陶，中腹部有两道锯齿状折棱，口径 16.8 厘米、腹径 22.4 厘米、足高 14.4 厘米①。

Ⅱ式　器形整体较宽高，口沿较长，凸圆底，三足较高，横断面呈半圆形。例如，老河口九里山墓地 M50：2，圆唇，泥质黑衣褐陶，腹部饰卷云纹，口径 19.6 厘米、腹径 30 厘米、高 28 厘米②。

Ⅲ式　器形整体较高，口沿稍短，耳较大，腹部变深，多平底或未凹，少量凸圆底，蹄足稍矮，横断面呈半圆形，少数足根部饰有人面或圆圈纹。例如，老河口九里山 M80：1，泥质灰陶，子母口，圆唇折肩，口径 20 厘米、腹径 24 厘米、高 25.6 厘米③。

Ⅳ式　器形整体较窄高，变小；口沿较短，甚至近无；耳较小，外撇；腹部变浅；上腹外鼓，下腹弧收；足较高，外撇；足根饰有人面形，例如，老河口九里山 M108：3，泥质灰陶，方唇，口径 17.6 厘米、腹径 22.4 厘米、高 22.8 厘米④。

Ⅴ式　器形扁鼓，较小；足较矮，口沿较短，甚至近无；耳较小，外撇；腹部变浅；上腹外鼓，下腹弧收；足较高，外撇；足根素面，如老河口九里山 M115：2，泥质红陶，子母口，圆唇，耳外壁孔下饰网格纹，口径 12.8 厘米、腹径 16.4 厘米、高 17.6 厘米⑤。

Ⅵ式　器形整体较为矮胖，口沿短，耳小外撇，腹部微垂，凸圆底，博山炉式盖，如老河口九里山 M19：3，体为泥质灰陶，盖为泥质红陶；足根部模印人面纹，博山盖模印人物、动物、植物纹，口径 17.6 厘米、腹径

---

① 襄樊市文物考古研究所、武安铁路复线九里山考古队：《老河口九里山秦汉墓》，科学出版社，2009，第 304 页，图三五二，1。

② 襄樊市文物考古研究所、武安铁路复线九里山考古队：《老河口九里山秦汉墓》，科学出版社，2009，第 187 页，图二二三，2。

③ 襄樊市文物考古研究所、武安铁路复线九里山考古队：《老河口九里山秦汉墓》，科学出版社，2009，第 231 页，图二七一，1。

④ 襄樊市文物考古研究所、武安铁路复线九里山考古队：《老河口九里山秦汉墓》，科学出版社，2009，第 283 页，图三二六，2。

⑤ 襄樊市文物考古研究所、武安铁路复线九里山考古队：《老河口九里山秦汉墓》，科学出版社，2009，第 293 页，图三三八，1。

21.2 厘米、高 23.2 厘米①。

Ⅶ式　器形整体较小，基本形制同Ⅵ式，不同的是足跟无任何装饰，博山炉式盖，器表施釉。如老河口九里山 M175:9，泥质红陶，口径 14 厘米、腹径 17.2 厘米、高 24 厘米。

Aa 型陶鼎的演变趋势：器形由高大逐渐变小，耳由微撇逐渐外撇，腹由浅腹变为深腹，底部由凹圆底演变为平底，再演变为凸圆底，足由微撇逐渐外撇，晚期足跟多饰人面纹，盖由盘状盖演变为博山炉式盖。

Ab 型　粗蹄足，足部粗大，弧腹有折棱，根据腹部、足部、盖的变化可以分为 5 式。

Ⅰ式　器形较小，矮蹄足，足跟圆鼓，腹部有一道折棱似肩，圆底近平，如南阳丰泰墓地 M88:3，泥质灰陶，子母口，方唇，弧腹，圆底，附方耳，口径 17.2 厘米、高 17.2 厘米②。

Ⅱ式　器形较Ⅰ式稍大，弧顶盖，腹部有一道折棱似肩，圆底近平，足变高，足跟变粗大，略外撇，如南阳丰泰墓地 M194:4，泥质灰陶，器表经磨光呈黑色，子母圆唇，口径 16 厘米，高 19.9 厘米③。

Ⅲ式　器形较大，盖顶近平，腹部有一道凸棱，足跟较大，正面饰人面纹，人五官清晰，刻画细致，如南阳丰泰墓地 M247:5，泥质灰陶，器表经磨光呈灰黑色，口径 21.6 厘米、高 22.8 厘米④。

Ⅳ式　器形极大，盖弧形折壁，盖顶饰两个对称的铺首状钮，深腹、足跟外饰人面纹，足外撇，如南阳丰泰墓地 M275:8，泥质灰陶，表面经过打磨，口径 23.2 厘米、高 34.4 厘米⑤。

Ⅴ式　器形和盖基本同Ⅳ式，鼓腹略深，腹部有一道折棱，折棱下有

①　襄樊市文物考古研究所、武安铁路复线九里山考古队：《老河口九里山秦汉墓》，科学出版社，2009，第 128 页，图一五二，1。
②　河南省南阳市文物考古研究所、武汉大学历史学院考古系：《南阳丰泰墓地》，科学出版社，2011，第 74 页，图六六，3。
③　河南省南阳市文物考古研究所、武汉大学历史学院考古系：《南阳丰泰墓地》，科学出版社，2011，第 74 页，图六六，5。
④　河南省南阳市文物考古研究所、武汉大学历史学院考古系：《南阳丰泰墓地》，科学出版社，2011，第 75 页，图六七，1。
⑤　河南省南阳市文物考古研究所、武汉大学历史学院考古系：《南阳丰泰墓地》，科学出版社，2011，第 77 页，图六八。

一至二道宽凹弦纹，足跟内侧掏空，外饰人面纹，如南阳丰泰墓地 M205：2，泥质灰陶，口径 17.6 厘米、腹径 23.2 厘米、高 25.4 厘米①。

Ab 型陶鼎的演变趋势：器形由小逐渐变大，耳部由微撇逐渐外撇，腹部逐渐下垂，底部由凸圆底逐渐变为平底，足跟逐渐变大，后期多装饰有人面纹，盖由早期的盘式演变为博山炉式。

B 型　熊形足直立，器形相对较大，上腹近直，下腹弧收，小耳外撇，凸圆底。根据腹部、足部、盖的变化可以分为 3 式。

I 式　灰陶，口沿较短，腹较深，足较高，如老河口九里山 M104：1，泥质灰陶，素面，口径 20.8 厘米、腹径 24.6 厘米、高 27.4 厘米②。

II 式　灰陶，口沿较短，腹较深，足较高，博山炉式盖，如老河口九里山 M77：1，泥质灰陶，子母口，圆唇，折肩，口径 17.6 厘米、腹径 21.2 厘米、高 25 厘米③。

III 式　泥质红陶，口沿短，腹部浅，足较矮，博山炉式盖，器表施釉，但大多脱落。如老河口九里山 M46：3，泥质红陶，子母口，圆唇，口径 16.8 厘米，腹径 21.2 厘米、高 25.2 厘米④。

B 型陶鼎的演变趋势：早期多灰陶，晚期多红陶且施釉；器形逐渐变小，腹部由凸圆底逐渐演变为平底，盖由弧形盖演变为博山炉式盖，足渐短且外撇。

C 型　柱足，根据柱足形状的差异分为两个亚型。

Ca 型　长柱足。器形整体较高，子母口，折肩，直壁，浅腹，圆底，附双耳，浅弧盘状盖，盖顶稍尖。根据腹部、足部、盖形状的变化可以分为 3 式。

I 式　下腹弧折，底近平，高足，足断面为扁圆形，如襄阳王坡墓地

①　河南省南阳市文物考古研究所、武汉大学历史学院考古系：《南阳丰泰墓地》，科学出版社，2011，第 78 页，图六九，3。
②　襄樊市文物考古研究所、武安铁路复线九里山考古队：《老河口九里山秦汉墓》，科学出版社，2009，第 278 页，图三二〇，1。
③　襄樊市文物考古研究所、武安铁路复线九里山考古队：《老河口九里山秦汉墓》，科学出版社，2009，第 229 页，图二六九，1。
④　襄樊市文物考古研究所、武安铁路复线九里山考古队：《老河口九里山秦汉墓》，科学出版社，2009，第 177 页，图二一六，1。

M39:2，泥质褐陶，中腹饰一道凸弦纹，足部饰圆圈纹，口径 17.6 厘米、腹径 21.2 厘米、高 19.6 厘米[①]。

Ⅱ式　下腹折，尖圆底，足较高，横断面呈半圆形，如襄阳王坡墓地 M109:8，泥质黑衣褐陶，口径 18.4 厘米、腹径 21.2 厘米、高 17 厘米[②]。

Ⅲ式　下腹弧收，凸圆底，足较矮，横断面呈半圆形，如襄阳王坡墓地 M126:2，泥质黑衣灰陶，口径 20.8 厘米、腹径 24.2 厘米、高 17.2 厘米[③]。

Ca 型陶鼎的演变趋势：器形逐渐变矮，腹部由弧折逐渐变为折，底部由近平底渐为凸圆底，足逐渐变矮。

Cb 型　矮柱足。器形整体较小，多数口沿较长，个别部件子母口，小耳外撇，扁鼓腹，圆底近平，盖较浅。根据腹部和足部的变化可以分为 4 式。

Ⅰ式　腹部较深，侧扁柱足较高，足根部外突，如老河口九里山 M12:2，泥质灰陶，子母口，圆唇，口径 15.2 厘米、腹径 20.8 厘米、高 18.6 厘米[④]。

Ⅱ式　腹部较浅，足较矮，横断面呈扁圆或圆柱状，足跟上部外突，如老河口九里山 M91:2，泥质灰陶，上腹部饰一周凹弦纹，口径 13.6 厘米、腹径 18.4 厘米、高 16.8 厘米[⑤]。

Ⅲ式　腹部较深，矮细足近圆锥状，如老河口九里山 M93:6，泥质灰陶，子母口，方唇，折肩，耳孔对穿，凸圆底近平，口径 13.6 厘米、腹径 17.6 厘米、高 12.4 厘米[⑥]。

[①] 湖北省文物考古研究所等：《襄阳王坡东周秦汉墓》，科学出版社，2005，第 250 页，图一八六，7。

[②] 湖北省文物考古研究所等：《襄阳王坡东周秦汉墓》，科学出版社，2005，第 253 页，图一八八，1。

[③] 湖北省文物考古研究所等：《襄阳王坡东周秦汉墓》，科学出版社，2005，第 253 页，图一八八，2。

[④] 襄樊市文物考古研究所、武安铁路复线九里山考古队：《老河口九里山秦汉墓》，科学出版社，2009，第 121 页，图一四〇，1。

[⑤] 襄樊市文物考古研究所、武安铁路复线九里山考古队：《老河口九里山秦汉墓》，科学出版社，2009，第 253 页，图二九二，1。

[⑥] 襄樊市文物考古研究所、武安铁路复线九里山考古队：《老河口九里山秦汉墓》，科学出版社，2009，第 257 页，图二九七，1。

Ⅳ式 深腹，圆柱足，较粗，矮小，如老河口九里山 M180：1，泥质灰陶，子母口，圆唇，长方形耳外撇，无耳孔，平底，口径 8.8 厘米、腹径 15.6 厘米、高 14.4 厘米①。

Cb 型陶鼎的演变趋势：腹部逐渐变深，底部由凸圆底逐渐变为平底，足逐渐变短、变粗。

D 型 无足。子母口，圆唇，深腹，平底。根据腹部变化可以分为 2 式。

Ⅰ式 深鼓腹。如南阳丰泰墓地 M63：20，夹细沙灰陶，腹部有三道浅宽凹带，博山盖，饰盘龙钮，口径 16.4 厘米、腹径 22 厘米、底径 10 厘米、高 23.6 厘米②。

Ⅱ式 腹部较浅，折腹。如南阳丰泰墓地 M18：5，泥质灰陶，唇低于外口，腹部有两周凹宽带，附方耳，弧顶盖，口径 14.6 厘米、底径 8.4 厘米、高 16 厘米③。

D 型陶鼎的演变趋势：腹部由深渐浅，鼓腹演变为折腹。

2. **盒**

一般为子口，少量为敛口，多为折肩，弧腹内收，平底或凸圆底近平，大多素面，少量体或盖饰凹弦纹。根据盖、底部圈足情况可以分为三型（表二）。

A 型 盖和底部均有圈足，多为灰、褐陶。根据整体、腹部和腹壁的变化可以分为 4 式。

Ⅰ式 器形整体较矮，口沿较长，上腹部近直，中腹弧收，圈足较宽。例如，老河口九里山 M56：11，口径 16.8 厘米、腹径 20.4 厘米、圈足径 10.4 厘米、通高 14.6 厘米④。

---

① 襄樊市文物考古研究所、武安铁路复线九里山考古队：《老河口九里山秦汉墓》，科学出版社，2009，第 366 页，图四一九，1。

② 河南省南阳市文物考古研究所、武汉大学历史学院考古系：《南阳丰泰墓地》，科学出版社，2011，第 83 页，图七四，2。

③ 河南省南阳市文物考古研究所、武汉大学历史学院考古系：《南阳丰泰墓地》，科学出版社，2011，第 83 页，图七四，3。

④ 襄樊市文物考古研究所、武安铁路复线九里山考古队：《老河口九里山秦汉墓》，科学出版社，2009，第 197 页，图二三四，4。

表二 陶盒

分期	A型	B型	C型 Ca型	C型 Cb型
第一期	I式（九M56：12）	I式（九M111：2）		
第二期	II式（九M50：7） III式（丰M53：7）	II式（九M161：4） III式（九M127：3）	I式（九M189：2） II式（九M101：3）	
第三期	IV式（丰M356：13）	IV式（九M192：3）	III式（九M185：2）	I式（丰M187：4） II式（丰M63：8）
第四期		V式（九M171：17）		
第五期				III式（牛M85：8）
第六期				
第七期				IV式（丰M12：2）

Ⅱ式 器形整体较高，口沿较长，上腹壁近直，中腹微折，下腹弧收，圈足较浅。例如，老河口九里山 M50：7，泥质灰陶，子母口，上、下腹部各饰一道凹弦纹，口径 16 厘米、圈足径 8.8 厘米、通高 16.8 厘米①。

Ⅲ式 器形整体较高，口沿较短，体高略高于盖高，圈足浅。例如，老河口九里山 M53：7，口径 19.6 厘米、肩径 22.4 厘米、圈足径 8.8 厘米、通高 19.6 厘米②。

Ⅳ式 器形较大，口沿较短，体高高于盖高，矮圈足。例如，南阳丰泰墓地 M356：13，口径 21.2 厘米、底径 10.4 厘米③。

A 型陶盒的演变趋势：器形整体由矮逐渐变高，口沿逐渐变短，下腹体由浅逐渐向深演变，腹部相对较直逐渐呈弧壁，底部圈足由大逐渐变小。

B 型 盖顶浅宽圈足，底部无圈足，根据器形整体、腹部、顶部圈足的变化分为 5 式。

Ⅰ式 整体较矮，口沿较长，上腹部近直，下腹弧收，平底微凹，盖顶浅宽圈足。例如，老河口九里山 M111：2，口径 16 厘米、腹径 19.4 厘米、底径 8.4 厘米、通高 15.2 厘米④。

Ⅱ式 整体较高，体高略大于盖高，上腹近直，中腹微折，下腹斜收，平底微凹。例如，老河口九里山 M161：4，泥质黑衣陶，口径 16.8 厘米、腹径 19.2 厘米、底径 8.8 厘米、通高 15.6 厘米⑤。

Ⅲ式 体高大于盖高，子口较长，腹壁自肩部弧收，平底微凹。例如，老河口九里山 M127：3，泥质黑衣褐陶，口径 18.4 厘米、腹径 21.6 厘

① 襄樊市文物考古研究所、武安铁路复线九里山考古队：《老河口九里山秦汉墓》，科学出版社，2009，第 187 页，图二二三，6。
② 襄樊市文物考古研究所、武安铁路复线九里山考古队：《老河口九里山秦汉墓》，科学出版社，2009，第 187 页，图二二三，6。
③ 河南省南阳市文物考古研究所、武汉大学历史学院考古系：《南阳丰泰墓地》，科学出版社，2011，第 85 页，图七五，3。
④ 襄樊市文物考古研究所、武安铁路复线九里山考古队：《老河口九里山秦汉墓》，科学出版社，2009，第 290 页，图三三四，5。
⑤ 襄樊市文物考古研究所、武安铁路复线九里山考古队：《老河口九里山秦汉墓》，科学出版社，2009，第 379 页，图四三四，3。

米、底径 9.6 厘米、通高 16.8 厘米①。

Ⅳ式　整体较矮,体高略等于盖高,子母口,上腹壁斜直,中腹内折,下腹弧收,平底。例如,老河口九里山 M192∶3,泥质褐陶,口径 19.6 厘米、肩径 19.5 厘米、底径 7.8 厘米、通高 14 厘米。

Ⅴ式　整体较矮,子口短,中腹微鼓,下腹微收。例如,老河口九里山 171∶17,口径 16 厘米、腹径 18.8 厘米、底径 10.4 厘米、通高 11.4 厘米②。

B 型陶盒的演变趋势:器体由高逐渐变矮,腹部由浅逐渐变深,晚期腹部下垂,且直腹渐为鼓腹。

C 型　盖和底部均无圈足。根据盖不同分为两个亚型。

Ca 型　盖为碗或钵状。根据器形整体、口沿、腹壁的变化可以分为 3 式。

Ⅰ式　整体矮,子母口较长,上腹壁近斜直,中腹微折,下腹斜收,平底微凹,盖顶微隆。例如,老河口九里山 M189∶2,泥质灰陶,口径 19.2 厘米、腹径 21.2 厘米、底径 8.4 厘米、通高 13 厘米③。

Ⅱ式　整体较矮,子口短,腹壁自肩部微弧,平底微凹。例如,老河口九里山 M101∶3,泥质灰陶,口径 19 厘米、腹径 19.2 厘米、底径 9.6 厘米、通高 19.4 厘米。

Ⅲ式　整体较高,子口短,中腹鼓、下腹斜收,小平底微凹。例如,老河口九里山 M185∶2,泥质灰陶,口径 13.2 厘米、腹径 17.6 厘米、底径 6.4 厘米、通高 15 厘米④。

Ca 型陶盒的演变趋势:整体由矮变高,子口由长渐短,腹部由浅渐深,且由微弧渐鼓,下底由矮逐渐变高。

Cb 型　博山炉式盖,博山盖面以假山为背景,假山轮廓清楚,纹饰较

① 襄樊市文物考古研究所、武安铁路复线九里山考古队:《老河口九里山秦汉墓》,科学出版社,2009,第 309 页,图三五八,3。
② 襄樊市文物考古研究所、武安铁路复线九里山考古队:《老河口九里山秦汉墓》,科学出版社,2009,第 337 页,图三九○,2。
③ 襄樊市文物考古研究所、武安铁路复线九里山考古队:《老河口九里山秦汉墓》,科学出版社,2009,第 387 页,图四四七,2。
④ 襄樊市文物考古研究所、武安铁路复线九里山考古队:《老河口九里山秦汉墓》,科学出版社,2009,第 384 页,图四四○,4。

为模糊。根据博山形状和器底部变化可以分为 4 式。

Ⅰ式　浅鼓腹，平底内凹，上腹有两组凹弦纹，博山盖上有长方钮。例如，南阳丰泰 M187∶4，口径 16.4 厘米、底径 8.8 厘米、通高 20.6 厘米①。

Ⅱ式　整体较小，深腹，平底内凹。例如，南阳丰泰 M63∶8，盖顶有蟠龙钮，如口径 16.4 厘米、底径 9.6 厘米、通高 22.2 厘米②。

Ⅲ式　折腹较深，平底，稍有内凹。例如，南阳牛王庙 M85∶8，泥质灰陶，口径 19.5 厘米、底径 10.5 厘米、通高 22 厘米③。

Ⅳ式　器形较小，浅鼓腹。例如，南阳丰泰 M12∶2，平底微凹，口径 14.4 厘米、底径 11.2 厘米、通高 18.4 厘米④。

Cb 型陶盒的演变趋势：博山盖的深度由浅渐深，器底由小渐大。

3. 壶

泥质，多为盘口或敞口，束颈，圆腹，多有圈足。根据口部和圈足的形制差异分为三型（表三）。

A 型　盘口状圈足。根据整体器形、口部、圈足以及陶色的变化可以分为 5 式。

Ⅰ式　灰陶，整体较矮胖，盘口略深，腹微微扁，高圈足较宽，盘口较浅。例如，老河口九里山 M124∶2，素面，口径 17.2 厘米、腹径 28 厘米、圈足 16.8 厘米、体高 36.8 厘米⑤。

Ⅱ式　盘口较深，腹部近圆鼓，圈足较浅宽，盘口较深。例如，老河口九里山 M27∶5，泥质灰陶，口径 14.4 厘米、腹径 22.4 厘米、圈足径 12.8 厘米、体高 34.4 厘米⑥。

---

①　河南省南阳市文物考古研究所、武汉大学历史学院考古系：《南阳丰泰墓地》，科学出版社，2011，第 90 页，图七八，2。

②　河南省南阳市文物考古研究所、武汉大学历史学院考古系：《南阳丰泰墓地》，科学出版社，2011，第 90 页，图七八，3。

③　南阳市文物考古研究所：《南阳牛王庙汉墓考古发掘报告》，文物出版社，2011，第 172 页，图一四一，2。

④　河南省南阳市文物考古研究所、武汉大学历史学院考古系：《南阳丰泰墓地》，科学出版社，2011，第 90 页，图七八，5。

⑤　襄樊市文物考古研究所、武安铁路复线九里山考古队：《老河口九里山秦汉墓》，科学出版社，2009，第 304 页，图三五二，13。

⑥　襄樊市文物考古研究所、武安铁路复线九里山考古队：《老河口九里山秦汉墓》，科学出版社，2009，第 136 页，图一六二，5。

表三　陶壶

分期	A 型	B 型		C 型
		Ba 型	Bb 型	
第一期	Ⅰ式（九M124：2）	Ⅰ式（九M154：6）		
第二期	Ⅱ式（九M27：5）Ⅲ式（九M128：4）	Ⅱ式（九M132：5）		Ⅰ式（九M192：5）Ⅱ式（九M109：2）
第三期	Ⅳ式（九M71：7）	Ⅲ式（丰M281：4）		Ⅲ式（九M105：2）
第四期	Ⅴ式（九M19：1）			
第五期		Ⅳ式（丰M66：1）		
第六期		Ⅴ式（丰M12：11）	Ⅰ式（幸M24：4）	
第七期		Ⅵ式（丰M62：107）	Ⅱ式（幸M21：1）	

85

Ⅲ式　整体较高胖，盘口较深，颈部较粗，长圆鼓腹，宽圈足较高，盘口较深。例如，老河口九里山 M128∶4，口径 17.2 厘米、腹径 31.2 厘米、圈足 19.2 厘米、体高 43.6 厘米①。

Ⅳ式　整体较高，盘口浅，颈部粗长，肩部饰小型简约的铺首或衔环，圆鼓腹，宽圈足多较浅，少量圈足盘口不甚明显。例如，老河口九里山 M71∶7，泥质红陶，下腹饰一道凹弦纹，口径 16 厘米、腹径 29.2 厘米、圈足径 16.8 厘米、体高 32.6 厘米②。

Ⅴ式　整体较胖，盘口较深，颈部稍长，肩部有兽面铺首或衔环，扁鼓腹，圈足盘口较深，多为博山炉式盖。例如，老河口九里山 M19∶1，口径 15.6 厘米、腹径 26.4 厘米、圈足径 15.2 厘米、体高 32.6 厘米③。

A 型陶壶的演变趋势：整体器形变矮，颈部变短，腹部渐鼓。

B 型　盘口，喇叭口圈足。根据足部不同分为两个亚型。

Ba 型　喇叭口状圈足，腹部或肩部一般饰一两道凹或凸弦纹。根据口部、腹部、圈足等变化可以分为 6 式。

Ⅰ式　整体较矮胖，口部不明显，细颈，肩部有简化小兽面铺首，扁鼓腹，圈足较高。例如，老河口九里山 M54∶6，泥质灰陶，腹径 23.2 厘米、圈足径 16 厘米④。

Ⅱ式　整体较为匀称，盘口较浅，短粗颈，大圆鼓腹，圈足较高宽。例如，老河口九里山 M132∶5，口径 17 厘米、腹径 30.8 厘米、圈足径 19.6 厘米、体高 32 厘米⑤。

Ⅲ式　器形极大，盘口外撇，折曲状高圈足外撇，扁鼓腹，肩部无铺首或衔环。例如，南阳丰泰墓地 M281∶4，口径 30.5 厘米、腹径 44.5 厘

<hr>

① 襄樊市文物考古研究所、武安铁路复线九里山考古队：《老河口九里山秦汉墓》，科学出版社，2009，第 311 页，图三六〇，5。

② 襄樊市文物考古研究所、武安铁路复线九里山考古队：《老河口九里山秦汉墓》，科学出版社，2009，第 221 页，图二六三，2。

③ 襄樊市文物考古研究所、武安铁路复线九里山考古队：《老河口九里山秦汉墓》，科学出版社，2009，第 221 页，图二六三，2。

④ 襄樊市文物考古研究所、武安铁路复线九里山考古队：《老河口九里山秦汉墓》，科学出版社，2009，第 195 页，图二三二，6。

⑤ 襄樊市文物考古研究所、武安铁路复线九里山考古队：《老河口九里山秦汉墓》，科学出版社，2009，第 316 页，图三六五，5。

米、圈足径 32 厘米、体高 59.2 厘米[①]。

Ⅳ式 器形变小，盘口浅或盘底不明显，束颈较长，折曲状圈足，极矮。例如，南阳丰泰 M66∶1，口径 15 厘米、腹径 28.2 厘米、底径 16.6 厘米、体高 35.2 厘米[②]。

Ⅴ式 器形较小，斜长颈，鼓腹极扁，铺首纹饰简化，高圈足外张。例如，南阳丰泰 M12∶11，口径 14.8 厘米、腹径 21.2 厘米、底径 15.6 厘米、体高 29 厘米[③]。

Ⅵ式 器形瘦高，假盘口浅直，直径粗长，扁鼓腹，高圈足斜直外张。例如，南阳丰泰 M62∶107，口径 14.6 厘米、腹径 23.5 厘米、底径 14.1 厘米、体高 39 厘米[④]。

Ba 型陶壶的演变趋势：器形由胖渐瘦，腹部由圆鼓向扁鼓变化。

Bb 型 假圈足，多施釉。根据器形变化分为 2 式。

Ⅰ式 方唇，侈口，束颈较粗，腹较圆，假圈足较高，平底略内凹。例如，郧县老幸福院 M24∶4，口径 16.6 厘米、底径 17.8 厘米、腹径 19.8 厘米、通高 30.8 厘米[⑤]。

Ⅱ式 圆唇，束颈稍细，扁鼓腹，假圈足斜撇，平底略内凹，肩部饰弦纹。例如，郧县老幸福院 M21∶1，口径 15.3 厘米、底径 16.4 厘米、腹径 23.2 厘米、通高 32 厘米[⑥]。

Bb 型陶壶的演变趋势：由方唇演变为圆唇，颈部由粗渐细，圈足由高向低演变。

C 型 侈口，喇叭口状圈足。一般为灰陶，颈、肩、腹一般饰一两道

---

① 河南省南阳市文物考古研究所、武汉大学历史学院考古系：《南阳丰泰墓地》，科学出版社，2011，第 95 页，图八二，2。

② 河南省南阳市文物考古研究所、武汉大学历史学院考古系：《南阳丰泰墓地》，科学出版社，2011，第 97 页，图八三，6。

③ 河南省南阳市文物考古研究所、武汉大学历史学院考古系：《南阳丰泰墓地》，科学出版社，2011，第 98 页，图八四，1。

④ 河南省南阳市文物考古研究所、武汉大学历史学院考古系：《南阳丰泰墓地》，科学出版社，2011，第 98 页，图八四，2。

⑤ 南水北调中线水源有限责任公司等：《郧县老幸福院墓地》，科学出版社，2007，第 136 页，图一〇九，1。

⑥ 南水北调中线水源有限责任公司等：《郧县老幸福院墓地》，科学出版社，2007，第 136 页，图一〇九，4。

凹弦纹，少量下腹饰绳纹。根据器形整体、颈、腹、圈足的变化可以分为
3 式。

Ⅰ式　整体较为匀称，口外侈较甚，短粗颈，肩有对称兽面铺首，圆
鼓腹，宽高圈足。例如，老河口九里山 M192∶5，泥质灰陶，口径 18 厘米、
腹径 26.8 厘米、圈足径 19.2 厘米、体高 34.6 厘米[①]。

Ⅱ式　整体较胖，口外侈不甚，短粗颈，大圆鼓腹，宽圈足较高。例
如，老河口九里山 M109∶2，泥质灰陶，口径 16.8 厘米、腹径 34 厘米、圈
足径 20 厘米、体高 39 厘米[②]。

Ⅲ式　整体较Ⅱ式宽胖，短颈稍细，肩有对称环耳，圆鼓腹，宽圈足
极浅。例如，老河口九里山 M105∶2，泥质灰陶，口径 18 厘米、腹径 26.8
厘米、圈足径 19.2 厘米、体高 34.6 厘米[③]。

C 型陶壶的演变趋势：整体逐渐变为宽胖，口部外侈渐不明显，颈部
渐细，圈足渐浅。

4. 陶小壶

此类壶多系明器，体积较小，较陶井中壶大，且数量较多。根据圈足
的特征分为两型（表四）。

A 型　圈足。器形宽胖，盘口，粗颈外斜，扁圆腹，矮圈足外撇，上
腹部有一对铺首，无衔环。例如，南阳丰泰 M303∶5，泥质灰陶，口径 9.2
厘米、腹径 14.6 厘米、底径 9.2 厘米、高 16 厘米[④]。

B 型　假圈足。根据口部差异分为两个亚型。

Ba 型　盘口。根据口部和足部的变化可以分为 2 式。

Ⅰ式　盘口较深，高足。例如，南阳丰泰墓地 M275∶4，口径 10 厘米、

---

① 襄樊市文物考古研究所、武安铁路复线九里山考古队：《老河口九里山秦汉墓》，科学出版社，2009，第 392 页，图四五三，3。
② 襄樊市文物考古研究所、武安铁路复线九里山考古队：《老河口九里山秦汉墓》，科学出版社，2009，第 286 页，图三三○，1。
③ 襄樊市文物考古研究所、武安铁路复线九里山考古队：《老河口九里山秦汉墓》，科学出版社，2009，第 392 页，图四五三，3。
④ 河南省南阳市文物考古研究所、武汉大学历史学院考古系：《南阳丰泰墓地》，科学出版社，2011，第 99 页，图八五，1。

腹径 14.8 厘米、底径 8 厘米、高 21.4 厘米①。

Ⅱ式　盘口较浅，矮足。例如，南阳丰泰墓地 M356：16，口径 9.2 厘米、腹径 12.2 厘米、底径 7.2 厘米、高 13.8 厘米②。

Ba 型小壶的演变趋势：盘口逐渐变浅，足部逐渐变矮。

Bb 型　敞口。可以分为 3 式。

Ⅰ式　盘口外撇，折沿，高足，束颈。例如，南阳丰泰墓地 M45：7，口径 10.8 厘米、腹径 1 厘 5 厘米、底径 8.8 厘米、高 21.2 厘米③。

Ⅱ式　器形矮胖，矮足。例如，南阳丰泰墓地 M191：2，口径 8.8 厘米、腹径 14.1 厘米、底径 8.8 厘米、高 14 厘米④。

Ⅲ式　盘口较浅，高足。例如，南阳丰泰墓地 M277：4，口径 8.4 厘米、腹径 12.4 厘米、底径 6.4 厘米、高 16.8 厘米⑤。

Bb 型小壶的演变趋势：足部由高变矮，再变高。

5. 陶钫

泥质灰陶，侈口，平折沿，平唇，束颈，溜肩，鼓腹，平底，覆斗状高圈足，上为盝顶盖，盖有四环钮。例如，老河口九里山 M124：1，口长 15.6 厘米、腹边长 22.8 厘米、圈足长 19.2 厘米、体高 42 厘米、通高 49 厘米⑥（表四）。

6. 陶豆

灰褐色，敞口，圆唇，矮柄，中空至盘底，小喇叭口状或覆盘口状圈足。根据盘的不同可以分为两型（表四）。

A 型　浅盘，折沿。根据柄部变化可以分为 2 式。

---

① 河南省南阳市文物考古研究所、武汉大学历史学院考古系：《南阳丰泰墓地》，科学出版社，2011，第 99 页，图八五，4。

② 河南省南阳市文物考古研究所、武汉大学历史学院考古系：《南阳丰泰墓地》，科学出版社，2011，第 100 页，图八六，1。

③ 河南省南阳市文物考古研究所、武汉大学历史学院考古系：《南阳丰泰墓地》，科学出版社，2011，第 99 页，图八五，6。

④ 河南省南阳市文物考古研究所、武汉大学历史学院考古系：《南阳丰泰墓地》，科学出版社，2011，第 99 页，图八五，2。

⑤ 河南省南阳市文物考古研究所、武汉大学历史学院考古系：《南阳丰泰墓地》，科学出版社，2011，第 99 页，图八五，3。

⑥ 襄樊市文物考古研究所、武安铁路复线九里山考古队：《老河口九里山秦汉墓》，科学出版社，2009，第 304 页，图三五二，7。

表四　陶小壶、陶钫、陶豆

分期	陶小壶			陶钫	陶豆		
	A型	B型			A型		B型
		Ba型	Bb型				
第一期		I式（丰M275：4）		（九M124：1）	I式（九124：7）	II式（九M111：8）	（九M56：7）
第二期		II式（丰M356：16）	I式（丰M45：7）　II式（丰M191：2）				
第三期		III式（丰M277：4）					
第四期							
第五期							
第六期	（丰秦M305：5）						
第七期							

Ⅰ式　柄部较为平滑，无装饰。例如，老河口九里山 M124：7，口径 14.4 厘米、圈足径 9.6 厘米、通高 11.6 厘米[①]。

Ⅱ式　柄部有一道凸箍。例如，老河口九里山 M111：8，口径 12 厘米、圈足径 8 厘米、高 10.4 厘米[②]。

B 型　盘较深，弧收。例如，老河口九里山 M56：7，口径 14.8 厘米、圈足径 9 厘米、通高 11.6 厘米[③]。

（二）生活用器

生活用器主要有罐、瓮、釜、甑、鐎斗、茧形壶、盂、博山炉、耳杯、灯等。

1. 陶罐

根据罐整体形制的差异分为两型，即双耳罐和无耳罐。

A 型　双耳罐。根据耳部的差异分为两个亚型。

Aa 型　"鼻"形耳，指流行于南阳地区的"鼻"形双耳，束颈，圆鼓腹，圆底略内凹，个别近平，肩部至中腹部饰间断带状绳纹，下腹及底部饰横、斜交错绳纹。根据器形整体、颈部、腹部和纹饰的变化分为 7 式。

Ⅰ式　口沿略内敛，颈部一般较短且中弧，鼓腹，最大径偏上；如老河口九里山 M32：3，口径 12.4 厘米、腹径 21.6 厘米、底径 6.4 厘米[④]。

Ⅱ式　口部略外侈，颈部较短中弧，鼓腹，最大径位于腹中部；如襄阳王坡 M78：6，泥质褐陶，口径 13.6 厘米、腹径 27.6 厘米、底径 10.4 厘米、高 24.2 厘米[⑤]。

Ⅲ式　平口外侈，尖唇，颈部中弧，鼓腹，最大径位于腹中部；如南

---

① 襄樊市文物考古研究所、武安铁路复线九里山考古队：《老河口九里山秦汉墓》，科学出版社，2009，第 304 页，图三五二，8。

② 襄樊市文物考古研究所、武安铁路复线九里山考古队：《老河口九里山秦汉墓》，科学出版社，2009，第 290 页，图三三四，7。

③ 襄樊市文物考古研究所、武安铁路复线九里山考古队：《老河口九里山秦汉墓》，科学出版社，2009，第 197 页，图二三四，9。

④ 襄樊市文物考古研究所、武安铁路复线九里山考古队：《老河口九里山秦汉墓》，科学出版社，2009，第 424 页，图四八四，2。

⑤ 湖北省文物考古研究所等：《襄阳王坡东周秦汉墓》，科学出版社，2005，第 266 页，图一九七，2。

阳牛王庙墓地 M118:3，口径 15.6 厘米、腹径 28 厘米、高 30 厘米[①]。

Ⅳ式　与前面三式相比器形变大，颈部较直，鼓腹，如南阳丰泰 M387:2，泥质灰陶，口径 11.2 厘米、腹径 28.8 厘米、底径 9.6 厘米、高 28.4 厘米[②]。

Ⅴ式　侈口，颈部短粗，颈部斜收，鼓腹，且壁较直，最大径位于中部偏下；如老河口九里山 M171:9，口径 12.4 厘米、腹径 20.4 厘米、底径 7.2 厘米、高 23 厘米[③]。

Ⅵ式　折沿，沿面外高内低，中间下凹极深，应为承盖之用；如南阳丰泰 M305:9，短颈斜直收，鼓腹，平底，素面，口径 12 厘米、腹径 18 厘米、底径 8.8 厘米、高 21.6 厘米[④]。

Ⅶ式　敞口，方唇，斜腹，平底；如南阳丰泰 M178:4，泥质灰陶，口径 6.8 厘米、腹径 13.2 厘米、底径 6 厘米、高 14.2 厘米[⑤]。

Aa 型双耳罐的演变趋势：口部由内敛渐侈，后变为敞口；颈部由弧渐直，最后呈斜直状；腹部最大径由上逐渐下移，底部由圆底内凹逐渐变为平底。

Ab 型　弓形耳，卷沿鼓腹。根据口沿、颈部和腹部的变化可以分为 2 式。

Ⅰ式　器形整体较小，束颈较弧，耳孔较大，上腹鼓，下腹弧收，最大径在上腹，平底微凹；如襄阳王坡 M86:4，泥质灰陶，口径 10.8 厘米、腹径 22 厘米、底径 12.4 厘米、高 19.4 厘米[⑥]。

Ⅱ式　器形整体相对Ⅰ式较大，颈部斜直较粗，鼓腹，圆肩，耳孔

① 南阳市文物考古研究所：《南阳牛王庙汉墓考古发掘报告》，文物出版社，2011，第 227 页，图一九一，1。
② 河南省南阳市文物考古研究所、武汉大学历史学院考古系：《南阳丰泰墓地》，科学出版社，2011，第 105 页，图八九，6。
③ 襄樊市文物考古研究所、武安铁路复线九里山考古队：《老河口九里山秦汉墓》，科学出版社，2009，第 337 页，图三九〇，3。
④ 河南省南阳市文物考古研究所、武汉大学历史学院考古系：《南阳丰泰墓地》，科学出版社，2011，第 106 页，图九〇，5。
⑤ 河南省南阳市文物考古研究所、武汉大学历史学院考古系：《南阳丰泰墓地》，科学出版社，2011，第 106 页，图九〇，6。
⑥ 湖北省文物考古研究所等：《襄阳王坡东周秦汉墓》，科学出版社，2005，第 269 页，图一九九，4。

小，最大径在腹中部；如襄阳王坡 M162：1，夹砂灰陶，肩部、腹部各饰三四道凹弦纹，口径 13.2 厘米、腹径 25.8 厘米、底径 18.4 厘米、高 23.2 厘米①。

Ab 型双耳罐的演变趋势：器形变大，最大径由上腹移至中腹。

B 型　无耳罐。根据口沿、领部特征可以分为 4 个亚型。

Ba 型　高领折沿罐，斜弧腹、平底。根据颈部、腹部的变化分为 5 式。

Ⅰ式　颈部较长，器形多较扁；如南阳牛王庙 M125：3，口径 13 厘米、高 27 厘米②。

Ⅱ式　腹部较Ⅰ式鼓，其他同Ⅰ式；如南阳牛王庙 M94：1，泥质灰陶，口径 9.4 厘米、高 15.8 厘米③。

Ⅲ式　束颈较长，下腹弧折；如南阳丰泰墓地 M163：2，口径 12.4 厘米、高 18.3 厘米④。

Ⅳ式　束颈较粗，圆肩鼓腹斜内收；如淅川刘家沟口 M51：6，口径 13.6 厘米、高 14 厘米⑤。

Ⅴ式　短颈较直，弧腹下收，平底内凹；如郧县老幸福院 M72：5，口径 10.4 厘米、高 16.6 厘米⑥。

Ba 型陶罐的演变趋势：颈部由长渐短，腹部渐变扁。

Bb 型　矮领无沿罐，多为直口，矮领。根据器底、腹部的变化分为 5 式。

Ⅰ式　溜肩，大平底，弧腹；如南阳丰泰墓地 M385：5，泥质黄灰陶，

---

①　湖北省文物考古研究所等：《襄阳王坡东周秦汉墓》，科学出版社，2005，第269页，图一九九，3。

②　南阳市文物考古研究所：《南阳牛王庙汉墓考古发掘报告》，文物出版社，2011，第236页，图二一〇，1，3。

③　南阳市文物考古研究所：《南阳牛王庙汉墓考古发掘报告》，文物出版社，2011，第187页，图一五六，4。

④　河南省南阳市文物考古研究所、武汉大学历史学院考古系：《南阳丰泰墓地》，科学出版社，2011，第112页，图九五，6。

⑤　河南省文物局：《淅川刘家沟口墓地》，科学出版社，2011，第123页，图一一八，5。

⑥　南水北调中线水源有限责任公司等：《郧县老幸福院墓地》，科学出版社，2007，第133页，图一〇七，14。

口径 18.4 厘米、底径 23.2 厘米、腹径 32 厘米、高 24 厘米①。

Ⅱ式 溜肩，底部较Ⅰ式小，圆腹；如南阳丰泰墓地 M241：1，泥质灰陶，高 22.1 厘米、口径 15.5 厘米、底径 21.5 厘米、腹径 31.5 厘米②。

Ⅲ式 圆肩，底部较Ⅱ式小，斜腹；如南阳丰泰墓地 M293：1，泥质灰陶，口径 18.5 厘米、腹径 33.2 厘米、底径 19.7 厘米、高 26 厘米③。

Ⅳ式 圆肩，形制基本同Ⅲ式，但底部略凹；如南阳丰泰墓地 M149：1，泥质灰陶④。

Ⅴ式 圆肩略耸起，斜腹，平底略内凹，底部较Ⅳ式小；如南阳丰泰墓地 M51：1，泥质灰陶，口径 16.8 厘米、腹径 31.6 厘米、底径 15.2 厘米⑤。

Bb 型陶罐的演变趋势：领部由短渐长，底部逐渐变小，最大径逐渐上移。

Bc 型 无领罐，多数有器盖。根据器盖、底部、器高的变化分为 3 式。

Ⅰ式 器形较扁，最大径在肩部，无盖；如老河口九里山 M88：2，口径 8.8 厘米、腹径 15.2 厘米、底径 7.2 厘米、高 9.6 厘米⑥。

Ⅱ式 器形较窄高，上腹外鼓，下腹弧收，浅盘盖；如老河口九里山 M99：7，底径 8.8 厘米、高 12 厘米⑦。

Ⅲ式 红陶，器形较大，博山盖；如老河口九里山 M63：30，底径 7.2

① 河南省南阳市文物考古研究所、武汉大学历史学院考古系：《南阳丰泰墓地》，科学出版社，2011，第 114 页，图九七，2。
② 河南省南阳市文物考古研究所、武汉大学历史学院考古系：《南阳丰泰墓地》，科学出版社，2011，第 114 页，图九七，3。
③ 河南省南阳市文物考古研究所、武汉大学历史学院考古系：《南阳丰泰墓地》，科学出版社，2011，第 114 页，图九七，4。
④ 河南省南阳市文物考古研究所、武汉大学历史学院考古系：《南阳丰泰墓地》，科学出版社，2011，第 115 页，图九八，3。
⑤ 河南省南阳市文物考古研究所、武汉大学历史学院考古系：《南阳丰泰墓地》，科学出版社，2011，第 115 页，图九八，2。
⑥ 襄樊市文物考古研究所、武安铁路复线九里山考古队：《老河口九里山秦汉墓》，文物出版社，2009，第 243 页，图二八五，3。
⑦ 襄樊市文物考古研究所、武安铁路复线九里山考古队：《老河口九里山秦汉墓》，文物出版社，2009，第 270 页，图三一一，3。

厘米、高 20 厘米[①]。

Bc 型陶罐的演变趋势：底部由大变小，器体由矮渐高，盖由浅盘变为博山。

Bd 型 双领罐，此类罐主要流行于中原地区、长江流域、东南地区等[②]（表五）。

2. 陶瓮

均为短颈、鼓腹，根据口部差异分为两型。

A 型 口部相对较大，一般大于最大径（肩径或腹径）的一半。据肩部、底部的差异可以分为两个亚型（表六）。

Aa 型 灰陶，折肩，鼓腹，圆底，腹部和底部通常饰绳纹。根据腹部的变化分为 4 式。

Ⅰ式 敛口，短颈，深腹，腹部微鼓，下腹弧收；如老河口九里山 M139∶6，泥质灰陶，口径 21 厘米、腹径 35.5 厘米[③]。

Ⅱ式 侈口，束颈稍长，中腹鼓，下腹折收；如老河口九里山 M127∶7，口径 24.4 厘米、腹径 38.8 厘米、高 28.4 厘米[④]。

Ⅲ式 侈口，束颈较短，深腹，垂鼓腹；如老河口九里山 M98∶3，口径 22.8 厘米、腹径 43.2 厘米、高 40.8 厘米[⑤]。

Ⅳ式 近直口，领部较高，中腹偏下外鼓较甚；如老河口九里山 M2∶1，口径 17.6 厘米、腹径 36.8 厘米、高 8 厘米[⑥]。

Aa 型陶瓮的演变趋势：口沿渐长，最大径逐渐下移。

---

① 襄樊市文物考古研究所、武安铁路复线九里山考古队：《老河口九里山秦汉墓》，文物出版社，2009，第 209 页，图二五一，3。

② 此类罐主要流行于汉六朝时期，目前定名较为不统一，有学者称之为"双沿罐"，也有人称之为"双领瓮"。本书将其归入罐类。

③ 襄樊市文物考古研究所、武安铁路复线九里山考古队：《老河口九里山秦汉墓》，文物出版社，2009，第 428 页，图四八八，1。

④ 襄樊市文物考古研究所、武安铁路复线九里山考古队：《老河口九里山秦汉墓》，文物出版社，2009，第 428 页，图四八八，2。

⑤ 襄樊市文物考古研究所、武安铁路复线九里山考古队：《老河口九里山秦汉墓》，文物出版社，2009，第 428 页，图四八八，6。

⑥ 襄樊市文物考古研究所、武安铁路复线九里山考古队：《老河口九里山秦汉墓》，文物出版社，2009，第 428 页，图四八八，5。

表五　陶罐

分期	A型		B型			
	Aa型	Ab型	Ba型	Bb型	Bc型	Bd型
第一期	I式（九 M32：3）					
第二期	II式（王 M78：6）		I式（牛 M125：3）	I式（丰 M385：5）	I式（九 M88：2）	
第三期	III式（牛 M118：3）	I式（王 M86：4）	II式（牛 M94：1）	II式（丰 M241：1）	II式（九 M99：7）	
第四期	IV式（丰 M387：2）	II式（王 M162：1）	III式（丰 M163：2）	III式（丰 M293：1）		
第五期	V式（九 M171：9）		IV式（刘 M51：6）	IV式（丰 M149：1）	III式（九 M63：30）	
第六期	VI式（丰 M305：9）		V式（幸 M72：5）	V式（丰 M51：1）		
第七期	VII式（丰 M178：4）					

　　Ab 型　整体较矮胖，平底微凹，多为素面，少量饰绳纹。据颈部、肩部和腹部的变化分为 5 式。

　　I 式　器形较大，侈口，折沿，束颈极短，斜折肩，最大径在肩部；

如老河口九里山 M111：7，口径 18.8 厘米、腹径 30.4 厘米、底径 16 厘米、高 21.4 厘米[①]。

Ⅱ式 器形相对较小，侈口，溜肩，中腹鼓，以下弧收；如老河口九里山 M182：4，口径 22.8 厘米、腹径 39.6 厘米、底径 24 厘米、高 27.2 厘米[②]。

Ⅲ式 器形相对较小，侈口，上腹鼓，以下弧收；如老河口九里山 M89：8，口径 24 厘米、腹径 44 厘米、底径 22.4 厘米[③]。

Ⅳ式 器形较Ⅲ式稍大，微敛口，折沿，溜肩，上腹鼓，以下弧收；如老河口九里山 M69：5，口径 18 厘米、腹径 36.4 厘米、底径 18 厘米[④]。

Ⅴ式 肩部稍厚，斜肩，弧腹下收，平底略内凹；如郧县老幸福院 M5：1，口径 20.8 厘米、腹径 38 厘米、底径 21 厘米、高 26.8 厘米[⑤]。

Ab 型陶瓮的演变趋势：肩部由折肩逐渐变为圆肩。

B 型 口部相对较小（小口瓮），一般小于最大径（肩径或腹径）的一半。根据肩部变化分为 3 式。

Ⅰ式 折沿，广肩，小平底，肩部不饰绳纹；如南阳牛王庙汉墓 M1：1，口径 15.5 厘米、腹径 35.5 厘米、底径 14.5 厘米[⑥]。

Ⅱ式 器形相对较矮，肩部饰绳纹；如南阳牛王庙 M40：1，口径 15.2 厘米、肩径 40.8 厘米、高 36 厘米[⑦]。

Ⅲ式 器形瘦高，腹部多斜直；如南阳牛王庙 M32：3，侈口，下腹内

---

① 襄樊市文物考古研究所、武安铁路复线九里山考古队：《老河口九里山秦汉墓》，文物出版社，2009，第 429 页，图四八九，1。
② 襄樊市文物考古研究所、武安铁路复线九里山考古队：《老河口九里山秦汉墓》，文物出版社，2009，第 430 页，图四九〇，2。
③ 襄樊市文物考古研究所、武安铁路复线九里山考古队：《老河口九里山秦汉墓》，文物出版社，2009，第 430 页，图四九〇，8。
④ 襄樊市文物考古研究所、武安铁路复线九里山考古队：《老河口九里山秦汉墓》，文物出版社，2009，第 430 页，图四九〇，4。
⑤ 南水北调中线水源有限责任公司等：《郧县老幸福院墓地》，科学出版社，2007，第 135 页，图一〇八，3。
⑥ 南阳市文物考古研究所：《南阳牛王庙汉墓考古发掘报告》，文物出版社，2011，第 8 页，图四，1，5。
⑦ 南阳市文物考古研究所：《南阳牛王庙汉墓考古发掘报告》，文物出版社，2011，第 90 页，图六八，3。

凹，口径 10.4 厘米、肩颈 31 厘米、底径 14 厘米①。

B 型陶瓮的演变趋势：肩部由圆弧向折腹转变。

3. 鐎斗

上部为泥质陶，下部夹砂陶，溜肩，扁鼓腹，凸圆底，底部饰绳纹，肩部有柱状握柄。根据底部有无足可以分为两型（表六）。

A 型　无足。根据颈部、腹部的变化分为 3 式。

Ⅰ式　口部为侈，短领，一侧有流，一侧空心柄；如老河口九里山 M50：12②。

Ⅱ式　侈口，束颈较长，无流，一侧有筒状柄；如老河口九里山 M192：2③。

Ⅲ式　侈口，束颈较短，无流，圆底近平；如老河口九里山 M136：9④。

B 型　有足；如老河口九里山 M139：9，侈口，束颈，圆鼓腹，圆底，三小锥状足⑤。

4. 茧形壶

数量不多，均为泥质灰陶，平折沿，束颈，腹部呈茧形，浅宽圈足；如襄阳王坡 M112：5，高 28.2 厘米、口径 11.6 厘米、圈足 10 厘米⑥（表六）。

5. 细颈壶

南阳人民北路 M1：21，红陶施釉，长颈，圆鼓腹，喇叭形圈足，高 23.6 厘米⑦（表六）。

---

① 南阳市文物考古研究所：《南阳牛王庙汉墓考古发掘报告》，文物出版社，2011，第 72 页，图五四，1，2。

② 襄樊市文物考古研究所、武安铁路复线九里山考古队：《老河口九里山秦汉墓》，文物出版社，2009，第 480 页，图四八〇，5。

③ 襄樊市文物考古研究所、武安铁路复线九里山考古队：《老河口九里山秦汉墓》，文物出版社，2009，第 480 页，图四八〇，7。

④ 襄樊市文物考古研究所、武安铁路复线九里山考古队：《老河口九里山秦汉墓》，文物出版社，2009，第 480 页，图四八〇，8。

⑤ 襄樊市文物考古研究所、武安铁路复线九里山考古队：《老河口九里山秦汉墓》，文物出版社，2009，第 480 页，图四八〇，8。

⑥ 湖北省文物考古研究所等：《襄阳王坡东周秦汉墓地》，科学出版社，2005，第 274 页，图二〇四，1。

⑦ 南阳市文物考古研究所：《南阳市人民北路汉墓发掘简报》，《华夏考古》1999 年第 3 期，第 56 页，图四。

表六　陶瓮、鐎斗、茧形壶、细颈壶

分期	陶瓮 A型 Aa型	陶瓮 A型 Ab型	陶瓮 B型	鐎斗 A型	鐎斗 B型	茧形壶	细颈壶
第一期	I式（九M139：6）		I式（牛M1：1）	I式（九M50：12）		（王M112：5）	（南阳人民北路 M1：21）
第二期	II式（九M127：7）	II式（九M182：4）	II式（牛M40：1）	II式（九M192：2）			
第三期	III式（九M98：3）	III式（九M89：8）	III式（牛M32：3）	III式（九M136：9）	（九M139：9）		
第四期	IV式（九M2：1）						
第五期		IV式（九M69：5）					
第六期		V式（辛M5：1）					
第七期							

6. 陶釜

上部多泥质，下腹多夹砂灰褐陶，鼓腹，凸圆底，肩部、上腹多饰竖绳纹，下腹及底满饰绳纹。根据有无耳的差异可以分为两型（表七）。

A 型　无耳。根据有无领分为两个亚型。

Aa 型　侈口，束颈。根据颈部和腹部变化分为 2 式。

Ⅰ式　整体较胖，颈部稍长，扁鼓腹；如老河口九里山 M124∶13，高 15.4 厘米、腹径 24 厘米[1]。

Ⅱ式　较Ⅰ式胖，颈部极短，垂鼓腹；如老河口九里山 M24∶3，高 14.6 厘米、腹径 19.6 厘米[2]。

Ab 型　泥质灰陶，敛口，溜肩，扁鼓腹；如老河口九里山 M188∶1，高 12 厘米[3]。

B 型　有耳，基本形制同 A 型。根据耳部的变化，分为 2 式。

Ⅰ式　肩有对称的牛鼻耳，扁鼓腹；如老河口九里山 M51∶1，高 17.4 厘米、腹径 23.2 厘米[4]。

Ⅱ式　肩有对称的弓形耳，扁鼓腹；如老河口九里山 M155∶3[5]。

7. 陶鍪

上部泥质，下部夹砂陶，个别红陶，侈口，束颈，双耳，鼓腹，大多为凸圆底，中部及底部均饰绳纹。根据耳的情况分为两型（表七）。

A 型　弓形耳。根据颈部和腹部变化分为 4 式。

Ⅰ式　整体矮胖，颈部细长，扁圆腹，圆底稍尖凸；如老河口九里山 M56∶2，口径 12 厘米、腹径 19.2 厘米、高 15.8 厘米[6]。

---

① 襄樊市文物考古研究所、武安铁路复线九里山考古队：《老河口九里山秦汉墓》，文物出版社，2009，第 304 页，图三五二，12。

② 襄樊市文物考古研究所、武安铁路复线九里山考古队：《老河口九里山秦汉墓》，文物出版社，2009，第 133 页，图一五八，2。

③ 襄樊市文物考古研究所、武安铁路复线九里山考古队：《老河口九里山秦汉墓》，文物出版社，2009，第 386 页，图四四五。

④ 襄樊市文物考古研究所、武安铁路复线九里山考古队：《老河口九里山秦汉墓》，文物出版社，2009，第 189 页，图二二六，3。

⑤ 襄樊市文物考古研究所、武安铁路复线九里山考古队：《老河口九里山秦汉墓》，文物出版社，2009，第 417 页，图四七八，9。

⑥ 襄樊市文物考古研究所、武安铁路复线九里山考古队：《老河口九里山秦汉墓》，文物出版社，2009，第 197 页，图二三四，6。

Ⅱ式 整体瘦高，颈稍细，圆鼓腹，圆底稍凸；如老河口九里山M191:3，腹径20.4厘米、高19.2厘米[1]。

Ⅲ式 颈部较为粗短，腹部微垂；如老河口九里山M95:1，腹径25.2厘米、高19.6厘米[2]。

Ⅳ式 形制和Ⅲ式基本相似，腹部较垂，如老河口九里山M1:1，腹径24.8厘米、高24厘米[3]。

A型陶鍪的演变趋势：颈部由细长逐渐变短粗，腹部由扁鼓腹向垂鼓腹演变。

B型 牛鼻耳，整体较高，短粗颈，近尖圆底。如老河口九里山M152:4[4]（表七）。

（三）模型明器

主要有仓、灶、井（包括汲水器）、磨、圈厕等。

1. 仓

泥质灰陶为主，泥质红陶次之，红陶表面多施釉，大多为圆筒腹部。根据有无足可以分为二型（表八）。

A型 平底无足，敛口。根据器身有无纹饰可以分为三个亚型。

Aa型 自颈部以下均饰绳纹，间五道凹弦纹。根据腹部变化分为2式。

Ⅰ式 腹部较深，近直；如襄阳王坡墓地M156:4，高24.4厘米、口径9.2厘米、腹径15.6厘米、底径15厘米[5]。

Ⅱ式 腹部较浅，微鼓腹；如襄阳王坡墓地M162:2，泥质黑衣陶，

① 襄樊市文物考古研究所、武安铁路复线九里山考古队：《老河口九里山秦汉墓》，文物出版社，2009，第390页，图四五一，3。
② 襄樊市文物考古研究所、武安铁路复线九里山考古队：《老河口九里山秦汉墓》，文物出版社，2009，第261页，图三○二，1。
③ 襄樊市文物考古研究所、武安铁路复线九里山考古队：《老河口九里山秦汉墓》，文物出版社，2009，第113页，图一二六，1。
④ 襄樊市文物考古研究所、武安铁路复线九里山考古队：《老河口九里山秦汉墓》，文物出版社，2009，第419页，图四八○，4。
⑤ 湖北省文物考古研究所等：《襄阳王坡东周秦汉墓》，科学出版社，2005，第284页，图二一二，2。

表七　陶釜、陶鍪、陶楼

分期	陶釜 A型 Aa型	陶釜 A型 Ab型	陶釜 B型	陶鍪 A型	陶鍪 B型	陶楼
第一期	Ⅰ式（九 M124：13）		Ⅰ式（九 M51：1）	Ⅰ式（九 M56：2）		
第二期	Ⅱ式（九 M24：3）	（九 M188：1）	Ⅱ式（九 M155：3）	Ⅱ式（九 M191：3）	（九 M152：4）	
第三期				Ⅲ式（九 M95：1）		
第四期				Ⅳ式（九 M1：1）		（襄樊贾巷 M10：1）
第五期						
第六期						
第七期						

高 20.4 厘米、腹径 19.2 厘米①。

Aa 型仓的演变趋势：腹部由深渐浅，由直腹渐微鼓。

Ab 型　素面，敛口，折肩，多数承有博山盖。根据腹部和仓门的变化可以分为 4 式。

Ⅰ式　直筒腹，近底处有一至两个长方形镂孔或刻槽象征仓门；如南阳丰泰墓地 M127：5，博山盖，身高 34 厘米、盖高 6.8 厘米②。

Ⅱ式　器形较Ⅰ式矮，下腹近底处有一圆孔象征仓门；如南阳丰泰墓地 M307：2，高 34 厘米、盖高 6 厘米③。

Ⅲ式　器形较瘦，小口，腹部斜收；如南阳丰泰墓地 M149：9，高 30.6 厘米、盖高 6.2 厘米④。

Ⅳ式　较矮，广肩，斜腹，平底略内凹；如南阳丰泰墓地 M62：15，高 20 厘米、腹径 26 厘米、底径 13.1 厘米⑤。

Ab 型仓的演变趋势：直筒腹逐渐变为斜弧腹。

Ac 型　器形与前二型差异较大，敛口，方唇，广圆肩，平底微凹，肩部有一周篦点弦纹；如南阳丰泰 M62：51，泥质灰陶，器表打磨光滑呈黑色，高 20 厘米、口径 11.5 厘米、腹径 26 厘米、底径 13.1 厘米⑥。

B 型　平底有 3 足，主要是凹弦纹。根据腹部和仓门的变化分为 2 式。

Ⅰ式　直筒腹，长方形门，两边模印有门闩；如南阳丰泰 M266：4，高 36.8 厘米、口径 8.8 厘米、底径 16 厘米⑦。

---

① 湖北省文物考古研究所等：《襄阳王坡东周秦汉墓地》，科学出版社，2005，第 284 页，图二一二，1。

② 河南省南阳市文物考古研究所、武汉大学历史学院考古系：《南阳丰泰墓地》，科学出版社，2011，第 135 页，图一一二，2。

③ 河南省南阳市文物考古研究所、武汉大学历史学院考古系：《南阳丰泰墓地》，科学出版社，2011，第 135 页，图一一二，6。

④ 河南省南阳市文物考古研究所、武汉大学历史学院考古系：《南阳丰泰墓地》，科学出版社，2011，第 135 页，图一一二，8。

⑤ 河南省南阳市文物考古研究所、武汉大学历史学院考古系：《南阳丰泰墓地》，科学出版社，2011，第 136 页，图一一三，2。

⑥ 河南省南阳市文物考古研究所、武汉大学历史学院考古系：《南阳丰泰墓地》，科学出版社，2011，第 136 页，图一一三，2。

⑦ 河南省南阳市文物考古研究所、武汉大学历史学院考古系：《南阳丰泰墓地》，科学出版社，2011，第 135 页，图一一二，10。

Ⅱ式　腹部微斜，下腹近底处有一圆孔象征仓门；如南阳丰泰 M362：14，小口，平底三熊形足，高 37.6 厘米、底径 16 厘米①。

2. 井

根据有无底的情况可以分为二型（表八）。

A 型　有底，除个别为平底外，均微有凹底。根据颈部的特征分为二个亚型。

Aa 型　束颈，翻折沿。根据陶色、口部、颈部和整体的变化分为 4 式。

Ⅰ式　灰陶，整体较为矮小，口沿较短，颈部极短，上腹微鼓；如老河口九里山 M106：4，高 11.4 厘米②。

Ⅱ式　红褐陶，整体较矮胖，颈部较长且中弧；如老河口九里山 M99：8，高 12.6 厘米、腹径 16.4 厘米③。

Ⅲ式　红陶，整体较矮胖，颈部较Ⅱ式长，平底内凹；如老河口九里山 M63：3，高 12.6 厘米、腹径 13 厘米④。

Ⅳ式　红陶外施黄褐釉，井沿上有长方形井架，其他与Ⅲ式基本相似；如南阳牛王庙 M2：4，高 16.8 厘米⑤。

Aa 型陶井的演变趋势：泥质灰陶逐渐为红陶，颈部逐渐变长且内弧更甚，晚期多有井架。

Ab 型　直壁。根据井沿的形状变化分为 2 式。

Ⅰ式　井筒呈直筒状，井沿较薄，平面为圆形；如南阳丰泰墓地 M18：7，高 11.8 厘米⑥。

---

① 河南省南阳市文物考古研究所、武汉大学历史学院考古系：《南阳丰泰墓地》，科学出版社，2011，第 135 页，图一一二，11。

② 襄樊市文物考古研究所、武安铁路复线九里山考古队：《老河口九里山秦汉墓》，文物出版社，2009，第 441 页，图四九九，2。

③ 襄樊市文物考古研究所、武安铁路复线九里山考古队：《老河口九里山秦汉墓》，文物出版社，2009，第 441 页，图四九九，9。

④ 襄樊市文物考古研究所、武安铁路复线九里山考古队：《老河口九里山秦汉墓》，文物出版社，2009，第 441 页，图四九九，14。

⑤ 南阳市文物考古研究所：《南阳牛王庙汉墓考古发掘报告》，文物出版社，2011，第 11 页，图六，2。

⑥ 河南省南阳市文物考古研究所、武汉大学历史学院考古系：《南阳丰泰墓地》，科学出版社，2011，第 144 页，图一一八，3。

表八 陶仓、陶井

分期	陶仓				陶井		
	A 型			B 型	A 型		B 型
	Aa 型	Ab 型	Ac 型		Aa 型	Ab 型	
第一期							
第二期	I 式（王M156：4）				I 式（九M106：4）		I 式（九M172：1）
第三期	II 式（九M162：2）	I 式（丰M127：5）		I 式（丰M266：4）	II 式（九M99：8）		
第四期		II 式（丰M307：2）		II 式（丰M362：14）	III 式（九M63：3）		II 式（九M92：12）
第五期		III 式（丰M149：9）			I 式（丰M18：7）		
第六期					IV 式（牛M2：4）	II 式（丰M208：1）	
第七期		IV 式（丰M62：15）	（丰M62：51）				

II 式 直筒状壁，方形井栏；如南阳丰泰墓地 M208：1，泥质红陶，高 12.6 厘米[①]。

[①] 河南省南阳市文物考古研究所、武汉大学历史学院考古系：《南阳丰泰墓地》，科学出版社，2011，第 144 页，图一一八，7。

Ab 型陶井的演变趋势：井沿由圆形演变为方形。

B 型　无底，多为灰陶，敛口，平折沿，口小底大。根据井沿和器身的变化分为 2 式。

Ⅰ式　整体较高，口沿窄，弧壁外扩；如老河口九里山 M172：1，高 14 厘米、腹径 14 厘米①。

Ⅱ式　整体较矮胖，口沿略较Ⅰ式宽；如老河口九里山 M92：12，下腹呈波曲状，高 12 厘米②。

B 型陶井的演变趋势：器身逐渐变矮，口沿由窄渐宽。

3. 灶

有泥质灰陶和泥质红陶两种。根据灶的平面形状分为二型（表九）。

A 型　平面为马蹄形。根据其形制的变化分为 3 式。

Ⅰ式　灶面平面近为半椭圆，一个火眼；如新野樊集 M25：6，长 17.5 厘米、高 6.7 厘米③。

Ⅱ式　灶面前方后圆，2 个火眼；如老河口九里山 M12：1，泥质灰陶，长 24.5 厘米、高 5.8 厘米④。

Ⅲ式　灶面与Ⅱ式相近，但后端置一烟囱，两个火眼；如老河口九里山 M98：11，泥质灰陶，长 28.4 厘米、高 9 厘米⑤。

A 型陶灶的演变趋势：灶面逐渐加长，火眼由一个增加为两个。

B 型　灶面的平面为长方形。根据有无挡板（防火墙）分为二个亚型。

Ba 型　无挡板。依据火眼数量分为 2 式。

Ⅰ式　两个火眼；如新野樊集 M9：13，立体长方形，长 19.6 厘米、高 6.1 厘米⑥。

---

① 襄樊市文物考古研究所、武安铁路复线九里山考古队：《老河口九里山秦汉墓》，文物出版社，2009，第 342 页，图三九四，3。
② 襄樊市文物考古研究所、武安铁路复线九里山考古队：《老河口九里山秦汉墓》，文物出版社，2009，第 254 页，图二九四，8。
③ 南阳市文物考古研究所编《南阳汉代画像砖》，文物出版社，1990，第 24 页，图二三，1。
④ 襄樊市文物考古研究所、武安铁路复线九里山考古队：《老河口九里山秦汉墓》，文物出版社，2009，第 121 页，图一四〇，5。
⑤ 襄樊市文物考古研究所、武安铁路复线九里山考古队：《老河口九里山秦汉墓》，文物出版社，2009，第 266 页，图三〇七，1。
⑥ 南阳市文物考古研究所编《南阳汉代画像砖》，文物出版社，1990，第 24 页，图二三，5。

表九　陶灶、圈厕

分期	陶灶			圈厕		
	A型	B型 Ba型	B型 Bb型	A型 Aa型	A型 Ab型	B型
第一期						
第二期	I式（新野樊集 M25：6）	I式（新野樊集 M9：13）				
第三期	II式（九 M12：1）	II式（九 M119：2）	I式（九 M132：7）	I式（王 M163：24）		
第四期	III式（九 M98：11）		II式（九 M168：7）	II式（王 M173：12）	（淅川东沟长岭 M50：3）	（南阳市人民北路 M1：16）
第五期			III式（王 M172：2）			
第六期						
第七期						

107

Ⅱ式　三个火眼；如老河口九里山 M119∶2，泥质灰陶，长 29 厘米、高 13.6 厘米[①]。

Ba 型陶灶的演变趋势：灶眼从一大一小逐渐演变为两个同大，最后三个直径同大。

Bb 型　有挡板。根据附属器物、陶色情况分为 3 式。

Ⅰ式　双火眼，前端有挡板；如老河口九里山 M132∶7，泥质褐陶，长 29.2 厘米、通高 26.4 厘米[②]。

Ⅱ式　三个火眼，前、后端都有挡板；如老河口九里山 M168∶7，泥质红陶，长 28.4 厘米、高 15.4 厘米[③]。

Ⅲ式　基本同Ⅱ式，但灶体很不规则，灶与釜连体；如襄阳王坡 M172∶2，长 21.6 厘米、高 7.4 厘米[④]。

Bb 型陶灶的演变趋势：灶眼由两个演变为三个，从只有前端有挡板到两端均有挡板。灶与附属物从分离变为连体。

4. 圈厕

由圈、厕、陶猪三部分组成，有些会在圈上附加一些建筑。根据整体结构的差异分为二型（表九）。

A 型　有厕。根据平面形状的不同分为二个亚型。

Aa 型　平面为方形。根据陶色和装饰的变化分为 2 式。

Ⅰ式　泥质红陶，平面为方形，四周围圈栏，一角设方形陶屋，四面坡式屋顶，顶部有瓦垄状；如襄阳王坡 M163∶4，高 21.6 厘米、长 21.6 厘米、宽 20 厘米[⑤]。

Ⅱ式　泥质红胎，表面饰褐釉，栏上两侧各悬空搭设侧屋一个，形

① 襄樊市文物考古研究所、武安铁路复线九里山考古队：《老河口九里山秦汉墓》，文物出版社，2009，第 297 页，图三四二，1。

② 襄樊市文物考古研究所、武安铁路复线九里山考古队：《老河口九里山秦汉墓》，文物出版社，2009，第 316 页，图三六五，6。

③ 襄樊市文物考古研究所、武安铁路复线九里山考古队：《老河口九里山秦汉墓》，文物出版社，2009，第 371 页，图四二六，4。

④ 湖北省文物考古研究所等：《襄阳王坡东周秦汉墓》，科学出版社，2005，第 364 页，图二六八，3。

⑤ 湖北省文物考古研究所等：《襄阳王坡东周秦汉墓》，科学出版社，2005，第 372 页，图二七四，2。

状、大小相同，四面坡式屋顶；如襄阳王坡 M173：12，圈厕高 25.6 厘米、长 28 厘米、宽 33.4 厘米[①]。

Ab 型　平面近圆形；如淅川东沟长岭 M50：3，红釉陶，直壁，平底，圈厕一角有圆形小房子，屋顶为四面坡式，有瓦楞[②]（表九）。

B 型　仓楼式圈厕；如南阳市人民北路 M1：16，泥质红陶施黄褐釉，平面为长方形，前部为院子，后部为房舍，屋顶为四阿式顶，上模印有瓦楞，院子内部有一陶猪，圈厕高 54 厘米、宽 20 厘米、长 40.4 厘米[③]。

5. 陶楼建筑

襄樊贾巷 M10：1，泥质红陶，每层平面为正方形，立面为梯形，正面设门，侧面、背面开窗，四面坡式顶，四角起脊，脊下有叶状吻，四面雕成瓦楞状，外壁施绿釉，高约 90 厘米[④]（表七）。

6. 陶磨

一般由磨盘、下扇、上扇三部分组成，整体为圆形。根据磨盘有无足的差异分为二型（表一〇）。

A 型　盘底无足，平底。根据下扇和磨盘的变化可以分为 2 式。

Ⅰ式　下扇略高于磨盘，平底；如襄阳王坡 M173：13，器表饰青釉，高 7.4 厘米、磨盘直径 18.8 厘米[⑤]。

Ⅱ式　下扇高出磨盘较多，平底；如襄阳王坡 M174：24，上扇施绿釉，下扇施黄绿釉，高 9.5 厘米、磨盘直径 17.6 厘米[⑥]。

A 型陶磨演变趋势：下扇由略高于磨盘到高出较多。

B 型　盘底有足，足通常与磨盘合筑而成。根据足部纹饰的不同可以分为二个亚型。

---

① 湖北省文物考古研究所等：《襄阳王坡东周秦汉墓》，科学出版社，2005，第 372 页，图二七四，1。
② 河南省文物局编《淅川东沟长岭楚汉墓》，科学出版社，2011，第 299 页，图二三五，1。
③ 南阳市文物研究所：《南阳市人民北路汉墓发掘简报》，《华夏考古》1999 年第 3 期，第 55 页，图三。
④ 襄樊市文物考古研究所：《襄樊贾巷墓地发掘报告》，载于《襄樊考古文集》（第一辑），第 321 页，图二一，1。
⑤ 湖北省文物考古研究所等：《襄阳王坡东周秦汉墓》，科学出版社，2005，第 371 页，图二七三，5。
⑥ 湖北省文物考古研究所等：《襄阳王坡东周秦汉墓》，科学出版社，2005，第 371 页，图二七三，2。

Ba 型　蹄形足；如南阳丰泰墓地 M65∶11，夹细沙灰陶，高 14.4 厘米、磨盘直径 20.8 厘米①。

Bb 型　熊形足；如南阳丰泰墓地 M362∶9，泥质红胎，器表施釉，高 14.4 厘米、磨盘口径 19.6 厘米②。

7. 杯

主要是指双耳杯③。根据器耳与器口的关系差异分为二型（表一〇）。

A 型　耳杯器耳与器口相平。根据双耳形制变化分为 2 式。

Ⅰ式　椭圆形，敞口，双耳上仰，弧腹内收，平底；如老河口九里山 M47∶19，口长 10 厘米、高 4.4 厘米④。

Ⅱ式　基本形制同Ⅰ式，但双耳平折；如南阳丰泰 M12∶23，器形较小，高 2.5 厘米⑤。

B 型　器耳低于口沿；如南阳丰泰墓地 M84∶7，灰陶，内涂朱，高 3.4 厘米⑥。

8. 案

发现数量较少；如杨官寺汉画像石墓出土 9 件，泥质红陶，长方形浅盘，中间稍微鼓起，底部两端有一凸起的横带，四足，长 24.5～25 厘米、宽 13.2～13.5 厘米、高 7.2～7.6 厘米⑦（表一〇）。

---

① 河南省南阳市文物考古研究所、武汉大学历史学院考古系：《南阳丰泰墓地》，科学出版社，2011，第 149 页，图一二一，8。

② 河南省南阳市文物考古研究所、武汉大学历史学院考古系：《南阳丰泰墓地》，科学出版社，2011，第 151 页，图一二二，1。

③ 这种"杯"，学界一般冠以"耳杯"之名，也有称其为"羽觞"者。但事实上，我们称之为"杯"也有考古证据，如河南信阳长台关 M1 出土的物疏简 2－220，载有"其木器：杯豆三十，杯三十"，据研究这种杯应该是指双耳的杯；同样西汉的长沙马王堆 M1 出土的物疏简上也载有"幸酒杯十五"，此类等等，所以这种带耳杯还是称为"杯"是正确的，见洪石《东周至晋代墓所出物疏简牍及其相关问题》，《考古》2001 年第 9 期。

④ 襄樊市文物考古研究所、武安铁路复线九里山考古队：《老河口九里山秦汉墓》，文物出版社，2009，第 182 页，图二一九，11。

⑤ 河南省南阳市文物考古研究所、武汉大学历史学院考古系：《南阳丰泰墓地》，科学出版社，2011，第 130 页，图一〇九，1。

⑥ 河南省南阳市文物考古研究所、武汉大学历史学院考古系：《南阳丰泰墓地》，科学出版社，2011，第 130 页，图一〇九，3。

⑦ 河南省文化局文物工作队：《河南南阳杨官寺汉画像石墓发掘报告》，《考古学报》1963 年第 1 期，第 131 页，图一九，2。

表一〇 陶磨、杯、案、盘、陶狗、人物俑

分期	陶磨				案	盘	杯	陶狗	人物俑
	A 型	B 型							
		Ba 型	Bb 型						
第一期									
第二期									
第三期									
第四期									
第五期	I 式（王 M173: 13）	（丰 M65: 11）	（丰 M362: 9）	（杨官寺汉画像石墓-50）	（桑园路 M3: 1）	A 型 I 式（九 M47: 19） A 型 II 式（丰 M12: 23） B 型（丰 M84: 7）	A 型（王 M163: 17） B 型（王 M174: 13）	A 型（丰 M325: 1、3） A 型（王 M174: 4） B 型（私营企业开发区 M132）
第六期	II 式（王 M174: 24）							
第七期									

9. 盘

泥质陶，如南阳桑园路 M3：1（表一〇）。

下面主要为俑类，该区墓葬出土陶俑主要有动物俑和人物俑两大类，其中动物主要有狗、猪、鸡、鸭、鹅、鸽、牛等，其中陶猪主要和圈厕一起；人物俑的姿态和形象相对较复杂。这些陶俑的个体均较小，应为模型明器。

10. 陶狗

形象很逼真，据身体姿态，可以分为二型（表一〇）。

A 型　卧伏式，四肢蜷曲卧地，仰脖，侧首，双耳竖立，嘴微张，盘尾，腹中空；如襄阳王坡 M163：17，泥质红胎，部分部位施釉，长 33.2 厘米、高 23.2 厘米[①]。

B 型　站立状，昂首前望，嘴微张，两耳竖立，眼圆睁，短尾盘翘，颈部和前胸系带，腹中空；如襄阳王坡 M174：13，长 28.4 厘米、高 26厘米[②]。

11. 人物俑

该区发现数量较少，俑姿态和形象较为丰富，本书根据俑形象所体现的人种形象的不同，分为二型（表一〇）。

A 型　汉人俑。有站立者和坐者两种，其中站立者手中多持卮，或提篮捧盒[③]。坐者多无持物，如襄阳王坡墓地 M174：4[④]。

B 型　胡人俑。总计发现 4 件，如南阳东苑私营企业开发区画像石墓M132 出土的人物俑，泥质灰陶，圆首光头，深目高鼻，蓬胡，下颌上翘，着短衣紧身裤尖头靴，高 78 厘米[⑤]。

---

① 湖北省文物考古研究所等：《襄阳王坡东周秦汉墓》，科学出版社，2005，第 374 页，图二七六，4。
② 湖北省文物考古研究所等：《襄阳王坡东周秦汉墓》，科学出版社，2005，第 374 页，图二七六，1。
③ 河南省南阳市文物考古研究所、武汉大学历史学院考古系：《南阳丰泰墓地》，科学出版社，2011，第 157 页，图一七二。
④ 湖北省文物考古研究所等：《襄阳王坡东周秦汉墓》，科学出版社，2005，第 373 页，图二七五，3。
⑤ 李伟男、李黎东：《南阳市新发现东汉胡奴陶俑》，《华夏考古》1999 年第 3 期，第 109页，图一。

12. 陶钱

南阳丰泰墓地发现 359 枚，主要有五铢、大泉五十、无字钱三种，五铢钱最多，多为冥币。

A 型　五铢，圆形圆孔，面背有内外郭，内郭方形，一面为阳线，一面为阴线。两面外郭皆阴线。在阴线内郭一面模印阴文"五铢"二字，"五"字一般较为清晰，"铢"字多不见，如南阳丰泰 M7：2－1，直径 2.3 厘米[1]。

B 型　大泉五十，圆形圆孔，内外有阴线郭，一面阴文"大泉五十"，如南阳丰泰 M289：3－1，直径 2.5 厘米、穿宽 0.6 厘米、厚 0.9 厘米[2]。

C 型　无字，圆形圆孔，有内郭。直径 2.3～2.7 厘米、厚 1～1.2 厘米[3]，未见图，仅见文字报道。

二　硬陶、高温釉陶、瓷器

（一）硬陶

南阳地区汉墓出土的硬陶主要有罐、瓮两类。

1. 罐

见于老河口九里山墓地、南阳市区。根据口沿的差异分为二型（表一一）。

A 型　双沿，溜肩，腹部弧收，承弧形顶盖，肩部以下拍印方格纹，如老河口九里山 M74：2[4]。

B 型　直口，平折沿，高领，平底，如南阳审计局 M69：23[5]。

---

[1] 河南省南阳市文物考古研究所、武汉大学历史学院考古系：《南阳丰泰墓地》，科学出版社，2011，第 195 页，图一五一，11。

[2] 河南省南阳市文物考古研究所、武汉大学历史学院考古系：《南阳丰泰墓地》，科学出版社，2011，第 195 页，图一五一，12。

[3] 河南省南阳市文物考古研究所、武汉大学历史学院考古系：《南阳丰泰墓地》，科学出版社，2011，第 197 页。

[4] 襄樊市文物考古研究所、武安铁路复线九里山考古队：《老河口九里山秦汉墓》，文物出版社，2009，第 466 页，图五〇五。

[5] 南阳张仲景博物馆、南阳市文物考古研究所：《南阳市审计局汉墓发掘简报》，《中原文物》2011 年第 4 期，图五，13。

表一一 印纹硬陶、高温釉陶、瓷器

分期	硬 陶		高温釉陶		瓷 器				壶
	罐		盉	壶	罐				
	A 型	B 型			Aa 型	Ab 型	B 型		
第一期									
第二期									
第三期	（九M74: 2）	（审计局 M69: 23）							（南阳嘉丰汽修厂 M1: 19）
第四期				A 型（丰 M83: 1）					
第五期			I 式（王 M174: 22）	B 型（丰 M65: 14）					
第六期			II 式（王 M172: 7）		I 式（王 M172: 2）				
第七期					II 式（王 M172: 3） III 式（丰 M15: 1）	II 式（丰 M84: 6）	（丰 M84: 8）		

2. 瓮

主要见于襄阳王坡墓地，可以分为2式（表一一）。

Ⅰ式　灰褐胎，表面施釉，器表拍印方格纹，如襄阳王坡墓地 M174：22，高35.2厘米[①]。

Ⅱ式　灰胎，表面饰褐釉，肩部有四系，器身饰网格纹，如襄阳王坡 M172：7，高37.6厘米[②]。

（二）高温釉陶

仅见壶一类，数量不多，可以分为二型（表一一）。

A型　颈部较短。如南阳丰泰 M83：1出土的1件陶壶，灰胎，肩部以上施釉，腹部饰红褐色化妆釉，残高12厘米、底径8.4厘米[③]。

B型　颈部细长，如南阳丰泰 M65：14，紫胎，器表施釉已经氧化，高33厘米[④]。

（三）瓷器

主要有鼎、盒、壶、罐、瓿、碗等类。

1. 罐

均有系，根据系的不同可以分为二型（表一一）。

A型　四系罐，直口微敛，尖圆唇，短颈，溜肩，四面均匀对称，各置一横系。据质地的不同可分为二个亚型。

Aa型　青瓷，灰白胎。根据器物整体高度的变化可以分为3式。

Ⅰ式　直领，上腹鼓，下腹弧内收，如襄阳王坡墓地 M172：2，高

① 湖北省文物考古研究所等：《襄阳王坡东周秦汉墓》，科学出版社，2005，第377页，图二七九，1。

② 湖北省文物考古研究所等：《襄阳王坡东周秦汉墓》，科学出版社，2005，第377页，图二七九，2。

③ 河南省南阳市文物考古研究所、武汉大学历史学院考古系：《南阳丰泰墓地》，科学出版社，2011，第160页，图一二九，1。

④ 河南省南阳市文物考古研究所、、武汉大学历史学院考古系：《南阳丰泰墓地》，科学出版社，2011，第160页，图一二九，3。

22.8 厘米、底径 12.4 厘米①。

Ⅱ式　器身饰绿釉，大鼓腹，平底微凹，如襄阳王坡墓地 M172：3，高 22 厘米、底径 18 厘米②。

Ⅲ式　器形胖大，矮直领，如南阳丰泰 M15：1，高 29.8 厘米、底径 16 厘米③。

Aa 型青瓷四系罐演变趋势：器形逐渐变高，腹部渐鼓。

Ab 型　黑瓷。仅在南阳丰泰 M84 中出土，如 M84：6，矮直领，壁外鼓，圆唇，扁圆鼓腹，大平底略凹，高 17 厘米、口径 17 厘米、腹径 27 厘米、底径 17.8 厘米④。

B 型　六系罐。仅在南阳丰泰 M84 中出土，如 M84：8，微敞口，口壁有折棱，盘口状，溜肩，直腹微弧形，大平底，上周凹弦纹上等距分布四个横耳，下周凹弦纹对称分布两个竖耳⑤。

2. 壶

灰胎，施青绿釉，侈口，平底，肩部饰对称的铺首衔环，如南阳嘉丰汽修厂 M1：19，口径 15 厘米、底径 15 厘米、高 35 厘米⑥（表一一）。经无损鉴定，南阳出土的 2 件瓷壶均为原始瓷，可能是南方烧造的⑦。

三　铜器

按照用途可以分为礼器、日用器、服饰器、杂器、钱币等。

---

① 湖北省文物考古研究所等：《襄阳王坡东周秦汉墓》，科学出版社，2005，第 377 页，图二七九，4。
② 湖北省文物考古研究所等：《襄阳王坡东周秦汉墓》，科学出版社，2005，第 377 页，图二七九，5。
③ 河南省南阳市文物考古研究所、武汉大学历史学院考古系：《南阳丰泰墓地》，科学出版社，2011，第 160 页，图一二九，2。
④ 河南省南阳市文物考古研究所、武汉大学历史学院考古系：《南阳丰泰墓地》，科学出版社，2011，第 161 页，图一三〇，3。
⑤ 河南省南阳市文物考古研究所、武汉大学历史学院考古系：《南阳丰泰墓地》，科学出版社，2011，第 161 页，图一三〇，4。
⑥ 南阳市知府衙门博物馆：《南阳市嘉丰汽修厂汉墓清理简报》，《中原文物》2008 年第 4 期，第 16 页，图四，12。
⑦ 南阳市知府衙门博物馆：《南阳市嘉丰汽修厂汉墓清理简报》，《中原文物》2008 年第 4 期；南阳张仲景博物馆、南阳市文物考古研究所：《南阳市审计局汉墓发掘简报》，《中原文物》2011 年第 4 期。

（一）礼器

礼器主要有鼎、钫、壶、匜、勺。

1. 铜鼎

子口微敛，扁圆腹较浅，腹中部有一周凸棱，曲尺形耳，两耳稍向外撇，圆底，蹄足较矮，弧形盖，盖上有三环钮，高 19.5 厘米、口径 11 厘米、腹径 16 厘米[①]（表一二）。

2. 钫

口与圈足均作正方形，直口微侈，平折沿，长颈微束颈，溜肩，鼓腹，平底，较高圈足，下部微撇，肩膀有对称铺首衔环，如襄阳王坡墓地M92：1，青灰色，高 33.6 厘米、底边长 10.8 厘米[②]（表一二）。

3. 壶

部分器身饰纹饰，有些器身基本素面（表一二）。

4. 匜

匜体多呈瓢形，平面为圆角长方形。流较细，流底壁平，腹较直，平底，口沿下多有凸棱，尾部上腹有一铺首衔环，如襄樊岘山 M3：11，高34.1 厘米、宽 10.8 厘米[③]（表一二）。

5. 勺

根据勺部形状的不同可以分为二型（表一二）。

A 型　铲状。勺子前弧后窄，有圆銎，如襄阳王坡 M82：1。

B 型　钵状。平面为圆角方形，空柄较长，如襄阳王坡墓地 M157：2，灰褐色，勺面呈椭圆形，长 8.4 厘米[④]。

---

① 南阳市文物工作队：《河南南阳麒麟岗 8 号西汉木椁墓》，《考古》1996 年第 3 期，第 15 页，图四，1。

② 湖北省文物考古研究所等：《襄阳王坡东周秦汉墓地》，科学出版社，2005，第 288 页，图二一五，2。

③ 襄樊市博物馆：《湖北襄樊市岘山汉墓清理简报》，《考古》1996 年第 5 期，第 39 页，图七，8。

④ 湖北省文物考古研究所等：《襄阳王坡东周秦汉墓地》，科学出版社，2005，第 290 页，图二一六，3。

表一二　铜器

分期	鼎	钫	壶	匜	勺子	鉴	釜甑	鐎壶	盘	蒜头壶	扁壶	洗
第一期	（麒麟岗 M8）	（王 M92：1）	（丰 M85：1）	（襄樊蝴蝶山 M3：11）	A型（王 M82：2）	I式（丰 M150：1）	I式（蝴蝶山 M3：18-19）	I式（蝴蝶山 M3：4）	I式（王 M82：1）	（王 M82：8）	（郧县 M301：8）	
第二期			（图）		B型（王 M157：2）	II式（丰 M256：2）						
第三期							II式（蝴蝶山 M3：6）					（东沟长岭 M5：15）
第四期						III式（丰 M256：2）						
第五期												
第六期									（牟 M20：2）			
第七期												

（二）日用器

日用器有盆、鍪、蒜头壶、锏、釜甑、熏炉、灯、炙炉、炉、盏、耳杯、药臼、鐎壶等。

1. 鍪

敞口，束颈，鼓腹，圆底，底部有烟。根据耳杯、腹部的变化可以分为 2 式（表一二）。

Ⅰ式　单耳，扁鼓腹，底部较圆，如南阳丰泰 M150：1，器表通体呈黑色，高 15 厘米、口径 12.5 厘米、腹径 17 厘米[①]。

Ⅱ式　双耳较小，垂腹，底部近平，如南阳丰泰 M256：2，高 11 厘米、口径 11.8 厘米[②]。

铜鍪的演变趋势：耳部由单耳演变为双耳，鼓腹逐渐变为垂腹，底部逐渐近平。

2. 釜甑

根据整体变化分为 2 式（表一二）。

Ⅰ式　釜为直口，圆肩，肩下有二铺首，甑颈部下也有两铺首衔环，圆底平底，为甑箅，如岘山 M3：18 – 19[③]。

Ⅱ式　小直口，圆肩，鼓腹，平底，甑下无耳，上腹较直，下腹微收，底开四组长方形镂空，两两纵横相对。如岘山 M3：6[④]。

铜釜甑的演变趋势：箅孔圆形演变为条形镂空，衔环消失，圆底逐渐近平。

3. 鐎壶

小直口，圆腹，圆底，小蹄足，腹部一侧有柄，前端为弧形，后直，

---

① 河南省南阳市文物考古研究所、武汉大学历史学院考古系：《南阳丰泰墓地》，科学出版社，2011，第 166 页，图一三三，3。

② 河南省南阳市文物考古研究所、武汉大学历史学院考古系：《南阳丰泰墓地》，科学出版社，2011，第 166 页，图一三三，5。

③ 襄樊市博物馆：《湖北襄樊市岘山汉墓清理简报》，《考古》1996 年第 5 期，第 39 页，图七，3、11。

④ 襄樊市博物馆：《湖北襄樊市岘山汉墓清理简报》，《考古》1996 年第 5 期，第 39 页，图七，6、12。

中空，高 10.2 厘米、口径 7 厘米[①]（表一二）。

4. **盘**

敞口，宽沿斜折，腹较深，斜直壁，平底。根据有无纹饰可以分为 2 式（表一二）。

Ⅰ式　素面，褐色泛绿，如襄阳王坡墓地 M82:1，口径 35.5 厘米、底径 13.5 厘米、高 7.4 厘米[②]。

Ⅱ式　盘内饰纹饰，沿面饰菱形纹饰，腹部饰两组花草纹，中部饰花草纹，如郧县老幸福院 M20:2，口径 20.6 厘米、底径 7.8 厘米、通高 2.4 厘米[③]。

铜盘的演变趋势：由素面演变为逐渐装饰纹样。

5. **蒜头壶**

圆直口作蒜头状，平折沿，束颈，斜溜肩，肩部鼓腹，圆底近平，浅宽圈足，外部有凸棱。如襄阳王坡墓地 M82:8，高 38.2 厘米、口径 3.6 厘米、圈足径 11.8 厘米[④]（表一二）。

6. **扁壶**

小口，细长颈，颈部由宽带状凸棱，扁形腹，长方形圈足，两侧有对称的铺首衔环，如湖北郧县西汉墓 M301:8，高 38 厘米、颈长 22.5 厘米[⑤]（表一二）。

（三）服饰器

有铜镜、带钩两类。

---

① 襄樊市博物馆：《湖北襄樊市岘山汉墓清理简报》，《考古》1996 年第 5 期，第 39 页，图七，2。

② 湖北省文物考古研究所等：《襄阳王坡东周秦汉墓地》，科学出版社，2005，第 290 页，图二一六，6。

③ 南水北调中线水源公司等：《郧县老幸福墓地》，科学出版社，2007，第 147 页，图一一七。

④ 湖北省文物考古研究所等：《襄阳王坡东周秦汉墓地》，科学出版社，2005，第 291 页，图二一七，2。

⑤ 中国社会科学院考古研究所长江工作队：《湖北郧县东周西汉墓》，载于《考古学集刊》(6)，中国社会科学出版社，1989，第 166 页，图二〇，7。

1. 带钩

根据整体形状的不同，可以分为二型。

A 型　鸭形，钩首鸭嘴形，钩体似鸭腹，如襄阳王坡 M166：1，素面，钩首较长，长 4.5 厘米、体宽 0.75 厘米、钮径 1.2 厘米[①]。

B 型　鸟型，钩首鸟嘴形，短颈，宽短腹，腹似展翅状，如襄阳王坡 M105：4，长 2.1 厘米、宽 1.7 厘米、钮径 1.2 厘米[②]。

2. 铜镜

《南阳出土铜镜》《襄阳王坡东周秦汉墓地》《老河口九里山秦汉墓》《南阳丰泰墓地》等已经有较为清晰的研究。发现铜镜数量有 540 多件[③]，南阳最多，襄阳次之，丹淅最少。镜面均为圆形，根据镜背纹饰的不同分为十三型（表一三）。

A 型　素面镜。镜的背面素地或有弦纹等，可以分为二个亚型。

Aa 型　全素镜，圆形，三弦钮，如南阳丰泰墓地 M86：1，直径 13.75 厘米、缘厚 0.2 厘米[④]。

Ab 型　弦纹镜，钮外有两周凸凹弦纹，如南阳丰泰 M197：3，直径 10.35 厘米[⑤]。

B 型　蟠螭纹镜。镜背纹饰通常由主纹和地纹组成。数量较多，主要在南阳地区发现，可以分为二个亚型。

Ba 型　纹饰结构相对较简洁，线条稀疏，地纹通常为云雷纹，如南阳理工大学 M203 出土铜镜[⑥]。

Bb 型　较 Ba 型铜镜纹饰复杂，结构较紧凑，蟠螭中叠压圈带，如南

①　湖北省文物考古研究所等：《襄阳王坡东周秦汉墓》，科学出版社，2005，第 298 页，图二二四，2。

②　湖北省文物考古研究所等：《襄阳王坡东周秦汉墓》，科学出版社，2005，第 298 页，图二二四，1。

③　蒋宏杰：《南阳出土铜镜》，文物出版社，2010，第 9 页。

④　河南省南阳市文物考古研究所、武汉大学历史学院考古系：《南阳丰泰墓地》，科学出版社，2011，第 180 页，图一四三，1。

⑤　河南省南阳市文物考古研究所、武汉大学历史学院考古系：《南阳丰泰墓地》，科学出版社，2011，第 180 页，图一四三，3。

⑥　蒋宏杰：《南阳出土铜镜》，文物出版社，2010，第 23 页，图三七。

表一三　铜镜

分期	铜镜
第一期	 （丰 M86：1）（南阳理工大学 M203）（南阳市拆迁办 M142）（南阳市一中 M266）　（丰 M199：4）　（南阳市一中 M1）
第二期	 （丰 M197：3）　（丰 M62：115）　（丰 M59：5）　（牛 M40：2）　（南阳万家园 M37）　（王 M85：1）
第三期	 （万家园 M177）　（牛 M36：6）　（牛 M109：5）　（牛 M8：5）　（南阳市拆迁办 M107）　（丰 M111：12）
第四期	 （审计局 M19）（南阳市拆迁办 M193）（东沟长岭 M5：1）（南阳市拆迁办 M20）
第五期	 （丰 M186：4）　（牛 M123：1）
第六期	 （南阳防爆厂 M208）（碘盐中心 M44）　（丰 M208：4）　（丰 M160：2）　（东沟长岭 M55：1）（南阳花鸟市场 M2）
第七期	 （罗庄变电站 M15）　（牛 M2）　（裕华商城 M2）　（裕华商城 M3）　（南阳防爆厂 M62）

阳市拆迁办 M142 出土的铜镜①。

　　C 型　蟠螭纹镜。较 B 型铜镜图案简化，动物形体较为鲜明。镜背纹

---

① 蒋宏杰：《南阳出土铜镜》，文物出版社，2010，第 30 页，图六一。

饰由主纹和地纹组成，可以分成二个亚型。

Ca 型　圈带蟠虺纹镜。圆钮外有一周凹面形圈带，如南阳市一中 M266 出土的铜镜[1]。

Cb 型　圈带叠压蟠虺纹镜，主纹饰被一圈凹面形圈带叠压，圈带上均分布有四个乳丁，如南阳丰泰 M199:4，直径 8.5 厘米、缘厚 0.3 厘米[2]。

D 型　连弧纹镜。镜的背面以弧线或凹面宽弧带连成主纹。可以分为二个亚型。

Da 型　素地，连弧纹为线状或凹面宽带，如南阳丰泰墓地 M246:2，外围有一周凹面形环带，其外有十一连弧圈，直径 16.05 厘米、缘厚 0.3 厘米[3]。又如南阳市一中 M1 出土的铜镜[4]。

Db 型　半月连弧状，内向连弧纹为主题纹饰，也有用铭文装饰的，如南阳丰泰墓地 M62:115，主纹为一周八个内向浮雕半月形连弧，连弧纹之间有四枚圆点纹，有"君宜官位"铭文[5]。

E 型　山字镜[6]。镜均为圆形，弦钮，山字有左旋和右旋两种，根据山字的不同分为二个亚型。

Ea 型　四山镜。如南阳丰泰墓地 M59:5，外围凹面带方格，纹饰由主纹和地纹组合而成，地纹为羽状纹，"山"字字形瘦长，山字之底边与方格边平行，直径 13.5 厘米、缘厚 0.5 厘米[7]。

Eb 型　五山镜。圆钮座，座外有五山字，山字左旋，如南阳万家园 M177 出土的铜镜[8]。

G 型　草叶纹镜。主纹为镜背纹饰的单一图案，钮有半球状、三弦钮、

---

[1] 蒋宏杰：《南阳出土铜镜》，文物出版社，2010，第 37 页，图八一。

[2] 河南省南阳市文物考古研究所、武汉大学历史学院考古系：《南阳丰泰墓地》，科学出版社，2011，第 188 页，图一四七，1。

[3] 河南省南阳市文物考古研究所、武汉大学历史学院考古系：《南阳丰泰墓地》，科学出版社，2011，第 180 页，图一四三。

[4] 蒋宏杰：《南阳出土铜镜》，文物出版社，2010，第 32 页，图六五。

[5] 河南省南阳市文物考古研究所、武汉大学历史学院考古系：《南阳丰泰墓地》，科学出版社，2011，第 181 页，图一四三，6。

[6] 本书称为的山字镜，国外也有学者称之为 T 字或 T 字纹饰。

[7] 河南省南阳市文物考古研究所、武汉大学历史学院考古系：《南阳丰泰墓地》，科学出版社，2011，第 182 页，图一四四，2。

[8] 蒋宏杰：《南阳出土铜镜》，文物出版社，2010，第 17 页，图二二。

首钮等，大部分钮外有双重方框，框间有铭文，框外有草叶纹、乳丁纹、博局纹、花叶纹等，草叶通常有单层、双叠、三层之分，主要见于南阳牛王庙、丰泰墓地。可分三个亚型。

Ga 型　有方格铭文带。根据草叶的变化可以分为 3 式。

Ⅰ式　单层草叶纹镜，如南阳牛王庙 M40：2，直径 9.45 厘米、缘厚 0.18 厘米①。

Ⅱ式　双层草叶纹镜，如牛王庙墓地 M36：6，铭文为"见日之光，天下大明"，直径 12.7 厘米、缘厚 0.2 厘米②。

Ⅲ式　规矩草叶纹镜。博局纹将镜背分成四方八区，每区各一株叠式草叶纹镜，内向十六连弧纹缘，铭文为"见日之光，长乐未央"，直径 13.9 厘米、缘厚 0.4 厘米③。

Gb 型　圆圈铭文带，如南阳牛王庙 M8：5，圆形，桥型钮，钮外有一凹面形双线方格及一周绹纹，方格四边中心点外各有一枚圆座乳丁纹，四角外伸一单层草叶纹，四乳及四草叶纹间各有一字，铭文为"见日之光，天下大明"。直径 7.8 厘米、缘厚 0.22 厘米④。

Gc 型　蟠龙草叶纹镜。盘龙与四草叶纹相间环绕，内向十六连弧纹缘，如南阳市一中 M421 出土，方框四角伸出一单层草叶纹与四边蟠龙相间环绕，蟠龙回首，张嘴，作吞珠状⑤。

H 型　星云纹镜。圆形，连峰座，圆钮座。四枚带座乳丁将镜背纹饰分成 4 区，各区间有弧线相连的乳丁，如南阳丰泰墓地 M304：1，直径 13.4 厘米、缘厚 0.5 厘米⑥。

---

① 南阳市文物考古研究所：《南阳牛王庙汉墓考古发掘报告》，文物出版社，2011，第 90 页，图六八，4。

② 南阳市文物考古研究所：《南阳牛王庙汉墓考古发掘报告》，文物出版社，2011，第 80 页，图六〇，1。

③ 南阳市文物考古研究所：《南阳牛王庙汉墓考古发掘报告》，文物出版社，2011，第 220 页，图一八三，2，8。

④ 南阳市文物考古研究所：《南阳牛王庙汉墓考古发掘报告》，文物出版社，2011，第 28 页，图一七，2。

⑤ 蒋宏杰：《南阳出土铜镜》，文物出版社，2010，第 52 页，图一二四。

⑥ 河南省南阳市文物考古研究所、武汉大学历史学院考古系：《南阳丰泰墓地》，科学出版社，2011，第 186 页，图一四六。

I 型　日光镜。即铭文首句为"见日之光"的铜镜。有日光连弧铭带镜、日光圈铭带镜两种，钮座有圆钮座和半球形钮座两类，如南阳市万家园 M37[1] 和南阳市拆迁办 M107 出土的铜镜[2]。

J 型　昭明镜。因其铭文"内清质以昭明"，取"昭明"二字为铜镜之名。铭文内容多有减句减字现象。基本有昭明连弧铭带镜和昭明圈带铭带镜两类，如南阳丰泰墓地 M111：12，直径 10.8 厘米、缘厚 0.48 厘米[3]。

K 型　博局纹镜[4]。根据镜背图像的差异可以分为三个亚型。

Ka 型　四神博局镜，如南阳丰泰 M186：4，四叶纹钮座，座外为双线凹面形方格，双线凹面形方格外四乳及博局纹将镜背划分为四方，分别配以四神，其外有一周短斜线纹，宽素平缘，直径 13.8 厘米、缘厚 0.56 厘米[5]。

Kb 型　禽兽博局镜，如南阳牛王庙 M123：1，半球钮，四叶纹钮座，座外有双线方格，方格外四枚圆座乳钉及博局纹将镜背分成四方八极，分别配置羽人与神兽、独角兽与独角兽、独角兽与白虎、瑞兽与瑞兽，其外一周短斜线纹，直径 14.05 厘米、缘厚 0.45 厘米[6]。

Kc 型　几何博局镜。四叶纹钮座，博局纹将镜背分为四方八区，区内有小乳及短线、卷云纹，或是在钮外方框四边中心伸出四个 T 形纹，缺 L 形纹、V 形纹，空间填短线纹或卷云纹，如南阳市审计局 M19 和宛饰品商贸城 M12 出土[7]。

L 型　变形四叶镜。此类铜镜数量较少，钮座外有四蝙蝠向外呈放射状分布，把镜背分成四区，在四叶内各填一字，叶间饰以兽纹、夔纹和凤

① 蒋宏杰：《南阳出土铜镜》，文物出版社，2010，第 61 页，图一四九。

② 蒋宏杰：《南阳出土铜镜》，文物出版社，2010，第 64 页，图一六一。

③ 河南省南阳市文物考古研究所、武汉大学历史学院考古系：《南阳丰泰墓地》，科学出版社，2011，第 188 页，图一四七，6。

④ 又称规矩镜，西方学者也称之为 TLV 镜。

⑤ 河南省南阳市文物考古研究所、武汉大学历史学院考古系：《南阳丰泰墓地》，科学出版社，2011，第 190 页，图一四八。

⑥ 南阳市文物考古研究所：《南阳牛王庙汉墓考古发掘报告》，文物出版社，2011，第 231 页，图一九七，1。

⑦ 蒋宏杰：《南阳出土铜镜》，文物出版社，2010，第 83 页，图二〇五、图二〇六。

纹。主要有变形四叶兽首镜、变形四叶夔纹镜、变形四叶对凤镜三种①。

M 型　龙虎镜。主要见于南阳市区，主题为圆雕的龙虎或单一的龙、虎。有二虎对峙、龙虎镜、盘龙镜三种②。

N 型　画像镜。仅见一面，裕华商城 M2 出土，圆形，半球形，圆钮座，四枚带圆座乳丁纹分成的四区内配置有四组人物，其中两组为东王公和西王母相对而坐，另外两组一组为白虎，一组为神兽，外区有铭文"尚方作竟大毋伤，辛有善同出丹羊，和已银锡"，宽平缘上饰禽鸟、神兽③。应在东汉晚期。

（四）兵器

主要有剑、刀、匕首、戈、镞、弩机、剑首装饰。

（五）车马器

主要有车马饰件和车构件。

（六）杂器

主要有印章、棺饰等。

（七）钱币

20 世纪 30 年代，就有学者尝试对南阳地区钱币进行研究，如南阳地方名流郭梓生、姚子昭、王可亭等自发成立的南阳文献会就对南阳古迹历史进行调查研究。后来成立的南阳钱币学会长期坚持对南阳钱币进行梳理和研究④。《南阳钱币的发现与研究》公布了一些钱币窖藏，对于钱币断代的研究具有重要意义。南阳地区汉墓出土钱币均为圆形方孔、方穿、穿左右

---

① 蒋宏杰：《南阳出土铜镜》，文物出版社，2010，第 85～87 页，图二一〇、图二一二、图二一三。
② 蒋宏杰：《南阳出土铜镜》，文物出版社，2010，第 88～89 页，图二一八、图二一九、图二二〇。
③ 蒋宏杰：《南阳出土铜镜》，文物出版社，2010，第 90 页，图二二一。
④ 刘绍明、包明军、王正旭：《南阳平顶山钱币的发现与研究》，中华书局，2006，第 24 页。

表一四　钱币

分期	钱 币			
	半两钱	西汉五铢	新莽钱币	东汉五铢
第一期	Ⅰ式（牛M30：10-2）Ⅱ式（牛M30：10-3） Ⅲ式（牛M30：10-5）Ⅳ式（牛M109：4）	Ⅰ式（牛M31：8-3）Ⅱ式（丰M295：11-1）		
第二期	Ⅴ式（牛M126：5）	Ⅲ式（丰M304：5-2）		
第三期		Ⅳ式（丰M295：11-2）		
第四期			大泉五十　小泉直一　货泉　一刀平五千　契刀五百　大布黄千	
第五期				Ⅰ式（牛M18：2-6）
第六期				
第七期				Ⅱ式（牛M37：3-5）

或四周铸篆书钱文，本书分为半两、莽钱①、五铢三大类（表一四）。

1. 半两钱

西汉早期墓葬出土较多，另在南阳明家营公社②、金汉丰商厦③、镇平

---

① 本书莽钱主要指王莽时期铸造的钱币，主要有大泉五十、货泉、一刀平五千、契刀五百、货布、大布黄千、布泉等。

② 魏仁华：《河南南阳发现一批秦汉铜钱》，《考古》1964 年第 11 期。

③ 刘绍明、包明军、王正旭：《南阳平顶山钱币的发现与研究》，中华书局，2006，第 72～75 页。

贾宋镇①等窖藏出土大量的半两钱币为断代提供了标尺。根据钱文和整体的演变分为5式。

Ⅰ式 战国半两，钱边未经修正，有铸口痕迹，钱面文字中间高，四周低，"半"字下横及"两"字上横较短，"两"字内的"人"上一竖很长，如牛王庙M30∶10-2，直径2.7厘米、穿径0.8厘米②。

Ⅱ式 秦半两，钱边多经加工，钱形较Ⅰ式工整，较为厚重，"半"字下横及"两"字上横变长，"两"字内的"人"多为竖，如牛王庙M30∶10-3，直径2.4厘米、穿径0.8厘米③。

Ⅲ式 吕后八铢半两。钱边经过加工，钱形规整，钱体多较薄，直径在2.3~2.4厘米，字体较瘦长，"半"字下横及"两"字上横变长，"两"字内的"人"多为一横，如牛王庙M30∶10-5，直径2.4厘米、穿径2.8厘米④。

Ⅳ式 文帝四铢半两，字形方正、规范，略显呆板，"两"字内和"人"字上多有短竖，如牛王庙M109∶4，直径2.3厘米、穿径0.8厘米⑤。

Ⅴ式 武帝半两，有的隐隐有外郭，字体较大，笔画纤细，"两"字中间多为一横，如牛王庙M126∶5，直径2.5厘米、穿径0.8厘米⑥。

2. 五铢钱

南阳地区汉墓出土的五铢钱币数量巨大，类型丰富，参考已有的研究可以分为西汉五铢和东汉五铢两大类。

A型 西汉五铢钱。根据其字形和钱体的变化分为5式。

Ⅰ式 武帝五铢。"五"字宽大，五字中间交笔弧曲，上下两横略超

---

① 徐发祥：《镇平县贾宋镇窖藏西汉半两钱抽样分析》，载于《中州钱币论丛》，中国金融出版社，1991。

② 南阳市文物考古研究所：《南阳牛王庙汉墓考古发掘报告》，文物出版社，2011，第67页，图五〇，2，8。

③ 南阳市文物考古研究所：《南阳牛王庙汉墓考古发掘报告》，文物出版社，2011，第67页，图五〇，2，10。

④ 南阳市文物考古研究所：《南阳牛王庙汉墓考古发掘报告》，文物出版社，2011，第67页，图五〇，2，12。

⑤ 南阳市文物考古研究所：《南阳牛王庙汉墓考古发掘报告》，文物出版社，2011，第220页，图一八三，2，9。

⑥ 南阳市文物考古研究所：《南阳牛王庙汉墓考古发掘报告》，文物出版社，2011，第239页，图二〇三，8。

出体宽,"铢"字"金"字旁三角头,四点长,"朱"字上部方折,下部圆折,如牛王庙 M31:8-3,直径 2.5 厘米、穿径 1 厘米①。

Ⅱ式 昭帝五铢。"五"字极窄,"朱"字方折,上下等长,交笔略曲,与两横相交处微收,上下两横出头甚多,如南阳丰泰 M295:11-1,直径 2.5 厘米②。

Ⅲ式 宣帝五铢。"五"字交笔弯曲度大,与两横相交处垂直,如南阳丰泰 M304:5-2,直径 2.56 厘米③。

Ⅳ式 元帝五铢。"五"字较长,中间交叉两笔与上下两横相交处近垂直。"铢"字之"金"三角头较小,"朱"字方折,上短下长,如南阳丰泰 M295:11-2,直径 2.5 厘米④。

Ⅴ式 磨郭五铢,如杨官寺汉墓出土钱币,直径 2.4 厘米、穿径 1 厘米。

B 型 东汉五铢钱。根据钱文和整体的差异分为 3 式⑤。

Ⅰ式 建武五铢。"五"字交笔外张,"金"字头呈正三角形状,四点长而显,"朱"字上部较短,圆折,且"五铢"两字结构不如西汉五铢严谨,书体自由,如牛王庙 M18:2-6,直径 2.5 厘米、穿径 0.9 厘米⑥。

Ⅱ式 东汉晚期劣钱,主要为剪轮和綖环五铢,如牛王庙 M37:3-5、6,钱径 2.2~1.8 厘米、穿径 1 厘米⑦。

Ⅲ式 四出五铢,面有轮无郭,背有轮廓,字体略显修长,"金"字成正三角形,"朱"字头圆折,"五"字曲笔上下稍向内收。

---

① 南阳市文物考古研究所:《南阳牛王庙汉墓考古发掘报告》,文物出版社,2011,第 70 页,图五二,7。

② 河南省南阳市文物考古研究所、武汉大学历史学院考古系:《南阳丰泰墓地》,科学出版社,2011,第 192 页,图一四九,7。

③ 河南省南阳市文物考古研究所、武汉大学历史学院考古系:《南阳丰泰墓地》,科学出版社,2011,第 192 页,图一四九,11。

④ 河南省南阳市文物考古研究所、武汉大学历史学院考古系:《南阳丰泰墓地》,科学出版社,2011,第 192 页,图一四九,12。

⑤ 徐承泰、范江欧美:《东汉五铢钱的分期研究》,《文物》2010 年第 10 期,第 60~70 页。

⑥ 南阳市文物考古研究所:《南阳牛王庙汉墓考古发掘报告》,文物出版社,2011,第 41 页,图二九,6。

⑦ 南阳市文物考古研究所:《南阳牛王庙汉墓考古发掘报告》,文物出版社,2011,第 84 页,图六二,6,7。

3. 新莽钱币

主要有大泉五十、小泉直一、货泉、一刀平五千、契刀五百、货布、大布黄千、布泉等。

A 型　大泉五十。大泉五十数量较多，在南阳宛城发现大泉五十窖藏，形制丰富，辽宁黑城王莽铸钱遗址曾出土"始建国元年三月"纪年钱范，据此可确定为王莽时期的大泉五十，南阳地区的大泉五十可以分为标准型、减重型、轻薄型三种①。

B 型　小泉直一。唐河郁平大尹墓出土，直径1.3厘米②。

C 型　货泉。有三类，第一类为面具内郭者，第二类为面无内郭者，第三类为饼泉类③。

D 型　如契刀五百、货布、大布黄千、布泉等，数量较少④。

四　其他

主要是发现数量较少的铁器、玉器、石器、琉璃器、银器、铅器、骨器、漆器等。

（一）铁器

铁器主要有鼎、釜、罐、鍪、勺、镜、灯、刀、剑、削、锸、权、铁饰、印章、支架、带钩等，根据性质可以分为礼器（如鼎）、日用器、明器（如铁镜）三类。其中日用器又可以分为容器（如釜、鍪）、兵器（如剑）、工具（如锸、削等）、衡器（如权）、服饰（如带钩）五类。

---

① 刘绍明、包明军、王正旭：《南阳平顶山钱币的发现与研究》，中华书局，2006，第121~122页。
② 刘绍明、包明军、王正旭：《南阳平顶山钱币的发现与研究》，中华书局，2006，第127页，图二，1。
③ 刘绍明、包明军、王正旭：《南阳平顶山钱币的发现与研究》，中华书局，2006，第127页，图二，3、6、9、10。
④ 刘绍明、包明军、王正旭：《南阳平顶山钱币的发现与研究》，中华书局，2006，第127页，图三、图四。

（二）玉器、石器、水晶、琉璃器、蜜蜡器、滑石器

玉器有玉蝉、璜、璧、印章、带钩、玉瑗、玉虎、饼、剑璏、玉料、玉珠，石器有石兽、石环、石塞、口颔、石砚、石条、石片、石子、石锛、石镇纸等，水晶主要有水晶环、水晶珠、料管，琉璃器主要为耳珰、塞、口颔、珠，蜜蜡器均为挂饰。根据使用性质可以分为工具（如石锛）、饰品（如璧、璜、耳珰等）、葬仪用玉（如口颔等）、印章等。特别要注意的是在郧县老幸福院东汉墓 M9、M10 出土的料珠，十分完整，均为绿色①。

（三）金器、银器、铅器、锡器

金器主要为金蝉、金泡钉，银器为指环、银镯、银簪、钗、耳勺，铅器中有耳环、铅人、盖弓帽、铅珠、铅弹丸、锡蝉等。根据用途可分为饰品、实用器、明器等。金器基本为金饰件，铅器均为明器。

（四）骨器

骨器为骨珠。

（五）漆器

保存较差，仅发现漆皮，绝大部分已无法辨认器类，少数可辨者为盘、钫、盒、耳杯、奁等②。

---

① 南水北调中线水源有限责任公司等:《郧县老幸福院墓地》，科学出版社，2007，第 156 页，图一二三
② 南阳市文物工作队:《河南南阳市麒麟岗 8 号西汉木椁墓》，《考古》1996 年第 3 期。

第三章

年代与分期

"和文献史学一样，考古学重构历史，必须从资料的年代问题入手。但和文献史学不同的是，考古学重构历史凭借的是实物遗存。这些实物最大的特点是非文字性的，因而缺少有明确标记的年代线索。即便是在历史时期的考古资料中，有文字纪年的也是少数"①，断代是考古学研究的第一要务。在中国考古学体系中，史学的编年倾向和史学传统是一直存在的②，也有外国学者就曾对这种现象进行了冷淡的批评③，除与学术研究方面存在误解外④，也和学科的发展阶段密切相关。

第一节　年代依据

历史时期考古最大的特点是有纪年文字或相关文献辅助。汉代"大一统"的政治及文化迅速向统治地区蔓延与扩散，因此汉文化具有强烈的"共时性"，这为断代带来了很多方便⑤。历史时期考古在依靠纪年材料的

---

① 北京大学考古文博学院：《考古学与中国历史的重构——为纪念北京大学考古专业成立五十周年而作》，《文物》2002 年第 7 期。
② 张光直：《考古学与中国历史学》，《考古与文物》1981 年第 3 期；朱凤瀚：《论中国考古学与历史学的关系》，《历史研究》2003 年第 1 期。
③ von Falkenhausen L. On the Historiograghical Orientation of Chinese Orientation of Chinesearchae-ology. Antiquty，1993，67（257）：839 – 849.
④ 李零：《学术的科索沃》，《中国学术》（第 2 辑），商务印书馆，2000，第 202 ~ 216 页。
⑤ 中国社会科学院考古研究所：《中国考古学·秦汉卷》，中国社会科学出版社，2010，第 21 页。

同时，地层学、类型学及钱币、铜镜都成为断代的主要依据。

一　纪年材料

南阳地区汉墓中出土纪年材料有 3 例。

（1）郧县老幸福院墓地 M18 出土纪年铭文砖。郧县 M18：2，正面素面，背面饰绳纹，一端中部饰对称三角形，铭文在墓砖另一端有"永元十二年"铭文[①]（图二〇）。据文献记载，使用"永元"年号的有三个皇帝[②]，分别为东汉和帝刘肇、前凉张茂、南齐东昏侯萧宝卷，使用时间分别为 89~105 年（17 年）、320~324 年（5 年）[③]、499~501 年（3 年），能够与 M18 墓砖铭文"永元十二年"相匹配的只有东汉和帝时期使用的"永元"，此为一。另外 M18 为长方形砖室墓，斜坡墓道，长方形甬道，穹隆顶，"人"字形封门砖，属于该区的丁类 C 型墓，与西安地区东汉中期墓葬类似[④]，且与洛阳烧沟 M1026 形制相似[⑤]；其出土陶罐、陶壶与白鹿原东汉中期墓出土罐类似[⑥]，此为二。综上，M18 所处时代应该在东汉中期，年代上限不超过公元 100 年。

（2）唐河郁平大尹冯君孺人墓[⑦]。该墓为画像石墓，从墓前门至后主室，发现有纪年、墓主人的姓名和官职及墓室建筑名称的题记八块，其中

---

① 南水北调中线水源有限责任公司等：《郧县老幸福院墓地》，科学出版社，2007，第 129 页，图一〇五，5；图四三，6。

② 李崇智：《中国历代年号考》（修订本），中华书局，2006。

③ 其实张茂仍然使用西晋愍帝年号"建兴"，"永元"未正式使用。见李崇智《中国历代年号考》（修订本），中华书局，2006，第 31 页。但在《辞海》中记载使用"永元"年代的只有东汉和帝和南朝东昏侯萧宝卷，见辞海编辑委员会《辞海》（缩印本），上海辞书出版社，1980，第 92 页。

④ 西安市文物考古研究所编《西安东汉墓》，文物出版社，2009，第 913~914 页。

⑤ 洛阳区考古发掘队：《洛阳烧沟汉墓》，科学出版社，1959，第 45 页。

⑥ 陕西省考古研究所：《白鹿原汉墓》，三秦出版社，2003。

⑦ 南阳地区文物队、南阳博物馆：《唐河汉郁平大尹冯君孺人画像石墓》，《考古学报》1980 年第 2 期。至于该墓主是"冯君孺人"还是"冯君孺久"，存在争论，详见西林昭一《郁平大尹冯君孺人画像石墓的题记》，《不手非止》第四号，昭和 56 年；王建中、闪修山：《南阳两汉画像石》，文物出版社，1990，第 285~292 页；闪修山：《汉郁平大尹冯君孺人画像石墓研究补遗》，《中原文物》1991 年第 3 期；信立祥：《汉代画像石墓综合研究》，文物出版社，2000，第 230 页。

图二〇 老幸福院 M18 出土纪年砖

资料来源：南水北调中线水源有限责任公司等：《郧县老幸福院》，科学出版社 ，2007，第 129 页，图 105，5。

主室中柱上刻"鬱平大尹冯君孺人始建国天凤五年十月十柒日癸巳葬千岁不发"（图二一）。《汉书·王莽传》："改郡太守曰大尹"①，可见大尹为王莽时期的官名，同时"始建国天凤五年十月十柒日癸巳葬"为死者的埋葬日期。"始建国天凤"或作"始建国天凤上戊"，也作"天凤"，是王莽年号之一②。但该墓中出土的陶仓、耳杯以及红釉陶鸡、陶鸭、陶鸟应属东汉中晚期常见随葬品。此外，墓葬前、中、后三室，回廊，穹隆顶以及各个部分榜题所显示的用途显示，该墓有明显的"第宅化"现象③。说明该墓年代上限为"天凤五年"（18 年），下限可能至东汉中期，即建造年代应该在王莽时期，使用则至东汉中期。

（3）南阳许阿瞿墓志。该墓在宛城旧址东南部，为画像石墓，出土一块墓志画像石，保存较好，长 112 厘米、宽 70 厘米、厚 11 厘米，石面左方为志文，竖刻 6 行，满行 23 字，共 136 字，末行 16 字漫漶不清。志文为："惟汉建宁号政三年三月戊午甲寅中旬痛哉可哀许阿瞿/□年甫五岁去离世荣……以快往人。"④"建宁"为东汉灵帝刘宏第一个年号，"建宁三年"即 170 年，志文为四言韵文，语句流畅，书法为隶书，但某些字近魏碑。墓中还出土"定平一百"，为三国时期钱币，且墓中画像使用混乱，应为早期画像石被再次使用。虽然墓志时代为汉代，但该墓葬的时代应为三国时期，对于该区汉代墓葬断代意义不大。

---

① 《汉书》第十二册，卷九十九中，中华书局，1962，第 4013 页。
② 李崇智：《中国历代年号考》（修订本），中华书局，2006，第 7 页。
③ 闪修山：《汉郁平大尹冯君孺人画像石墓研究补遗》，《中原文物》1991 年第 3 期。
④ 南阳市博物馆：《南阳发现许阿瞿墓志画像石》，《文物》1974 年第 8 期。

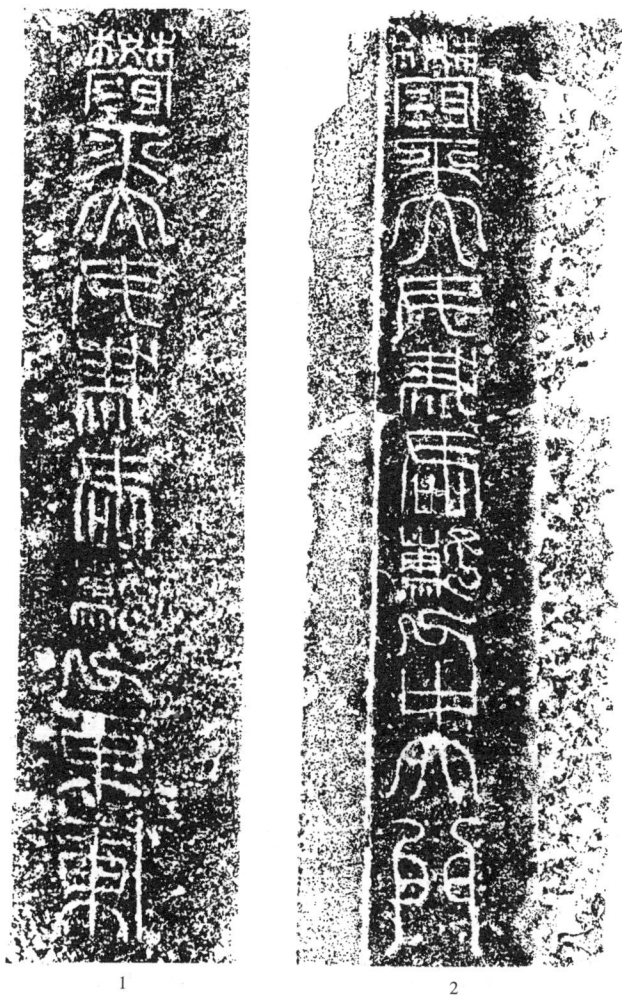

图二一 "冯君孺人"墓题记

1. 南车库东门　2. 中门柱南门

　　资料来源：南阳地区文物队、南阳博物馆：《唐河汉郁平大尹冯君孺人画像石墓》，《考古学报》1980 年第 2 期，第 245 页，图九。

　　另外在南阳东北部的襄城县茨沟发现一座纪年墓，该墓为多室墓，在墓室中室北壁有朱书题记两行"永建七年正月十四日造，砖工张伯和，□石工褚置"[1]。"永建"为东汉顺帝第一个年号，"永建七年"即为

---

　　① 河南省文化局文物工作队：《河南襄城茨沟画像石墓》，《考古学报》1964 年第 1 期，第 111～131 页。

132 年①。南阳市博物馆藏有 3 面东汉铜镜，均有纪年分别为东汉元兴元年镜、建宁元年镜、中平四年镜。"元兴"为东汉和帝刘肇第二个年号，仅使用 1 年，"元兴元年"即 105 年；"建宁"为东汉灵帝刘宏第一个年号，使用 5 年，"建宁元年"即 168 年；"中平"为东汉灵帝刘宏第四个年号，使用 6 年，"中平四年"即 187 年②，这三面铜镜时代在东汉中期，遗憾的是其出土单位不清楚，只能对铜镜断代做参考。在新野石油库汉墓的门楣上有题记"朐忍令司徒掾新野邓君寺舍"，现藏于新野文化馆，可惜未做报告③。这些材料均可以为南阳汉墓断代研究做参考。

二 叠压打破关系

地层学是考古年代学的基础。地层学断代的核心问题，就是要首先确定各文化层的先后时间次序，然后再以各个地层中所包含的遗物断定各个地层的绝对年代。在地层学断代中，必须要遵循两条基本原则：①各层或者各墓中所包含的年代最晚的一件遗物，代表该层或者该墓的年代；②各层或者各墓的年代，可以用该层被压和所压的上下两层的年代分别作为它的下限和上限。虽然在历史考古学中，有大量的文献可以参考，可以将实物与文献相互对照印证，并且还常常出土各种有文字甚至有纪年文字的遗物和遗迹，可以直接对遗物和遗迹进行断代，其断代的可靠性和精确性与史前考古学相比大大地提高了。但是，仍然有大量的遗迹单位中未发现有文字的遗物和遗迹，也无法与古代文献记载联系起来。因此，通过地层学的方法进行年代学分析仍然是非常必要的④。

南阳地区汉代墓地中墓葬相互之间存在叠压、打破关系，具体情况分析如下。

---

① "永建"从 126 年使用至 132 年 3 月，后改年号为"阳嘉"（132～135），另该榜题"正月十四日造"，正好在使用范围内，该墓的建造年代或者至少该画像石的年代可以确信为 132 年。
② 李崇智：《中国历代年号考》（修订本），中华书局，2006，重印本。
③ 未见原图和拓片，仅在文章提到。南阳地区文物研究所：《新野樊集汉画像砖墓》，《考古学报》1990 年第 4 期，第 500 页。
④ 中国社会科学院考古研究所：《中国考古学·秦汉卷》，中国社会科学出版社，2010，第 20 页。

（一）南阳牛王庙墓地

该墓地总计发现81座汉代墓葬，其中14组存在叠压、打破关系，分别为：M34打破M106，M16打破M109，M2打破M3、M6，M18打破M20，M112打破M24，M117打破M118，M120打破M122，M127打破M128，M91打破M51，M67打破M100，M78打破M29，M85打破M88，M71打破M83、M84，M70打破M86、M88。这14组打破关系中的前13组均为砖室墓打破土坑墓，仅最后一组M70同时打破M86、M88为土坑墓打破土坑墓。其中M16、M18为砖室墓且破坏较为严重，M24出土器物单一且较少，M91、M100、M117、M120、M127完全被扰乱破坏，M70为近代墓，不具备断代意义，本书选择其余六组重点分析（表一五）。

表一五　牛王庙墓地叠压、打破关系一览

组别	墓葬	墓葬形制	主要随葬品组合	年代
第一组	M34	丁类 AbⅠ	鼎 DⅡ、甑 AⅡ、釜 Ab、东汉Ⅰ式五铢	东汉中期
	M106	甲类 AaⅠ	鼎 AbⅢ、盒 CaⅡ、西汉Ⅰ式五铢	西汉中期
第二组	M2	丁类 AaⅡ	井 AaⅣ、博山盖、陶鸡、罐 AbⅠ罐	东汉中期
	M3	甲类 AaⅠ	鼎 AbⅢ、盒 BⅡ、壶 BaⅡ	西汉中期
	M6	甲类 AaⅠ	瓮 BⅡ、罐 BaⅠ、蟠虺纹镜	西汉中期
第三组	M18	丁类 AbⅠ	陶鸡、东汉Ⅰ式五铢	东汉
	M20	甲类 AaⅠ	瓮 BⅡ、罐 BaⅡ、西汉Ⅰ式和Ⅱ式五铢	西汉晚期
第四组	M78*	丁类 AbⅠ	陶鸡、圈厕 AaⅡ、井 AbⅡ、东汉Ⅰ式五铢、陶奁	东汉中、晚期
	M29	甲类 AaⅠ	鼎 AbⅢ、盒 BⅡ、小壶 BbⅠ	西汉中期
第五组	M85	丁类 AbⅡ	鼎 BⅡ、盒 CbⅢ、仓 AbⅡ、井 AbⅡ、灶 BbⅡ、陶灯	新莽时期
	M88	甲类 AaⅠ	瓮 BⅡ、蟠虺纹镜	西汉中期
第六组	M71	丁类 DbⅠ	仓 AbⅢ、磨陶 AⅡ、甑 AⅡ、陶奁、陶鸡、陶鸭、铁带钩、灶	东汉中期
	M83	甲类 AaⅠ	鼎 AbⅡ、盒 BⅡ、小壶 BbⅡ、蟠螭纹镜	西汉早期
	M84	甲类 AaⅠ	罐 Aa型Ⅱ	西汉中期

*原报告中为M29打破M78，笔者校对后认为原报告笔误，应为M78打破M29。

通过对牛王庙墓地存在打破关系墓葬的形制、随葬品的分析可知，该墓地主要为东汉中晚期墓葬打破西汉中晚期墓葬，且打破者均为砖室墓，而被打破者均为土坑墓，由此，土坑墓的年代早于砖室墓。

(二) 襄阳王坡墓地

墓地坐落在丘陵岗地上，仅见一组打破关系，Ⅲ区 M158 打破 M159，是晚期宋代墓葬打破早期汉代墓葬，对于确定汉墓年代意义不大。

(三) 老河口九里山墓地

九里山墓地有 5 组打破关系，分别为 M159 打破 M160，M19 打破 M20，M69 打破 M70，M77 打破 M80，M112 打破 M113。其中 M160、M20、M70、M80、M113 等均为长方形竖穴土坑单棺单椁墓，出土釜具有秦式器的特征，当是秦统一至秦汉之际的秦墓①。而 M112 出土 A 型 Ⅰ 式罐（鼻耳双耳罐）应为西汉早期墓葬；M19 为砖室墓且出土 Aa 型 Ⅲ 式鼎、A 型 Ⅴ 式陶壶、Bc 型 Ⅲ 式陶罐、Ab 型 Ⅱ 式陶仓、Aa 型 Ⅲ 式陶井、Ba 型陶磨、Bb 型 Ⅱ 式灶、Aa 型 Ⅰ 式圈厕、陶狗、陶鸡、Ⅳ 式西汉五铢等，说明该墓的下限应在东汉早期。九里山墓地的打破关系均为汉代墓葬打破秦代墓葬。

老河口九里山墓地除以上几组打破关系之外，有几组墓葬存在相互的叠压关系。虽然大部分的墓葬封土被破坏，但在九里山墓区东区有三组墓葬分布在同一个封土堆下面，其中第三组（二号冢）下分布有 11 座墓葬，为多座同穴合葬墓，但是墓葬开口于不同的层位下，有的还存在着打破关系②（图一八，2）。根据图示和文字描述，墓葬、封土、表土的地层关系为：

    a. 表土层→M184、M185、M187→①

    b. 表土层→M186、M188、M189、M191→②

    c. 表土层→①→M190→②→③→⑥

    d. 表土层→②→③→④→⑤→⑥→M192、M193、M194→生土

---

① 襄樊市文物考古研究所、武安铁路复线九里山考古队：《老河口九里山秦汉墓》，文物出版社，2009，第 107 页。

② 襄樊市文物考古研究所、武安铁路复线九里山考古队：《老河口九里山秦汉墓》，文物出版社，2009，第 380～394 页。

e. M189→M193→生土

可以确定的是开口于表土层下的 7 座墓葬封土已经被破坏。另据发掘报告：

"M190 下葬时，先在封土东部中间按北偏东约 10 度方向开一横'凹'形豁口，西边长 6.8 米，东端到封土边缘，垂直下挖，将一号冢的第②层完全去掉，至二号冢封土第③层层表或挖掉该层上部部分，到西边中部上距耕土层底约 1.3 米时，于豁口西段中部紧贴西壁下挖墓圹，下葬后回填墓圹及豁口，豁口填土即成为该墓封土。"①

解析这五组地层关系，初步推定这 11 座墓的相对年代分别为：M192、M193、M194 三座墓最早，M190 晚于 M192，M186、M189、M191 三座晚于 M190，而 M184、M185、M187、M188 四座墓最晚。具体年代详见后文分析。

（四）淅川刘家沟口墓地

墓地位于平原地区，且全部开口于耕土层下，主要有 12 组打破关系，分别为 M48 打破 M54，M44 打破 M45，M67 打破 M68，M59 打破 M60 同时打破 M176，M78、M79 打破 M80，M59 打破 M60，M64 打破 M77，M31 打破 M32、M33，M24 打破 M28，M26 打破 M25，M23 打破 M36，M20 打破 M21。其中被打破的墓葬中 M25、M28、M33、M54、M68 等五座墓葬均出土陶鬲、东周陶鼎、陶豆等，应为春秋至战国中期墓葬②。而 M26 出土釜为典型秦式釜，同样在老河口 M97 中也有出土③，M48 出土 A 型 I 式鍪，二墓均未见西汉早期的鼎、盒、壶等仿铜礼器，时代应在西汉以前。M21、M24、M31、M67 虽然未见随葬品，但三墓均为 C 型长方形单室砖室墓，时代在西汉晚期。所以这几组当属汉代墓葬打破秦代墓葬，但墓葬保存

① 襄樊市文物考古研究所、武安铁路复线九里山考古队：《老河口九里山秦汉墓》，文物出版社，2009，第 387 页。
② 河南省文物局：《淅川刘家沟口墓地》，科学出版社，2011，第 76～77 页。
③ 襄樊市文物考古研究所、武安铁路复线九里山考古队：《老河口九里山秦汉墓》，文物出版社，2009，第 62 页，图八八。

差、随葬品少，对于该区汉代墓葬断代的意义不大。

（五）郧县老幸福院墓地

墓地位于一椭圆形的岗地上，共发现汉代墓葬 38 座，均为东汉墓。总计有 10 组打破关系，分别为 M6 打破 M9，M9 打破 M5，M17 打破 M18，M34 打破 M38、M47，M23 打破 M53，M8 打破 M2，M10 打破 M2，M28 打破 M29，M20 打破 M9，M27 打破 M29[①]。其中 M23 和 M27 二墓未见随葬品且墓葬破坏较为严重，其年代判断有难度，因此与此相关的两组打破关系意义不大。M18 出土砖明确纪年为"永元十二年"（100 年），且其出土陶罐、陶壶与白鹿原东汉中期汉墓出土罐类似[②]，时代应该在东汉；M17 出土 Ab 型 V 式陶瓮，不见鼎、盒、壶等仿铜礼器，应是东汉晚期墓葬。M6、M5、M9、M34、M38、M47、M28、M29、M20、M2 等墓葬的出土陶器类型和形制较为相似，年代应较为相近；M8、M10 年代较为相近[③]，而 M8 出土器物较少。由此，对 M17 打破 M18、M10 打破 M2 这两组关系重点分析（表一六）。

表一六　老幸福院墓地叠压、打破关系一览

组别	墓葬	墓葬形制	主要随葬品组合	年代
第一组	M17	丁类 B 型 Ⅱ	瓮 Ab V、铁刀、耳珰、西汉五铢	东汉晚期
	M18	丁类 C 型	铜饰、五铢钱 *、"永元十二年"砖	东汉中期
第二组	M10	丁类 B 型 Ⅱ	仓 Ab Ⅲ、盘、鼎 B Ⅳ、料珠、铜钱	东汉晚期
	M2	丁类 C 型	罐 Aa Ⅴ、甑 A Ⅱ、硬陶瓮 Ⅰ	东汉中期

＊M18 出土的铜饰和五铢钱未详细报告，仅见砖铭文。

老幸福院墓地的这二组打破关系，均是东汉晚期"刀"字形墓打破东汉早、中期的"甲"字形墓，这一论点在该墓地成立，是否在该区也成立，值得检验。

---

① 南水北调中线水源有限责任公司等：《郧县老幸福院墓地》，科学出版社，2007。
② 陕西省考古研究所：《白鹿原汉墓》，三秦出版社，2003。
③ 南水北调中线水源有限责任公司等：《郧县老幸福院墓地》，科学出版社，2007，第 157 ~ 160 页。

（六）新野樊集画像砖墓

墓地仅见一组打破关系，即 M34 打破 M35，二墓均为戊类 Bb 型 I 式画像砖墓，M34 出土 Ab 型 I 式仓、Ab 型 II 式井、圈厕，M35 出土 AaIII 陶罐、Ab 型 I 式仓，均属新莽时期，仅是 M35 相对较 M34 早。由于两墓出土物和墓葬形制基本相似，再无其他辅证材料，对断代的帮助不大。

三 墓葬形制演变

南阳地区汉墓的类型丰富，对于断代和分期有重要意义的是竖穴土坑墓、土坑木椁墓、砖室墓、画像砖墓、画像石墓、岩坑墓等，本书就这些类型墓葬的形制变化在类型学分析基础上再做论述。

（一）竖穴土坑墓

竖穴土坑墓是中国最古老、最传统的墓葬形式，早在 7000 多年前裴李岗、老关台文化时期就已经采用这种形式，直到今天仍在使用。南阳地区土坑墓的平面均为长方形，有无墓道和有墓道两类。无墓道的 A 型墓早期多直壁，逐渐出现二层台，发展至西汉晚期后有墓道；早期墓圹较宽，逐渐变得狭长。

（二）土坑木椁墓

土坑木椁墓出现于仰韶时代中期，在海岱地区和环太湖地区出现木质棺椁，龙山时代早期逐渐趋于规范化，以后至西汉中期之前均为流行，且成为地位、权力和身份的指示物①。尤其是在春秋战国至西汉早期，木椁墓的结构逐渐复杂，在椁墓、建造等方面呈现出鲜明的地域性②。木椁墓主要继承战国晚期的形制，流行于西汉早中期，西汉晚期至新莽以后基本不见。

---

① 栾丰实：《史前棺椁的产生、发展和棺椁制度的形成》，《文物》2006 年第 6 期。
② 印群：《黄河中下游地区的东周墓葬制度》，社会科学文献出版社，2001，第 152～180 页；黄晓芬：《汉墓的考古学研究》，岳麓书社，2003，第 30 页。

（三）砖室墓

砖室墓兴起于西汉中期，墓室平面多为长方形，此后一直流行。A 型砖室墓无前后室之分，早期多为单室（Aa 型），西汉中期以后多为并列双室或三室；早期顶部用木板盖顶，这是沿袭战国木椁墓和本地画像砖墓的习俗，西汉晚期以后顶部多为砖券顶。B 型"刀"形墓年代较晚，东汉中期的顶部多为穹隆顶。D 型为前后室结构墓，早期多为券顶，晚期券顶和穹隆顶混合使用，东汉早期开始出现并流行[①]。"回"字形结构墓葬（E 型），与新莽晚期出现的纪年画像石墓冯君孺人墓形制相似。早期砖室墓多不见墓道，东汉早期开始大量使用斜坡墓道且墓道一般窄于墓室宽度。综合砖室墓的相对年代，相关发展演变轨迹如下。

（1）墓室：单室→并列双室→前堂后室→多室，有甬道。这一从简单逐渐复杂的过程，反映了由单人葬向夫妻合葬，再向家族合葬的发展趋势。

（2）墓顶：平顶（木板）→券顶→单穹隆顶→双穹隆顶或前穹隆顶后券顶。墓室的逐渐增高，主要是为适应合葬和墓中设奠习俗的需要。

（3）封门：无封门→木板封门→砖错缝平砌封门→"人"字形砌法且外弧。封门的改变与增加防盗措施紧密关联。

（四）画像砖墓

南阳地区早期的画像砖墓为空心砖画像、实心长方形砖混合构筑（A 型墓），墓葬的顶部多用木板盖顶或空心砖平顶，应该是战国风格的延续。米字纹空心砖与郑州二里岗相同，空心砖纹饰与烧沟汉墓的部分纹饰近似，空心砖的形制较为单一，初步推定该类墓的时代在武帝之前。Ba 型墓为长方形单室，弧形顶，时代应在西汉中期至新莽时期。Bb 型为双室，其中一室放置随葬品，一室容棺，可见这类墓葬既保留了单棺葬，又有夫妻合葬墓的特征。夫妻同穴合葬始于武帝时期，在宣帝时成为主要的埋

---

① 洛阳区考古发掘队：《洛阳烧沟汉墓》，科学出版社，1959。

葬形式①。C 型墓为前、后室的双室结构墓，墓葬中有新莽钱币出土，且有些墓砖上模印许多大泉五十的钱文，时代在新莽或东汉早期。

（五）画像石墓

画像石墓多为合葬墓，且为同穴合葬墓，时代应该在西汉中期以后。唐河冯君孺人墓的"天凤五年"纪年说明该墓砌建于新莽时期。A 型画像石墓无前后室，墓壁多用条砖砌筑，这类墓在西汉中晚期之后基本不见。Aa 型墓顶部为条石平铺呈平顶，这种墓顶结构基本是沿用了木椁墓墓顶的覆盖方法，且画像见于门正面，内容简单、刻画技法生硬，是早期画像石墓的特征。襄城县茨沟墓的中室北壁有朱书题记两行"永建七年正月十四日造，砖工张伯和，□石工褚置"②，"永建七年"即为 132 年。"回"字形墓是西汉晚期的典型墓葬形制，多砖石混构，如冯君孺人墓的前室增加了甬道、左右耳室，其中除前室、南北耳室以砖券顶和砌筑外，其他各部分均使用条石盖顶，砌筑墙体。墓顶除了常见的条石平顶和券顶外，晚期还出现穹隆顶。东汉早中期的画像石墓全部使用砖石混合结构，出现平面呈"品"字形的墓，东汉晚期的墓葬结构多较为复杂，穹隆顶使用较为广泛。综上，南阳地区汉代画像石墓的形制变化如下：

（1）平面布局：长方形→"回"字形→"T"字形、"品"字形→"中""凸"字形③；

（2）墓室：并列二室或三室→前后室→一横前室、两后室→多室墓，有甬道；

（3）制作材料：砖石混作→纯石或砖石混作→砖石混作→纯石、砖石混作；

---

① 〔日〕太田有子：《中国古代的夫妻合葬墓》，杨凌译，《华夏考古》1989 年第 4 期；黄伟：《论汉代夫妻合葬墓的类型与演变》，载于《四川大学考古专业创建三十五周年纪念文集》，四川大学出版社，第 264～285 页。

② 河南省文化局文物工作队：《河南襄城茨沟画像石墓》，《考古学报》1964 年第 1 期，第 111～131 页。

③ 也有学者称这类墓为"中轴线配置型墓"，见黄晓芬《汉墓的考古学研究》，岳麓书社，2003，第 131 页～153 页。

（4）墓顶形状：平顶→平顶、砖券顶→砖券顶、穹隆顶→砖券顶、穹隆顶；

此外，该区画像石墓中画像从早到晚具有明显的时代特征（表一七、附表二）。

表一七　画像石墓年代表

年代 ＼ 类型	墓葬形制	画像位置	画像内容	雕刻技法
西汉中期	AaⅠ、BbⅠ	画像较少，仅限于门扉、门柱，墓内不见画像	建筑、几何图案	主要为凹面阴线刻和阴线刻，少量浅浮雕
西汉晚期	AaⅡ、Ab、Ba、BbⅡ、CⅠ	画像主要集中于墓门正面，后室门框也出现	建筑、几何图案，新出现人物画像	主要为凹面阴线刻和阴线刻，少量浅浮雕
新莽时期	BbⅢ	墓门正面、墓门背面、墓室	建筑、几何图案、祥瑞、升仙	剔地浅浮雕为主，少量阴线刻
东汉早中期	CⅡ、BbⅣ、Bc、CⅢ、D	墓中所有上石材中均有画像	主要流行神话、祥瑞、辟邪等	横竖纹衬地浅浮雕、透雕或多层深浮雕
东汉晚期	BbⅤ、Bc	画像数量减少，分布地方不确定	几何图案较多，祥瑞、乐舞百戏，新出现莲花、蟾蜍、莲子等	剔地浅浮雕、横竖纹衬地浅浮雕

（六）墓道

西汉之前，斜坡墓道一般是只有地位较高的人才能使用，一般的贵族和平民只能使用竖穴土圹墓或洞室墓[①]，地位较高的帝王使用四条墓道，高级贵族使用两条或一条墓道。西汉时期开始出现斜坡墓道，所占比例较少。东汉时期斜坡墓道非常流行，几乎取代竖穴墓道。

---

① 洞室墓最早在中国西北地区的新石器时代晚期的先民开始使用，商周时期分布范围向东扩大至关中地区，战国时期，关中地区的秦人大量使用；西汉中期砖室墓开始流行，绝大多数墓道窄于墓室，墓道与墓室之间无甬道。

（七）封门

西汉早、中期的封门多以木板为主，西汉中期开始出现砖封门[1]，西汉中晚期至新莽前后木板封门基本不见，砖封门为主，东汉时期的封门以砖为主。封门结构方面，西汉时期流行的条砖错缝平砌封门仍然使用，但形制上开始外弧，且流行条砖纵向斜侧立呈"人"字形砌法。

综上，南阳汉墓的发展、演变存在着一些规律，如土坑墓、木椁墓继承战国晚期的特点继续发展，流行于西汉时期，王莽时期以后基本不见。西汉早期的画像砖墓继承了战国空心砖墓的风格，随着砖室墓的出现，墓葬形制上模仿或借鉴了其风格，新莽以后再也未见画像砖墓[2]。南阳砖室墓变化过程和洛阳地区较为相近[3]。西汉中期开始出现画像石墓，流行至东汉晚期，东汉末期开始衰落，至魏晋仍有少量发现[4]（表一八）。

表一八　墓葬形制年代表

类型 年代	竖穴土坑墓	土坑木椁墓	砖室墓	画像砖墓	画像石墓	岩坑洞室墓
西汉早期	AaⅠ、AaⅡ、AbⅠ、Ba	AaⅠ、Ab、Ba、Bc		AaⅠ		
西汉中期	AaⅢ、AbⅡ	BbⅠ、Cb	AaⅠ、AbⅠ	AaⅡ、BaⅠ、BbⅠ	AaⅠ	
西汉晚期	AaⅣ、AbⅢ	BbⅡ	DaⅠ	BaⅡ、BbⅡ	AaⅡ、Ab、Ba、BbⅠ、BbⅡ、CⅠ	AⅠ、BⅠ、CⅠ

[1] 在其他地区还流行过使用土坯封门的情况，但在该区未见，见西安市文物考古研究所编《西安东汉墓》，文物出版社，2009，第914页。

[2] 该区邓县许庄曾经发现过南北朝时期的画像砖墓，淅川县大石桥乡发现隋代画像砖墓，虽然风格、内容与汉画像砖不同，但其制作方法是相同的，应当说是继承了汉画的因素，但是该区目前还未发现东汉时期的画像砖。

[3] 洛阳区考古发掘队：《洛阳烧沟汉墓》，科学出版社，1959。

[4] 东汉以后的画像石墓多为"再葬画像石墓"，即汉代以后的人利用原画像石墓中的画像石作为建筑材料，重新修筑的墓葬，这种墓葬在全国画像石墓出土较为集中的地方均有发现。

年代＼类型	竖穴土坑墓	土坑木椁墓	砖室墓	画像砖墓	画像石墓	岩坑洞室墓
新莽时期	Bb I	Ca	Aa II、Ac、E	Ba III、Bb III、Ca、Cb	Bb III	
东汉早期	Bb II		Ab II、Db I、Dc I		C II	B II
东汉中期			B I、C I		Bc IV、C III、D	A II、B III、C II
东汉晚期			B II、C II、Db II、Dc II		Bc V	

四　典型器物形态链与组合

（一）陶器

陶器分为仿铜陶礼器、生活日用器、生产生活模型明器、墓中祭奠用品、陶俑和反映"庄园经济"的模型明器。

1. 仿铜陶礼器

汉墓出土仿铜陶礼器数量最多，涉及墓葬广泛，延续使用时间长，组合稳定。仿铜陶礼器以鼎、盒、壶为核心。

（1）鼎、盒、壶的形态演变。

陶鼎，其中 A 型流行时间长，器形变化较快，器形逐渐变小，耳部逐渐外撇，腹部渐深，底部由圆底逐渐变为近平底，足部逐渐外撇；早期多为盘状盖，新莽以后多为博山盖。B 型的变化与 A 型相同。C 型鼎的足部逐渐变矮，腹部由圆底逐渐变为平底。D 型鼎逐渐变小，腹部逐渐变浅。鼎的变化主要是足部和耳部逐渐外撇，其演变序列清晰、前后衔接紧密、时间上是连续的。

陶盒，其中 A 型器形逐渐变高，口沿变短，下腹体由浅逐渐变深，腹部逐渐较弧，圈足逐渐变小。B 型腹部逐渐变深，腹部渐弧形。C 型的盖由碗状演变为博山式。盒的变化较为统一，主要是腹部逐渐变深，渐弧形，晚期基本不见圈足，盖为博山式。

陶壶，其中 A 型和 Ba 型使用时间较长，尤其 Ba 型。A 型陶壶器形逐渐变矮，颈部变短，腹部渐鼓。Ba 型颈部逐渐变长、直，腹部更鼓，圈足渐高。陶壶的形制演变较为一致，即器形变小，制作粗糙，变化较大。

（2）仿铜礼器组合。

根据器形形态分析，早期的仿铜礼器组合较为完整，西汉晚期以后逐渐衰落。组合形式有 5 组：

　　a. 鼎、盒、壶；

　　b. 鼎、盒、壶、钫；

　　c. 鼎、盒、壶、钫、豆；

　　d. 鼎、盒、壶、小壶；

　　e. 鼎、壶。

（3）年代。

汉墓中使用的仿铜礼器是战国晚期墓中常见的组合，西汉早期沿袭了这一组合，王莽以后基本不见①。南阳地区的仿铜陶礼器组合出现于竖穴土坑墓、竖穴木椁（棺）墓、砖室墓中，且东汉的砖室墓中此类组合较不完整（表一九）。

表一九　仿铜陶礼器年代表

年代 ＼ 陶器	陶　鼎	陶　盒	陶　壶	小　壶
西汉早期	AaⅠ、AaⅡ、AbⅠ、AbⅡ、CaⅠ、CaⅡ	AⅠ、BⅠ	AⅠ、BaⅠ	
西汉中期	AaⅢ、AaⅣ、AbⅢ、CaⅢ、CbⅠ	AⅡ、AⅢ、BⅠ、BⅢ、CaⅠ、CaⅡ	AⅡ、AⅢ、BaⅡ、CⅠ、CⅡ	BaⅠ、BbⅠ、BbⅡ
西汉晚期	AaⅤ、AbⅣ、BⅠ、CbⅡ、CbⅢ	AⅣ、BⅣ、CaⅢ、CbⅠ、CbⅡ	AⅣ、BaⅢ、CⅢ	BaⅡ、BbⅢ
新莽时期	AaⅥ、AbⅤ、BⅡ、CbⅣ、DⅠ	BⅤ、CbⅢ	AⅤ	
东汉早期	AaⅦ、BⅢ、DⅡ		BaⅣ	
东汉中期	BⅣ	CbⅣ	BaⅤ、BbⅠ	A
东汉晚期			BaⅥ、BbⅡ	

---

①　中国社会科学院考古研究所：《中国考古学·秦汉卷》，中国社会科学出版社，2010，第 394～400 页。

2. 生活日用器

南阳地区汉墓出土生活日用器的数量仅次于仿铜礼器，罐、瓮的使用时间最长，尤其是 Aa 型陶罐。

（1）罐、瓮的形态演变。

罐分有耳和无耳两类，Aa 型罐口部由内敛→侈口→敞口，颈部由弧形→较直→斜直，腹部最大径由上逐渐下移，底部由圆底内凹→平底。Ba型罐为高领折沿罐，斜弧腹、平底，颈部逐渐变长，腹部逐渐较扁。Bb 型罐矮领无沿，领部逐渐增长，底部逐渐变小，最大径逐渐上移。部分罐的盖由浅盘盖演变为博山盖。陶瓮有大口短颈和小口长颈两类，其中小口长颈在该区秦代墓中出现较多，而 A 型瓮的最大径逐渐下移。陶釜多为鼓腹，凸圆底，肩部和上腹部多饰竖绳纹，下腹多饰交错绳纹，A 型可能为秦式釜的延续①，B 型仅见于老河口九里山秦墓和西汉早中期墓。

（2）生活日用器组合。

生活日用器的组合主要有五组。其中罐和瓮为主要组合，其他较为零星。

    a. 罐、瓮；

    b. 瓮、釜；

    c. 罐、瓮、鐎斗；

    d. 鍪；

    e. 釜。

（3）年代。

陶罐是古代先民最常用的生活工具，可以盛装水、食物、粮食等②。Aa 型罐集中出土于湖北、河南南部、安徽、重庆东部，从春秋晚期流行至六朝，根据出土环境和形制，应该为汲水器。陶瓮主要见于中原地区③，在南阳汉墓一直流行。鍪当是巴文化遗存，釜为秦式釜，茧形壶是典型秦文化器物，这些均是秦统一后遍及全国，汉墓中的使用应是对秦文化的传

① 滕铭予：《论秦釜》，《考古》1995 年第 8 期。
② 西安市文物考古研究所编《西安东汉墓》，文物出版社，2009，第 924 页。
③ 洛阳区考古发掘队：《洛阳烧沟汉墓》，科学出版社，1959。

承和延续，釜、鍪的时代应在西汉早中期（表二〇）。

表二〇　陶日用器年代表

陶器＼年代	陶　罐	陶　瓮	陶　釜	陶　鍪	鐎　斗
西汉早期	AaⅠ	AaⅠ、BⅠ	AaⅠ、BⅠ	AⅠ	AⅠ
西汉中期	AaⅡ、BaⅠ、BbⅠ、BcⅠ	AaⅡ、AbⅠ、BⅡ	AaⅡ、Ab、BⅡ	AⅡ、AⅢ、B	AⅡ
西汉晚期	AaⅢ、BaⅡ、BbⅡ、BcⅡ	AaⅢ、AbⅢ、BⅢ		AⅣ	AⅢ、B
新莽时期	AaⅣ、BaⅢ、BbⅢ	AaⅣ			
东汉早期	AaⅤ、BaⅣ、BbⅣ、BcⅢ	AbⅣ			
东汉中期	AaⅥ、AbⅠ、BaⅤ、BbⅤ、Bd	AbⅤ		A	
东汉晚期	AaⅦ、AbⅡ				

3. 仓、灶、井

仓和井的类型相对丰富，灶数量较少。

（1）仓、灶、井形态演变。

仓均为圆形仓，有无足和有足两类。A型仓的腹部由较直逐渐演变为弧腹微鼓。灶有马蹄形和长方形两类，其中马蹄形灶的灶面逐渐加长，火眼也增加至2个；长方形灶从一端有挡板到两端均有挡板。A型陶井早期多为泥质陶，晚期多红陶，且多有井架。

（2）组合。

a. 仓、灶、井；

b. 仓、井；

c. 仓。

（3）年代。

仓作为模型明器在战国晚期墓中就已出现[1]，多为方形陶仓，西汉中

---

[1]　咸阳市文物考古研究所：《任家咀秦墓》，科学出版社，2005。

期开始被圆筒形腹仓代替，南阳地区西汉晚期墓中出土的陶仓为熊形足，西汉晚期以后的仓盖多为博山盖。西汉早期的灶多为马蹄形，西汉中期及中晚期的灶面平整，流行置二釜。新莽以后，灶面开始模印炊具等图案。西汉中晚期开始，长方形灶和马蹄形灶并行发展[1]。井最早在墓中随葬始于秦汉之际的徐州地区，中原地区的陶井大致在西汉中期以后开始流行（表二一）。

表二一　仓灶井年代表

年代 ＼ 陶器	陶　仓	陶　井	陶　灶
西汉早期			
西汉中期	AaⅠ	AⅠ、BaⅠ	AaⅠ、BⅠ
西汉晚期	AaⅡ、AbⅠ、BⅠ	AaⅡ、BaⅡ、BbⅠ	AaⅡ
新莽时期	AbⅡ、BⅡ	AⅢ、BbⅡ	AaⅢ、BⅡ
东汉早期	AbⅢ		AbⅠ
东汉中期			AaⅣ、AbⅡ
东汉晚期	AbⅣ、Ac		

注：本表中陶器的年代并非绝对，仅是根据器物形制演变的年代。

4. 杯、案、盘

祭奠用品有杯、案、盘、陶魁等。案是两汉时期重要的生活用具，多为漆木器，墓中的案面多涂红彩，应是仿漆木器而做，画像中也较常见，如西安理工大学汉墓中一幅宴饮场景画中，一排踞坐俑面前各摆一圆案，案上摆放漆器杯、耳杯等[2]。墓中随葬案最早出现在漆器发达的楚文化中，中原地区墓中出现案在新莽时期。盘多放置于案上，时代应与其相当。杯（或称耳杯）同样放置于案上，应是仿制漆器耳杯。杯、案、盘常常共出，如九里山 M47，竖穴土坑木椁墓，随葬为鼎 AaⅥ2、壶 AⅤ2、罐 Bc 型Ⅱ2、罐 BbⅠ、灶 BbⅡ2、井 AaⅢ2、仓 AbⅡ4、圈厕 AaⅠ2、磨 1、西汉五铢Ⅳ2、货泉 1 等，时代在新莽或东汉早期。

---

① 西安市文物考古研究所编《西安东汉墓》，文物出版社，2009，第 932 页。
② 西安市文物保护研究所：《西安理工大学西汉壁画墓发掘简报》，《文物》2006 年第 5 期。

5. 俑、陶楼等模型明器

俑有猪、狗、鸡等家禽类，东汉中晚期墓中较为常见，部分墓内也出土鸭，早期造型简单，形态不甚规整，比例不协调，中期制作规整，比例协调，形象逼真，晚期制作粗糙，或不加修整。据老河口九里山 M47 的发现，东汉早期墓中就有俑类随葬，东汉中晚期墓发现较多。

综上，南阳地区汉墓出土陶器时代特征为以下几个方面。

第一，仿铜礼器主要沿袭战国习俗，西汉早期至新莽时期一直流行，东汉早期以后逐渐减少，甚至消失。

第二，日用器中的双耳罐一直流行，瓿在东汉中期以后基本不见。釜、鍪、鐎斗、茧形壶等器类流行于西汉早、中期，西汉晚期及其以后基本不见。

第三，仓、灶、井等生活、生产模型明器自西汉中期开始流行，东汉早期以后数量减少，组合不够完整。

第四，杯、案、盘等设奠明器在新莽至东汉早期出现，流行于东汉中晚期，且一直延续使用。

第五，俑、陶楼等反映"庄园经济"的模型明器出现于新莽晚期或东汉初期，一直延续至东汉晚期。

（二）硬陶

西汉晚期开始，源自长江中游地区的印纹硬陶、高温釉陶、瓷器[1]开始在南阳地区零星出现，如南阳审计局出土壶一件，时代为西汉晚期。这些器物数量较少，且产地不在该区，应是交流或贸易的结果。

（三）铜器

铜器可以分为铜礼器和日用器两大类。

1. 铜礼器

有鼎、壶、钫、匜等。南阳发现鼎的形制与湖北张家山 M249[2]、湖北

---

[1] 河南省南阳市文物考古研究所、武汉大学历史学院考古系：《南阳丰泰墓地》，科学出版社，2011，第 239 页。

[2] 荆州地区博物馆：《江陵张家山三座汉墓出土大批竹简》，《文物》1985 年第 1 期。

荆州高台 M5①、淅川马川墓地②出土相似，时代均在秦至西汉早期。A 型壶与湖北荆门子陵岗 M63 所出 A I 式铜壶形制和纹饰相近，子陵岗的时代在西汉初年。B 型壶与西汉早期的中原系圆壶形制相似③。钫与贵县罗泊湾 M1：9、陕县 M2001：4 出土钫一样④，因此钫的时代应在西汉早期。

2. 日用器

有鍪、釜甑、鐎壶、蒜头壶、扁壶等。鐎壶出自岷山 M3，其"矮足、方銎柄"与南越王墓出土形制相似⑤。吴小平先生认为汉代出土鍪属于西南系青铜器，该区出土 I 式鍪"单环耳，侈口，圆底"，时代应在秦末西汉初期，II 式鍪"一大一小双环耳，鼓腹，圆底"，时代在西汉早期或西汉中期早段⑥。I 式釜甑系中原文化系器型，与广州汉墓 M1172 出土铜壶形制相似⑦。蒜头壶和扁壶应属秦文化的器物，蒜头壶发轫于关中，后随秦统一传播至全国，西汉中期以后基本消亡⑧。扁壶在春秋时期就已经出现，南阳出土的扁壶"圆肩、鼓腹，矮圈足"的特征在战国、秦墓中均有发现⑨。铜洗"侈口，鼓腹"，应为西汉中晚期，东汉铜洗多铭刻"蜀郡""堂狼"等西南地名，且饰有多种图案⑩。

由此，南阳汉墓出土的青铜器除少部分如鍪、甑、盘、洗等在西汉以后零星有发现之外，其他类型铜器均为西汉早中期遗物。

五　钱币年代

古代墓葬中随葬钱币是一种潮流，考古发现在不同时代和地区使用不同钱币随葬，钱币的特殊背景资料和近年来钱币学的深入研究，给部分难

---

① 湖北省荆州博物馆：《荆州高台秦汉墓》，科学出版社，2000。
② 淅川县文管会：《淅川马川秦墓发掘简报》，《中原文物》1982 年第 1 期。
③ 吴小平：《汉代青铜容器的考古学研究》，岳麓书社，2005，第 40 页。
④ 吴小平：《汉代青铜容器的考古学研究》，岳麓书社，2005，第 63 页。
⑤ 中国社会科学院考古研究所等：《西汉南越王墓》，文物出版社，1991。
⑥ 陈文领博：《铜鍪研究》，《考古与文物》1994 年第 1 期。
⑦ 广州市文物管理委员会：《广州汉墓》，文物出版社，1981。
⑧ 李陈奇：《蒜头壶考略》，《文物》1985 年第 4 期。
⑨ 吴小平：《汉代青铜容器的考古学研究》，岳麓书社，2005，第 118 页。
⑩ 郑同修：《汉晋鱼纹铜洗媵器考》，《东南文化》1996 年第 2 期。

以判断年代的墓葬提供了参考依据[①]。

（一）半两钱

秦统一后，仍将半两钱作为法定货币流通于全国，但是秦钱轻重不一，及至西汉初期，汉高祖以为"秦钱重难用，更令民铸荚钱"[②]，后因为政府控制不力，荚钱越造越轻，形成汉初钱币恶性贬值，到吕后二年秋七月，"行八铢钱"[③]，后在高后六年"行五分钱"，由于五分钱的实质仍为荚钱，因此仍然控制不住私铸的发生。到武帝继位时，当时市场荚钱及不足四铢的钱币流行，给社会带来了极大的不便，于是将铸币权收归中央，且在钱的周边铸有外廓，元狩四年"令县官销半两钱，更铸三铢钱，重如其文"[④]。元狩五年"有司言三铢钱轻，轻钱易作奸诈，乃更请郡国铸五铢钱，周廓其质，令不得磨取熔焉"[⑤]，至此半两钱退出流通，这些历史背景也有助于钱币断代。汉墓出土的Ⅰ式半两钱"钱边未经修正，有铸口痕迹，钱面文字中间高，四周低"明显是战国半两的特点[⑥]。Ⅱ式半两钱"钱边多经加工，较为厚重"与南阳县明家营公社窖藏出土第八类钱币类似[⑦]，属秦半两钱。Ⅲ式半两钱"钱型规整，钱体多较薄，直径在2.3～2.4厘米，字体较瘦长"与徐州洞山楚王墓所出八铢半两相近[⑧]，且与南阳金汉丰商厦窖藏出土吕后八铢半两形制类似[⑨]。Ⅳ式半两钱"字形方正、规范，略显呆板，'两'字内和'人'字上多有短竖"，与湖北江陵凤凰山M168所出文帝四铢半两相似[⑩]，当属文帝、景帝时期。Ⅴ式半两钱，

---

① 钱币属于耐用品，流行的时间一般都比较长，虽然晚期墓葬出土早期钱币的情况极为常见，但考古学研究的事实证明，钱币的分析仍然为墓葬年代上限的推定提供了重要的证据。

② 《史记》第四册，卷三十，中华书局，1959，第1417页。

③ 《汉书》第一册，卷三，中华书局，1962，第97页。

④ 《汉书》第四册，卷二十四下，中华书局，1962，第1164页。

⑤ 《汉书》第四册，卷二十四下，中华书局，1962，第1165页。

⑥ 蒋若是：《秦汉半两钱系年举例》，《中国钱币》1989年第1期；蒋若是：《秦汉半两钱范断代研究》，《中国钱币》1989年第4期。

⑦ 刘绍明、包明军、王正旭：《南阳平顶山钱币的发现与研究》，中华书局，2006，第69页。

⑧ 徐州博物馆：《徐州北洞山西汉墓发掘简报》，《文物》1988年第2期。

⑨ 刘绍明、包明军、王正旭：《南阳平顶山钱币的发现与研究》，中华书局，2006，第72、89页。

⑩ 蒋若是：《秦汉钱币研究》，中华书局，1997，第17页。

"多有郭，字体较大，笔画纤细，'两'字中间一般多为一横，当属武帝整顿钱币秩序后铸造的钱币"。

（二）五铢钱

南阳地区发现的五铢钱有西汉五铢、东汉五铢两大类，跨越两个大的时段。其中西汉Ⅰ式五铢"五"字宽大，五字中间交笔弧曲，上下两横略超出体宽，"铢"字"金"字旁三角头，四点长，"朱"字上部方折，下部圆折，与洛阳烧沟汉墓第Ⅰ型相似，属武帝元狩五年以后所铸五铢。Ⅱ式"五"字极窄，"朱"字方折，上下等长，交笔略曲，与两横相交处微收，上下两横出头甚多，钱文与昭帝四年钱范相同①，属于昭帝时期。Ⅲ式五铢的"五"字交笔弯曲度大，与两横相交处垂直，一般直径在2.6～2.64厘米、穿径1厘米，钱币规整，钱文清晰，应属宣帝时期五铢。Ⅳ式五铢钱的"五"字较长，中间交叉两笔与上下两横相交处近垂直，"铢"字之"金"三角头较小，"朱"字方折，上短下长，与元帝建昭五铢钱范相同，时代应在元帝时期。Ⅴ式五铢的形制较为完整，为磨郭或者是剪轮五铢，不过钱文可辨，有些如宣帝时期五铢剪磨较多，这些钱币当属西汉晚期。东汉五铢的断代本来存在难度②，但光武帝时期的纪年钱范证明东汉百年间随着时间的变化钱币仍有鲜明的时代特征③，其中如该区的Ⅰ式东汉五铢的"五"字交笔外张，"金"字头呈正三角形状，四点长而显，"朱"字上部较短，圆折，且"五铢"两字结构不如西汉五铢严谨，书体自由，应是属于建武五铢。剪轮和𦈠环五铢等劣钱的文字浅而不显，重量不够，笔画短粗或者是钱文往往被凿掉的部分，这要到顺帝、桓帝以后了④。另外还有一些"四出五铢"，该区发现较少，其"面有轮无郭，背有轮廓，字体略显修长"，徐承泰先生认为"四出五铢"流行于东汉灵帝中

① 河南省南阳市文物考古研究所、武汉大学历史学院考古系：《南阳丰泰墓地》，科学出版社，2011，第223页。
② 蒋若是：《东汉五铢钱》，载于《秦汉钱币研究》，中华书局，1997。
③ 徐承泰、范江欧美：《东汉五铢钱的分期研究》，《文物》2010年第10期。
④ 其实磨郭五铢并非只在经济萧条的东汉晚期出现，在西汉晚期也有出现，只是该区还未见这种钱币，见洛阳区考古发掘队《洛阳烧沟汉墓》，科学出版社，1959。

平三年以后[①]，即东汉灵帝至献帝时期。

（三）新莽钱币

王莽曾被封为新都侯，封地在今新野县一带。王莽统治时间较短，其"绝汉羡新"的目的让币种混乱，但出土钱币却极为丰富。南阳地区发现莽钱有大泉五十、货泉、一刀平五千、契刀五百、货布、大布黄千、布泉等，据文献记载为王莽时期所铸[②]。

六　铜镜年代

《南阳出土铜镜》已经对南阳地区汉镜的年代、流行、出土位置等做了初步研究[③]，本书在参考洛阳、西安地区[④]的研究基础上，对南阳地区汉墓出土铜镜的年代做相关补充（表二二）。

表二二　铜镜年代表

类型 \ 年代		西汉早期	西汉中期	西汉晚期	新莽时期	东汉早期	东汉中期	东汉晚期
A	a							
	b							
B	a							
	b							
C								
D	a							
	b							

---

① 徐承泰、范江欧美：《东汉五铢钱的分期研究》，《文物》2010 年第 10 期。其主要证据为在陕西长安三里村砖室墓出土的"建和元年"的朱书陶瓶纪年分为建和元年（104 年）和永元十六年（147 年），参见陕西省文物管理委员会《长安县三里村东汉墓葬发掘简报》，《文物》1958 年第 7 期。

② 徐承泰：《建武十六年钱东汉货币铸造考》，《华夏考古》2000 年第 1 期。

③ 蒋宏杰：《南阳出土铜镜》，文物出版社，2010。

④ 本书主要参考孔祥星、刘一曼《中国古代铜镜》，文物出版社，1984 年；程林泉、韩国河：《长安汉镜》，陕西人民出版社，2002。

类型＼年代		西汉早期	西汉中期	西汉晚期	新莽时期	东汉早期	东汉中期	东汉晚期
E								
F								
G	a							
	b							
	C							
H								
I								
J								
K	a							
	b							
	c							
L								
M								
N								

注：

（1）A：素面镜；B：蟠螭纹镜；C：蟠虺纹镜；D 连弧纹镜；E：山字纹镜；F：四叶羽状纹镜；G：草叶纹镜；H：星云纹镜；I：日光镜；J：昭明镜；K：博局纹镜；L：变形四叶镜；M：龙虎镜；N：画像镜。

（2）——表示开始使用并流行时间；— —表示延续使用时间。

综上，西汉时期主要流行素面镜、日光镜、昭明镜、蟠螭纹镜、蟠虺纹镜、星云纹镜、草叶纹镜、山字纹镜等，除部分（如连弧纹镜）一直流行至新莽甚至东汉早期之后，其他到东汉时期已经基本退出历史舞台，兴起于西汉晚期的博局纹镜在东汉晚期墓葬中还较常见。还有变形四叶镜、龙虎镜等流行于东汉早、中期的铜镜，画像镜是东汉晚期才开始出现并使用的。

南阳地区汉墓出土铜镜主要集中于南阳市区，襄阳地区和丹淅地区明显较少。且西汉时期的铜镜数量明显多于东汉时期，这可能和东汉时期主要流行的砖室墓大多数被盗或者损坏严重有关。战国时期的部分铜镜一直延续使用至西汉中晚期，如蟠螭纹镜兴起于战国晚期，在该区西汉晚期墓葬中仍有出土①。草叶纹镜一般认为是西汉早期至中期②，而该区的草叶纹镜延续使用至西汉晚期。铜镜纹饰也是如此。铜镜多放置在墓主头部附近或者是胸部、脚部等位置。

七　周邻地区

"秦汉时期的文化，无论是物质文化还是精神文化都表现出强烈的统一性特征和明显的地域性特征"③，洛阳、西安、山东等邻近地区已取得的成果对南阳地区汉墓的年代学研究具有借鉴意义。

（1）洛阳地区。《洛阳烧沟汉墓》对烧沟发现的 255 座汉代墓葬从墓葬形制、随葬品及其组合等进行了系统的研究，分为 6 期且确定了年代④。同时洛阳地区发现了部分纪年墓如烧沟东 M2，东汉安帝延光元年（122年）⑤；洛阳李屯东汉墓，东汉桓帝元嘉二年（152年）⑥；烧沟 M1037，东汉灵帝建宁三年（170年）；烧沟 M147，东汉献帝初平元年（190年）；洛阳东汉王当墓，东汉灵帝光和二年（179年）⑦；等等。

（2）西安地区。这一地区的中小型汉墓数量较多，年代序列较为完整。例如，《西安地区中小型西汉墓的分期与年代研究》一文将西安地区西汉墓分为四期六段⑧，《西安东汉墓》则将该区东汉时期墓葬分为五期，且对该区墓地的综合年代进行详细论证⑨。又如《西安龙首原汉墓》⑩《白

① 蒋宏杰：《南阳出土铜镜》，文物出版社，2010，第 103 页。
② 孔祥星、刘一曼：《中国古代铜镜》，文物出版社，1984；杨平：《陕西出土汉镜研究》，《文博》1993 年第 5 期；白云翔：《西汉时期日光大明草叶纹镜及其铸范的考察》，《考古》1999 年第 4 期。
③ 中国社会科学院考古研究所：《中国考古学·秦汉卷》，中国社会科学出版社，2010，第 21 页。
④ 洛阳区考古发掘队：《洛阳烧沟汉墓》，科学出版社，1959。
⑤ 中国社会科学院考古研究所洛阳唐城队：《1984 至 1986 年洛阳市区汉晋墓发掘简报》，《考古学集刊》（7），科学出版社，1991。
⑥ 洛阳市文物工作队：《洛阳李屯东汉元嘉二年墓发掘简报》，《考古与文物》1997 年第 2 期。
⑦ 洛阳博物馆：《洛阳东汉光和二年王当墓发掘简报》，《文物》1980 年第 6 期。
⑧ 韩国河、张翔宇：《西安地区中小型西汉墓的分期与年代研究》，《考古学报》2011 年第 2 期。
⑨ 西安市文物考古研究所编《西安东汉墓》，文物出版社，2009，第 1012～1018 页。
⑩ 西安市文物保护研究所：《西安龙首原汉墓》，西北大学出版社，1999。

鹿原汉墓》①《西安郑王村西汉墓》② 等从不同角度完善了西安地区汉墓的编年。

（3）山东地区。《山东汉代墓葬形制初论》③《山东汉代墓葬出土陶器初步研究》④ 就山东地区汉代墓葬进行了系统的研究，《山东地区汉墓》将山东汉代墓葬分为六期⑤。

（4）徐州地区。《徐州汉墓与汉代社会研究》将徐州汉代墓葬分为五期，并就年代、区域特征与周边汉墓进行了比较研究⑥。

（5）江汉地区⑦。《江汉地区汉墓》等文将江汉地区汉代墓葬分为五期，分别为西汉早期、西汉中期、西汉晚期与新莽时期、东汉早期、东汉中晚期⑧。

（6）川渝地区。《四川地区西汉土坑墓分期研究》⑨《四川崖墓的初步研究》⑩《四川汉代砖石室墓的初步研究》⑪《三峡地区秦汉墓研究》⑫《浅论四川地区王莽时期墓葬》⑬ 等初步建立了该区汉墓的编年序列。

---

① 陕西省考古研究所：《白鹿原汉墓》，三秦出版社，2003。
② 陕西省考古研究所：《西安郑王村西汉墓》，三秦出版社，2008。
③ 郑同修、杨爱国：《山东汉代墓葬形制初论》，《华夏考古》1996 年第 4 期。
④ 郑同修、杨爱国：《山东汉代墓葬出土陶器的初步研究》，《考古学报》2003 年第 3 期。
⑤ 杨爱国：《山东地区汉墓》，载于《中国考古学·秦汉卷》，中国社会科学出版社，2010，第 433 ~ 442 页。
⑥ 刘尊志：《徐州汉墓与汉代社会研究》，科学出版社，2011，第 67 ~ 125 页。
⑦ 主要是指长江中游地区及汉水下游地区，即湖北省的大部分辖区。本书认为鄂西北地区与豫西南地区汉代墓葬的文化共同性大于湖北其他地区，归入"南阳"地区，所以本书的江汉地区不包括汉水中游地区的鄂西北地区。
⑧ 中国社会科学院考古研究所：《中国考古学·秦汉卷》，中国社会科学出版社，2010，第 453 ~ 461 页；陈振裕：《湖北西汉墓初析》，《文博》1988 年第 2 期；郭德维：《试论江汉地区楚墓、秦墓、西汉早期墓的发展与演变》，《考古与文物》1983 年第 2 期；陈平：《浅谈江汉地区战国秦汉墓的分期和秦墓的识别问题》，《江汉考古》1983 年第 3 期。
⑨ 陈云洪、颜劲松：《四川地区西汉土坑墓分期研究》，《考古学报》2012 年第 3 期，第 315 ~ 349 页。
⑩ 罗二虎：《四川崖墓的初步研究》，《考古学报》1988 年第 2 期。
⑪ 罗二虎：《四川汉代砖石室墓的初步研究》，《考古学报》2001 年第 4 期。
⑫ 蒋晓春：《三峡地区秦汉墓研究》，巴蜀书社，2010。
⑬ 何志国：《浅论四川地区王莽时期墓葬》，《考古》1986 年第 3 期。

第二节 分组与年代

根据墓葬形制和随葬品形态、序列、组合的差异，本书将南阳地区汉墓分为八组。

（1）第一组。

墓葬有甲类、乙类、戊类三类，具体为甲类墓葬 Aa I 、Aa II 、Aa III 、Aa IV 、Ab I 、Ab II ，乙类墓葬 Aa、Ab、Ba、Ca I 、Bc，戊类墓葬 Aa I 。

随葬品组合：主要为日用器，仿铜陶礼器次之，铜器少量。具体为：

a. 罐、釜；

b. 罐、盂；

c. 罐、鍪；

d. 罐、鐎斗；

e. 瓮、罐；

f. 鼎、盒、壶、瓮；

g. 鼎、盒、壶、鍪、盂、勺；

h. 鼎、盒、釜甑、罐。

陶器具体为鼎 Aa I 、Ab I 、Ab II 、Ca I ，盒 A I 、B I 、Ca I ，壶 A I 、C I ，小壶 C I 、Bb I ，罐 Aa I 、Aa II 、Ba I ，瓮 Aa I 、Ab I 、Ab II 、B I ，钵，釜 Aa I 、B I ，鍪 A I ，鐎斗 A I ，豆 A，钵，茧形壶等；铜器有带钩、鼎、壶、钫、勺、甑、铜环、蒜头壶等；玉器主要有玉片、玉印等，铁器有铁锸、铁削等。

钱币均为半两，具体为半两 I 式、II 式、III 式、IV 式。

铜镜：素面镜、蟠螭纹镜、蟠虺纹镜、连弧纹镜、日光镜。

该组时代应在西汉早期，即秦朝灭亡到汉景帝末年（前 206～前 141 年）[①]。

[①] 一般意义上该段又可以分为"秦末汉初"和西汉初年两部分。另外本书各组汉墓年代的上、下限并非完全绝对，大多数情况下只是一个相对的大致年代。下同。

（2）第二组。

墓葬有甲类 Aa I 、Aa II 、Aa III 、Aa IV ，乙类 Aa、Ba，戊类 Aa I 、Aa II ，等等。

随葬品组合：主要为仿铜礼器组合，生活日用器次之，也有少量的铜器。具体为：

a. 瓮、罐；

b. 鼎、盒、壶；

c. 鼎、盒、壶、釜甑；

d. 鼎、盒、壶、豆、杯、瓮、勺；

e. 鼎、盒、壶、瓮；

f. 鼎、盒、壶、小壶；

g. 罐、鍪。

陶器具体有鼎 Aa I 、Aa II 、Aa III 、Aa IV 、Ab I 、Ab II 、Ab III ，盒 A II 、B I 、B II ，壶 Ba I 、Ba II 、C I 、C II ，小壶 Ba I 、Bb I 、Bb II ，罐 Aa、Ba I ，瓮 Aa I 、Ab II ，豆 B，釜甑，鍪 A II ，釜 Aa II 、Ab，镳斗等；铜器有带钩、铜鼎、钫、铜环、铜泡等；铁器有铁勺、铁钩、铁削、铁权、铁条、铁锸；玉器有玉玦、玉片、玉印等；铅器有铅坠等；另有少量漆器，但不能复原。

钱币均为半两，具体为半两 II 式、III 式、IV 式。

铜镜：素面镜、蟠螭纹镜、蟠虺纹镜、草叶纹镜、连弧纹镜。

该组时代应在西汉中期偏早，即在武帝前期（前140～前118年），汉武帝元狩五年（前118年）铸行五铢钱之前。

（3）第三组。

墓葬有甲类 Aa I 、Aa II 、Aa III 、Aa IV ，乙类 Aa、Ab、Ba、Bb I 、Bc、Cb，丙类 Aa I 、Aa II 、Cb，丁类 Aa I 、Ab I ，戊类 Aa I 、Aa II 、Ba I 、Bb I 、Bc，己类 Aa I 、Bc，等等。

随葬品组合：主要为仿铜礼器组合，生活日用器次之，也有少量的铜器。新出现的陶器有仓、灶、井等模型明器，但数量较少。具体为：

a. 鼎、盒、壶、小壶；

b. 鼎、盒、壶、罐、釜甑；

　　c. 鼎、盒、壶、瓮、灶；

　　d. 鼎、釜、瓮、仓、灶、井；

　　e. 鼎、盒、罐、灶、勺；

　　f. 鼎、盒、壶、罐、灶；

　　g. 瓮、灶；

　　h. 瓮、罐；

　　i. 瓮、仓、灶。

　　陶器具体有鼎 Aa Ⅰ、Aa Ⅱ、Aa Ⅲ、Aa Ⅳ、Ab Ⅰ、Ab Ⅱ、Ab Ⅲ、Ca Ⅱ、Ca Ⅲ、Cb Ⅰ，盒 A Ⅱ、A Ⅲ、B Ⅱ、B Ⅲ、Ca Ⅰ、Ca Ⅱ，壶 A Ⅱ、A Ⅲ、Ba Ⅰ、Ba Ⅱ、C Ⅰ、C Ⅱ，小壶 Ba Ⅰ、Bb Ⅰ、Bb Ⅱ，罐 Aa Ⅱ、Ba Ⅰ、Bb Ⅰ、Bc Ⅰ，瓮 Aa Ⅰ、Aa Ⅱ、Ab Ⅱ，鐎斗等，新出现的器物有仓 Aa Ⅰ，灶 A Ⅰ、Ba Ⅰ，井 Aa Ⅰ、B Ⅰ 等；铜器有车马器、带钩、饰件、盆、碗、刷、铃、印章、洗、钁、泡钉等；玉器有印章、玉片、玉玦等；铁器有铁剑、铁锸、铁带钩、铁条、铁釜；等等。

　　钱币：西汉五铢 Ⅰ 式、Ⅱ 式、Ⅲ 式。

　　铜镜：弦纹素镜、蟠虺纹镜、连弧纹镜、草叶纹镜、日光镜、昭明镜。

　　该组时代应该在西汉中期偏晚，即武帝后期至昭帝、宣帝时期（前118～前49年）。从墓葬形制和随葬品的特征来看，有一大部分墓葬应属于西汉中期，但未出时代明显的钱币，所以本书暂且将其归为西汉中期。

　　（4）第四组。

　　墓葬类型有甲类 Aa Ⅰ、Aa Ⅱ、Aa Ⅲ、Aa Ⅳ、Ab Ⅰ、Ab Ⅲ，乙类 Ba、Bb Ⅰ、Bb Ⅱ、Cb，丙类 A Ⅰ、B Ⅰ、C Ⅰ，丁类 Aa Ⅰ、Aa Ⅱ、Da Ⅰ、Ad，戊类 Ba Ⅰ、Ba Ⅱ、Bb Ⅰ、Bb Ⅱ、Bc，己类 Aa Ⅱ、Ab、Ba、Bb Ⅰ、Bb Ⅱ、C Ⅰ，庚类 A、B，瓮棺葬、瓦棺葬，等等。

　　随葬品组合：仿铜礼器为主，仓灶井等生产生活模型明器次之，生活日用实用器中除双耳罐和瓮流行之外，其他大量减少，也有少量铜器。部分较高等级的墓葬里已经出现杯、案、盘等祭奠明器和狗、鸡等反映"庄园经济"的模型明器。个别墓葬中零星出土硬陶和瓷器。具体为：

　　a. 鼎、盒、壶、小壶、釜；

b. 鼎、盒、壶、小壶、豆、仓；

c. 鼎、盒、壶、瓮；

d. 鼎、盒、壶、罐、釜甑、钵；

e. 鼎、壶、瓮、罐、仓、灶、井；

f. 鼎、瓮、灶、仓、井；

g. 鼎、瓮、罐、仓、灶、井；

h. 瓮、罐；

i. 鼎、盒、罐、钵、仓、灶、圈厕、陶狗；

j. 鼎、壶、罐、仓、灶、井；

k. 鼎、盒、壶、小壶、瓮、罐、仓、井、灶、鸡、狗、磨；

l. 鼎、盒、壶、仓、方盒、硬陶罐；

m. 鼎、壶、灶；

n. 鼎、壶、罐、瓮、釜、盆、仓、灶、井；

o. 壶、罐、仓、磨、灶、井、圈厕、鸡。

陶器具体有鼎 AaⅢ、AaⅣ、AaⅤ、AbⅠ、AbⅡ、AbⅢ、AbⅥ、BⅠ、CaⅡ、CaⅢ、CbⅠ、CbⅡ、CbⅢ，盒 AⅡ、AⅢ、AⅣ、BⅡ、BⅢ、BⅣ、CaⅠ、CaⅡ、CaⅢ、CbⅠ、CbⅡ，壶 AⅣ、BaⅢ、CⅢ，小壶 BaⅡ、BbⅠ、BbⅡ、BbⅢ，罐 AaⅡ、AaⅢ、BaⅠ、BaⅡ、BbⅠ、BbⅡ、BcⅠ、BcⅡ，瓮 AaⅠ、AaⅡ、AaⅢ、AbⅠ、AbⅢ、BⅢ，鋻 AⅣ，仓 AaⅠ、AaⅡ、AbⅠ、BⅠ，灶 AⅠ、AⅡ、BaⅠ、BaⅡ、BbⅠ，井 AaⅠ、AaⅡ、BⅠ，樽，方盒，磨等；铜器有铜甑、弩机、车马器、铜洗、铜盆、铜匜、铃、扣饰、带钩；玉器有玉玦、印章、玉片、石片、石塞、石板、石蝉等；铅器；骨器；铁器主要有铁剑、铁削等；少量蚌壳；等等。

钱币：西汉五铢Ⅰ式、Ⅱ式、Ⅲ式、Ⅳ式。

铜镜：草叶纹镜、连弧纹镜、昭明镜、日光镜、星云纹镜。

该组时代在西汉晚期，即汉元帝至汉孺子婴时期（公元前 48~8 年）①。

---

① 需要说明的是，汉元帝继位以后，西汉王朝为宦官和外戚所专权，社会逐渐动荡，王莽早在汉成帝时期开始专权，后于居摄元年（6 年）成为"摄皇帝"，在考古学断代中往往称之为"西汉末年"。本书鉴于王莽改制活动的影响和该区近中原，所以将具有新莽时期的墓葬单独列出做一组别。

（5）第五组。

墓葬类型主要有甲类 Aa I，乙类 Aa、Ba、Bb II、Ca、Cb，丁类 Aa II、Ab II、Da I、Db I、E，戊类 Ba III、Ba III、Ca、Cb，己类 Aa II、B II、B III、C II 等。

随葬品组合：属于该组的随葬品组合主要为仿铜礼器组合、仓灶井等生产生活模型明器、罐、瓮等生活日用器，祭奠明器和反映"庄园经济"的模型明器在画像石墓和画像砖墓中发现较多，但仿铜礼器的数量开始减少，且多较不完整。具体为：

a. 鼎、盒、壶、釜甑；

b. 鼎、盒、壶、仓、灶、井；

c. 瓮、罐、仓、灶、井、鸡、狗；

d. 壶、仓、灶、井；

e. 鼎、盒、鍪、瓮、仓、灶、井；

f. 盒、罐、仓、灶、井；

g. 罐、灶；

h. 鼎、盒、壶、仓、灶、井、圈厕、磨；

i. 壶、盒、瓮、罐、甑、灶、仓、鸡、狗、耳杯、案、俑、圈厕；

j. 鼎、壶、仓、圈厕；

k. 仓、灶、井、圈厕、磨、鸡、狗。

随葬品器类主要有鼎 Aa IV、Aa V、Aa VI、Ab III、Ab V、Ab VI、B II、Ca II、Ca III、Cb I、Cb II、Cb III，盒 A III、B III、B V、Ca I、Ca II、Ca III、Cb I、Cb II、Cb III，壶 A V，仓 Aa I、Aa II、Ab I、Ab II、B I、B II、Ba III、C III，灶 A III、Ba I、Ba II、Bb I、Bb II、Bb III，井 Aa I、Aa II、Aa III、B I、B II，磨、圈厕、狗、鸡、案、盘，罐 Aa IV、Ba III、Bb III，瓮 Aa IV 等；铜器主要有带钩、铜壶、铜盘等；铁器主要有铁刀、铁削等。

钱币：西汉五铢 IV、货泉、大泉五十、小泉直一、大布黄千。

铜镜：博局纹镜、连弧纹镜。

该组时代在新莽时期，即王莽建立新朝的始建国元年至新莽灭亡后刘玄的汉更始元年（9～24 年）。

（6）第六组。

墓葬具体甲类 BbⅡ，乙类 BbⅠ、Ca、Cb，丙类 BⅡ、CⅡ，丁类 Aa
Ⅱ、AbⅠ、AbⅡ、Ac、AdⅡ、AdⅢ、BbⅠ、C、Da、DbⅠ、DcⅠ，己类
Ab、BbⅠ、BbⅡ、BbⅢ、BbⅣ、Bc、CⅡ，等等。

随葬品组合：仿铜礼器、罐、瓮生活日用器、仓灶井等生产生活明
器、反映"庄园经济"的模型明器和杯案盘等祭奠明器。其中仿铜礼器数
量明显减少且组合多不完整，仓灶井等比前期减少且组合较不完整，罐、
瓮继续使用但数量减少，而其他模型明器则较为广泛使用和流行。同时出
现红陶且部分有施釉，灰陶数量减少。具体为：

a. 鼎、盒、壶、罐、仓、灶、井、方盒、奁、鸡、狗、磨、圈厕；

b. 奁、方盒、狗、圈厕、鸡；

c. 罐、仓、灶；

d. 罐、仓、灶、磨、圈厕、博山炉；

e. 鼎、壶、罐、仓、灶、井、圈厕、鸡、狗、磨；

f. 仓、灶、井、磨、圈厕、鸡、狗；

g. 瓮、甑、碗、盘、仓、灶、磨、耳杯、圈厕；

h. 鼎、壶、仓、灶、磨；

i. 壶、灶、仓、钵、盘、鸡、狗、俑、陶楼；

j. 磨、鸡、狗、圈厕；

k. 盒、瓮、罐、磨、仓。

陶器具体有鼎 AaⅣ、AaⅥ、AbⅢ、AbⅤ、BⅡ、BⅢ、CaⅡ、CaⅢ、
CbⅣ、DⅠ，盒 AⅢ、BⅢ、BⅤ、CaⅠ、CaⅡ、CaⅢ、CbⅠ、CbⅡ、Cb
Ⅲ、壶 AⅤ、BaⅣ，罐 AaⅤ、BaⅣ、BbⅣ、BcⅢ，瓮 AbⅣ，仓 AbⅢ、井
AbⅠ，灶 BaⅠ、BaⅡ、BbⅠ、BbⅡ、BbⅢ，磨、鸡、狗、圈厕、陶楼、
俑等；铜器有铜泡钉、铜饰、铜帽、铜洗、铜镞等；铁器有铁刀、铁削
等；玉石器有玉塞、玉蝉等。

钱币：西汉五铢Ⅳ、货泉、大泉五十、东汉五铢Ⅰ式。

铜镜：四乳镜、连弧纹镜、博局纹镜。

该组时代在东汉早期，即汉武帝刘秀建立东汉王朝，经明帝、章帝到
和帝永元十七年（25～105 年）。

（7）第七组。

墓葬具体有丙类 AⅡ、BⅡ、CⅡ，丁类 AbⅡ、C、DaⅠ、DaⅡ、Db
Ⅰ、DcⅡ，己类 C、BbⅣ，壬类等。

随葬品组合：有仿铜礼器、罐、瓮生活日用器、生活模型明器、祭奠
明器、反映"庄园经济"的模型明器。其中仿铜礼器的数量极其少且组合
很不完整，罐、瓮数量减少；仓灶井较为流行，但开始出现组合不完整的
情况，其他模型明器较为盛行，另外发现少量的硬陶器。具体为：

a. 鼎、甑、仓、灶、耳杯、鸭、陶楼；

b. 壶、罐、瓮、灶；

c. 壶、罐、仓；

d. 壶、罐、博山炉、井、圈厕、磨、陶灯；

e. 壶、罐、仓、灶、井、磨、狗、俑、圈厕、鸡、硬陶瓮；

f. 罐、甑、仓、灶；

g. 井、圈厕、狗；

h. 罐、仓、灶、井、圈厕、狗、鸡、磨、陶锥；

i. 仓、井、狗、耳杯、案、盘、俑、陶楼、釉陶、青瓷壶；

j. 瓮；

i. 罐。

陶器有鼎 BⅣ，盒 CbⅣ，壶 BaⅤ、BbⅠ，小壶 A，罐 AaⅥ、AbⅠ、BaⅤ、
BbⅤ、Bd，瓮 AbⅤ，仓 AaⅣ、AbⅢ、BⅡ，灶 BbⅡ、BbⅢ，井 AaⅡ、AaⅣ、
AbⅠ、AbⅡ，耳杯 B，圈厕 Ab，鸡，狗，盘，陶楼，俑，博山炉，樽，陶灯，
陶钱等，并有少量硬陶和青瓷；铜器有铜饼、弩机、铜帽、车马器、铜削、
铜镯等；玉石器有料珠、耳珰、玉蝉、玉衣片、水晶杯、水晶珠等；金银器
有金蝉、银顶针、银环、银镯等；铁器有铁镞、铁剑、铁削等。

钱币：西汉五铢Ⅳ、货泉、东汉五铢Ⅰ式。

铜镜：变形四叶纹镜、龙虎镜、博局纹镜。

该组时代在东汉中期，即汉殇帝延平元年到汉灵帝中平六年（106～
189 年）。

（8）第八组。

墓葬有丁类 AaⅡ、BⅠ、BⅡ、C、DaⅠ、DaⅡ，丙类 BⅢ，己类 Aa

Ⅱ、Bb Ⅴ 等。

随葬品组合：随葬品数量极少，且做工粗糙。陶器组合以鸡、狗、圈厕体现"庄园经济"的模型明器为主，仓、灶、井等生产生活明器和杯、案、盘等墓内祭奠用品明器次之，罐、瓮仍然存在少数墓葬内，仿铜礼器基本不见，且组合凌乱。具体为：

    a. 壶、罐、仓、灶、井、鸡、狗、俑、圈厕、熏炉、方盒、案、盘；

    b. 壶、罐、瓮、灶、硬陶罐；

    c. 罐、甑；

    d. 鼎、罐、盆、仓；

    e. 小壶、罐、仓、灶、井、鸡、博山炉、狗、圈厕；

    f. 瓮、罐、碗、硬陶罐；

    g. 壶、罐、仓、圈厕、磨、樽、盘、鸡、羊、楼、狗；

    h. 壶、仓、井、狗；

    i. 壶、奁、仓、灶、井、盘、魁、案、杯、圈厕、鸡、狗；

    j. 仓、磨、灶、圈厕。

陶器有鼎 BⅣ，壶 Bb Ⅱ、Ba Ⅴ，罐 Ab Ⅱ、Aa Ⅶ，瓮 Ab Ⅳ，仓 Aa Ⅲ、B Ⅱ，灶 Bb Ⅱ，井 Aa Ⅳ、Ab Ⅱ，鸡、狗、俑、圈厕、熏炉、方盒、案、盘、硬陶罐等；铜器有铜刀、带钩、铜饰、铜环等；铁器有铁匕首、铁釜、铁锸、铁刀；料珠、银戒指、石砚等。

钱币：东汉五铢 Ⅰ 式、Ⅱ 式、Ⅲ 式。

铜镜：四神镜。

该组时代在东汉晚期，即汉献帝初平元年至延康元年汉献帝被废、曹丕代汉称帝（190～220年）[①]。

第三节　分期

南阳地区汉墓的发展和演变过程，是汉文化形成、发展的过程，主要

[①]　黄巾起义失败之后，东汉社会形成了军阀割据的局面，尤其是建安元年（196年）曹操胁迫汉献帝自洛阳迁许之后，东汉已经名存实亡了，这一时期又常被称为"东汉末年"。

表现在墓葬形制、器物形态、器物组合等方面，其发展、演变、交替的过程可分为七期（附录一、附录二）。

（1）第一期：西汉早期（秦灭亡至汉景帝末年），即第一组。

墓葬为竖穴土坑墓、竖穴土坑木椁（棺）墓、画像砖墓。竖穴土坑墓直壁、平底，有的设有二层台，少数有斜坡墓道。竖穴土坑木椁（棺）墓有单棺、单椁单棺两类，少数有二层台和墓道。画像砖墓使用空心花纹砖和长方形砖建造，平顶或无盖的单室墓。随葬品陶器以罐、瓮为主，同时有鏊、釜和鼎、盒、壶等仿铜礼器等。钱币为战国半两、秦半两和西汉初期半两，铜镜主要流行素面镜、蟠螭纹镜、蟠虺纹镜、连弧纹镜、日光镜等。本期典型墓葬有南阳牛王庙 M1、南阳丰泰墓地 M27、老河口九里山 M6、许家岗 M21、刘家沟口 M27、老河口九里山 M56、老河口九里山 M60、襄阳王坡 M159、襄阳王坡 M35、莲花池 M17、老河口九里山 M120、擂鼓台 M1、岘山 M3、老河口九里山 M153、麒麟岗 M8 等。

（2）第二期：西汉中期（武帝、昭帝、宣帝时期），又可分为早、晚两段。

早段为武帝前期（元狩五年以前），即第二组。墓葬以竖穴土坑墓、竖穴土坑木椁（棺）墓、画像砖墓为主，形制与第一期相似。随葬品陶器以鼎、盒、壶组合为主，罐、瓮仍然流行，釜、鏊数量大减。钱币以西汉半两为主，未见五铢钱币等。本期早段的典型墓葬有南阳丰泰墓地 M88、刘家沟口 M7、老河口九里山 M28、老河口九里山 M111、南阳牛王庙 M3、南阳牛王庙 M4、南阳牛王庙 M41、南阳牛王庙 M22、南阳牛王庙 M108 等。

晚段为武帝元狩五年以后至宣帝时期，即第三组，墓葬除了流行早段类型之外，新出现砖室墓和画像石墓。其中画像砖墓顶部为"⌒"形的单室或并列双室或并列三室。新出现的砖室墓为单室或并列双室，平顶多使用盖顶，无墓道。画像石墓为石结构，并列双室或前后室结构；画像内容简单，以几何图案和建筑为主，主要装饰于墓门上。随葬品陶器组合以鼎、盒、壶为主，罐、瓮仍然流行，釜甑等日用器基本不见，新出现仓、灶、井等与生产、生活相关的模型明器。钱币新出现五铢钱币，以武帝、昭帝、宣帝时期五铢为主。铜镜主要为弦纹素镜、蟠虺纹镜、连弧纹镜、草叶纹镜、日光镜、昭明镜等。本期晚段的典型墓葬有南阳丰泰墓地M211、南阳丰泰墓地 M163、老河口九里山 M43、万岗 M1、南阳烟草局M7、南阳牛王庙 M20、襄阳王坡 M156、南阳一中 M35、襄阳王坡 M11、襄阳王坡 M22、刘家沟口 M43、刘家沟口 M72、南阳丰泰墓地 M344、赵寨砖瓦厂画像石墓、唐河石灰窑画像石墓等。

（3）第三期：西汉晚期（汉元帝至汉孺子婴时期），即第四组。

墓葬形制复杂多样，画像砖和画像石墓盛行，新出现岩坑洞室墓。竖穴土坑墓四壁多有二层台，竖穴土坑木椁（棺）墓多为一椁一棺，少数为一椁两棺，多有二层台，一椁两棺者多有墓道。画像砖多为实心砖，没有空心砖，墓顶部多为券顶，有的增加耳室，少数墓葬有斜坡墓道。砖室墓大量增加，流行单室和并列的双室墓，新出现前后室结构的墓葬，但后室多为单室，墓葬顶部主要为券顶形状。画像石墓为砖石混合建造，以前后室结构和回廊型结构为主，前后室中的后室多用隔墙分为两个墓室；墓室顶部以平顶和券顶两种形制为主，少数高规格墓葬使用墓道。岩坑洞室墓多为竖穴墓道，平面形状多样。随葬品中陶器组合仍然以鼎、盒、壶、罐、瓮为主，仓、灶、井等模型明器较前期流行，西汉晚期以后器盖多为博山式盖。在画像石墓中开始零星出现家禽、磨、圈厕等模型明器，画像新出现人物画像，雕刻技法主要为凹面阴线和阴线刻，开始出现浅浮雕类型画像。钱币多为五铢，基本不见半两钱币，五铢钱种类多样，元帝时期五铢为最晚。铜镜有草叶纹镜、连弧纹镜、昭明镜、日光镜、星云纹镜等。部分墓葬还出土瓷器和硬纹陶。典型墓葬有南阳牛王庙 M12、南阳牛王庙 M14、南阳牛王庙 M77、南阳牛王庙 M118、刘家沟口 M48、刘家沟口M51、刘家沟口 M59、刘家沟口 M73、刘家沟口 M74、老河口九里山 M1、老河口九里山 M2、老河口九里山 M12、老河口九里山 M147、老河口九里山 M137、老河口九里山 M171、老河口九里山 M92、老河口九里山 M99、老河口九里山 M154、襄阳长虹南路 M1、长虹南路 M2、襄阳王坡 M180、高庄 M7、南阳陈棚画像石墓 M68、南阳审计局 M69、阎杆岭 M83、阎杆岭M38、唐河湖阳罐山墓、西峰 M3、西峰 M5、辛店熊营画像石墓、南阳杨官寺画像石墓、南阳永泰小区画像石墓、唐河湖阳画像石墓、南阳万家园画像石墓等。

（4）第四期：新莽时期（始建国元年至新莽灭亡后刘玄的汉更始元年），即第五组。

竖穴土坑墓、竖穴土坑木椁（棺）墓、画像砖墓数量较少，砖室墓、画像石墓数量增加。画像砖墓的顶部基本为券顶结构，平面以前后室结构类型为主，多有墓道。砖室墓中单室或并列单室的墓葬继续流行，前后室结构墓葬数量较前期大增，墓葬顶部以券顶结构为主。画像石墓墓顶为券顶，在冯君孺人墓中出现穹隆顶结构类型；画像石以剔地浅浮雕为主，少量为阴线刻。随葬品中陶器组合鼎、盒、壶组合的数量开始减少，且组合不完整，罐、瓮的数量较前期减少，仓、灶、井等开始大量流行。钱币以西汉时期的五铢、货泉、大泉五十、小泉直一等新莽钱币为主。铜镜新出现博局纹镜，连弧纹镜继续使用。典型墓葬有南阳牛王庙M85、南阳牛王庙M123、刘家沟口M50、老河口九里山M69、老河口九里山M71、老河口九里山M98、南阳牛王庙M1、襄阳王坡M161、南阳东苑M85、岘山M1、唐河湖阳镇画像石墓、南阳刘洼画像石墓、南阳中建七局画像石墓、蒲山二号画像石墓、南阳蒲山画像石墓等。

（5）第五期：东汉早期（东汉初至汉和帝永元十七年），即第六组。

竖穴土坑墓、竖穴土坑木椁（棺）墓基本不见，木椁墓多为一椁两棺，且出现双墓道。画像砖墓已经不见。砖室墓和画像石墓最为流行，另外有少量的岩坑洞室墓。砖室墓以前后室结构为主，顶部以前后室券顶为主，其他如单室或双室、三室丙类墓继续使用，部分墓葬的主室一侧会设置耳室等。画像石墓数量较多，结构丰富，顶部主要为券顶式。随葬品中陶器组合中的仿铜礼器开始减少，且组合较不完整，仓、灶、井等数量和前期基本一样，罐、瓮继续使用但数量急剧减少，鸡、狗、圈厕、俑、陶楼等数量和使用频率上升，杯、案、盘等墓内祭奠用品主要出现在画像石墓中。钱币开始出现东汉五铢，部分墓葬出现新莽时期钱币。铜镜主要为四乳镜、连弧纹镜、博局纹镜三类。属于本期典型墓葬的有南阳牛王庙M34、南阳牛王庙M71、南阳丰泰墓地M127、南阳丰泰墓地M66、南阳丰泰墓地M330、南阳丰泰墓地M78、南阳丰泰墓地M63、东沟长岭M5、东沟长岭M50、老河口九里山M19、老河口九里山M46、老河口九里山M47、老河口九里山M63、老河口九里山M77、老河口九里山M175、卞营M10、襄樊 M1、孔家营 M1、高庄 M27、万岗 M9、程庄 M39、程庄 M104、南阳市拆迁办 M3、襄阳松鹤路 M29、南阳制造厂 M2、襄阳杜甫巷 M2、南阳安居新村画像石墓、辛店熊营画像石墓、南阳陈棚画像石墓、南阳王寨画像石墓、南阳石桥画像石墓、南阳军帐营画像石墓、唐河白庄画像石墓、南阳英庄画像石墓等。

（6）第六期：东汉中期（汉殇帝延平元年至汉灵帝中平六年），即第七组。

墓葬形制以砖室墓为主，画像石墓和竖穴土坑墓数量较少，竖穴土坑木椁墓不见，在西峰墓地发现有少量岩坑洞室墓。砖室墓以前后室结构为主，多有甬道和墓道，后室多为双室，顶部多为券顶，部分砖室墓开始出现穹隆顶和券顶混合使用；另外出现"甲"和"刀"字形结构的单室，带甬道的穹隆顶砖室墓，一般墓道较长。画像石墓的顶部主要为穹隆顶、券顶，且前室两侧出现耳室，画像内容基本和第五期相似。随葬品中器物组合发生了较大的变化，仿铜礼器衰落和罐瓮衰落，仓、灶、井数量减少，但仍是主要随葬品，另外反映"庄园经济"的鸡、狗、磨、陶楼等继续流行使用，墓中祭奠如杯、案、盘数量较少。另外在该区墓葬发现少量的青瓷壶和硬陶瓮。钱币多以东汉五铢为主，铜镜以变形四叶纹镜、龙虎镜、博局纹镜等较为常见。典型墓葬有南阳丰泰墓地 M208、郧县老幸福院 M18、幸福院 M72、东沟长岭 M51、襄阳王坡 M174、松鹤路 M29、襄阳东街 M3、南阳人民北路、邢庄 M3、制造厂 M2、教师新村 M10、西峰 M2、西峰 M15、西峰 M22、方城城关画像石墓、邓县长冢店画像石墓等。

第七期：东汉晚期（汉献帝初平元年至延康元年汉献帝被废），即第八组。

墓葬以砖室墓为主，画像石墓和岩坑洞室墓仍有发现。砖室墓的后室以多室为主，顶部为穹隆顶，斜坡墓道盛行且多窄于墓室。画像石墓的墓道与墓门之间由甬道相连，前室两侧的耳室各分为两个，且耳室大小与后室一样，画像内容中新出现莲花、蟾蜍、莲子等，但数量较少，且分布地方不确定。随葬品中陶器数量大量减少[①]，主要以鸡、狗、圈厕、陶楼、

---

① 主要是因为砖室墓目标明显，容易被盗。

俑类等为主，仓、灶、井等生产生活明器和杯、案、盘等墓内祭奠用品次之，仿铜礼器和罐瓮基本不见或组合凌乱。钱币出现剪轮和綖环五铢等文字浅而不显的劣钱，另外据报告在少数墓中发现四出五铢。铜镜新出现的主要是四神镜。墓葬有南阳丰泰墓地 M12、郧县老幸福院 M9、郧县老幸福院 M24、郧县老幸福院 M32、郧县老幸福院 M13、郧县老幸福院 M1、郧县老幸福院 M3、郧县老幸福院 M10、郧县老幸福院 M11、襄阳贾巷 M5、襄阳贾巷 M7、北岗 M7、杨寨 M3、杨寨 M1、东街 M2、防爆厂 M64、南阳桑园路 M3、西峰 M23、邓州梁寨画像石墓、新野前高庙画像石墓等。

第四节　演变轨迹

通过对南阳地区汉墓的墓葬形制，随葬品的类型学、年代学、分期等研究，表明南阳地区汉墓和随葬品都有其独特的发展过程，反映了不同阶段的墓葬特征和丧葬文化。演变轨迹分述如下。

一　墓葬形制

西汉早期的墓葬多继承战国晚期和秦代本地文化的特征，有竖穴土坑墓、竖穴土坑木椁（棺）墓，以及受郑州地区影响的空心画像砖墓。竖穴土坑墓主要流行于西汉时期，西汉晚期以后发现的墓葬多带斜坡墓道。西汉早期在该区流行的竖穴土坑木椁（棺）墓沿用战国晚期楚地葬俗，多为单椁单棺，少数设有壁龛，墓道平面呈梯形且没有封门；西汉晚期均有墓道，一椁双棺的合葬墓出现两条墓道（多系二次开凿），西汉晚期以后基本不见该类墓葬。西汉早期开始流行于该区的画像砖墓，多为空心砖建造，使用木板盖顶；西汉中期开始出现并列二室或三室的墓葬，盖顶多用较大的画像砖拼建成"⌒"形状；西汉晚期的墓顶多为楔形小砖砌筑的弧形券顶，部分墓葬开始在一侧建造耳室；新莽时期画像砖墓出现前后室结构，少数后室为并列双后室，前室一般为弧形券顶，后室多为平顶。砖室墓在南阳地区出现是在西汉中期晚段时候，西汉中晚期的砖室墓没有墓道，多使用木板盖顶；西汉晚期出现双室并列的砖室墓，墓室顶部开始出现使用砖券弧形顶、前后室结构的墓葬（如南阳市东苑小区墓）；东汉早期前后室结构的后室演变为丙类双室或三室，前室与墓道之间多有甬道，墓葬顶部开始使用四角攒尖的穹隆顶；在丹淅地区东汉中期开始流行一种单室穹隆顶墓，平面多为"刀"字形或"甲"字形。画像石墓的出现基本和砖室墓同时，西汉中期晚段多为并列双室，顶部直接使用石材盖顶；西汉晚期出现前后室结构和回廊形结构，前后室墓的前室和并列双室或三室多为砖券券顶，回廊形结构墓葬顶部使用石材盖顶；到东汉早期，前室的开始出现分室，流行至东汉晚期；新莽时期，回廊形墓葬券顶结构在前室出现双侧室，由此可见，画像石墓一出现便适应了夫妻同穴合葬的潮流。岩坑洞室墓由竖穴式墓道向斜坡式墓道演变。西汉时期开始使用斜坡墓道，但所占比例较少；东汉时期斜坡墓道极为流行，几乎取代竖穴墓道。西汉中期的封门多以木板为主，开始出现砖封门，西汉中晚期至新莽前后木板封门基本不见，砖封门成为主流。东汉时期的封门以砖为主，但较西汉时期相比，封门结构又发生变化，西汉时期流行的条砖错缝平砌封门仍然使用，但形制上开始外弧，且流行条砖纵向斜侧立呈"人"字形砌法。

综上，南阳地区汉墓的演变主要基于以下三点。

（1）砖、石室墓的兴起和使用逐渐代替木椁墓成为主流。画像石墓和砖室墓（不包括画像砖墓）出现于西汉中期晚段，西汉晚期以后盛行且逐渐成为埋葬的主要形式。至西汉晚期，沿用战国时期的楚式木椁墓的墓葬开始逐渐退出历史舞台，东汉早期以后基本不见。土坑墓的数量随着砖、石室墓的兴起，使用量也在逐渐减少。砖室墓一直延续至明清时期①。

（2）竖穴式墓向横穴式墓的转变。西汉晚期在砖室墓、画像砖墓、画像石墓中均出现横穴式墓，此后开始大量流行，直至东汉中期，传统的竖穴式墓逐渐消失。横穴的前室最早和后室一样宽或稍宽于后室，至东汉中期。画像石墓的前室出现侧室，更甚者侧室也出现并列双室的现象。同样，正是横穴式墓的兴起和流行也推动了斜坡墓道、甬道、砖封门、穹隆顶的普及，这些因素综合在一起体现了该区汉墓"第宅化"的进程。

（3）墓室内装饰材料和形式的变化。该区汉墓最早在室内有装饰的是

---

① 南阳市文物考古研究所：《南阳明墓》，大象出版社，2010。

新野漳口村南空心画像砖墓①，西汉中期以后，在画像砖墓中空心砖不再使用；西汉中期至新莽时期的墓室装饰材料有画像石和画像砖两种，至东汉早期以后主要为画像石，同时一些砖室墓的墓砖上装饰有各种纹样。

二　随葬品

随葬品的演变过程主要从单个器类的型式和不同时期随葬品的组合两个方面进行，其中单个器类的类型和型式演变已在第二章之"随葬品分析"一节中进行了详细总结，本节就随葬品组合的演变做重点分析。

西汉早期，在本地战国晚期、秦代墓葬随葬习俗的基础上形成了鼎、盒、壶、钫、茧形壶等为主的仿铜礼器组合，西汉中期晚段组合开始不完整，东汉以后虽有发现但数量较少，且组合不完整；西汉中期晚段，最先在襄阳地区墓葬中出现灶，西汉晚期仓、灶、井开始流行，至东汉晚期逐渐减少；狗、磨等在西汉晚期的画像石墓中就已经出现，新莽以后开始流行，一直延续到东汉晚期的墓葬中；杯、案、盘一类墓中祭奠陈设最先出现在西汉晚期画像石墓中，东汉以后成为流行元素。

由此，随葬品组合的演变规律是仿铜礼器的衰落和模型明器的逐渐增多并取代陶礼器成为主导地位，说明随葬品由重礼制逐渐生活化。这一变化过程与政治、经济、丧葬观念、文化传统等诸多因素有关，但政治因素和丧葬观念起主导作用。

---

① 南阳市文物考古研究所编《南阳汉代画像砖墓》，文物出版社，1990，第5页，图二。

第四章

文化因素与区域特征

西汉全国统一后，地域间的文化差异逐渐缩小，呈现出相互融合的景象①，各地自然环境、经济形态、宗教信仰、风俗传统②的不同造就了各地区间的差异③，其中方言和宗教最为明显④。考古学遗存的研究除了明晰年代早晚外，更重要的是探求在同一横轴时间上各空间的关系。

第一节　文化因素

文化因素分析，顾名思义就是分析考古学文化的构成因素，是考古学文化研究发展到一定程度的必然产物。它以类型学研究为前提，其方法论的核心是比较研究⑤，即在对考古学文化内部的遗存进行详细分解的基础上同其他文化进行比较，以了解考古学文化或是某个考古遗存的文化因素构成情况，对于文化性质的确定、发展、演变、源流的考证、文化之间的

①　刘新建：《秦汉建设"大一统"文化的尝试及其特点》，《社会科学》1990 年第 3 期，第 98 页。
②　风俗在一定程度上来说是一个非常宽泛的概念，主要包括风气习尚、婚丧礼仪、迷信淫祀、民歌俗谚。
③　《汉书·地理志》指出了各地、各民族在自然地理环境、社会经济技术发展水平、文化传统、风俗习惯等方面存在诸多的差异。
④　周振鹤：《中国历史文化区域研究》，复旦大学出版社，1997，第 107 页。
⑤　李学勤：《比较考古学随笔》，广西师范大学出版社，1997，第 1 ~ 7 页。

交流、文化区系类型及中心区的确定都有重要的作用①。

一　文化因素分析

为进一步明晰南阳地区汉墓的文化结构、文化内涵及其文化特征，本书分别对墓葬、随葬品进行分析。

（一）墓葬

南阳地区发现的西汉早期竖穴土坑木椁墓，多不带墓道，个别中型墓葬中设有的二层台、壁龛等逐渐消失，但棺椁结构未变，葬者仰身直肢葬，有些椁室四周还填充白膏泥，椁墓盖板横放平铺，盖板上还会铺芦席。这些墓葬结构特征与枣阳九连墩 M1、擂鼓墩 M13 楚墓相似，应是沿用楚文化的埋葬习俗。淅川阎杆岭墓地和刘家沟口墓地总计发现的三座积石积炭墓，也是战国楚墓习俗的延续使用②。

空心砖墓在战国晚期的郑州地区就有发现③，郑州地区和洛阳地区画像砖墓就是使用空心砖建造，单室平顶，且时代在西汉早期，应该是战国时期画像砖墓发展而来④。

砖室墓、画像石墓应是汉文化影响下的产物。

（二）随葬品

Ca 型鼎、Aa 型Ⅰ式大平底高足鼎、Ba 型Ⅰ式长颈陶壶、Ab 型Ⅱ式鬼脸式鼎、A 型盒等都可在战国晚期楚墓中找到源头⑤。墓葬中随葬的"陶饼"是以楚国货币为母本的"冥币"，是楚文化影响下的产物。Aa 型罐自春秋中期以来流行于河南南部、湖北、湖南、安徽等地，一直使用至南北朝，从目前的分布状况来看，南阳地区南部是这种陶器分布的中心区，汉

---

①　索德浩：《峡江地区汉晋墓葬文化因素分析》，巴蜀书社，2012，第 17~31 页。

②　丁兰：《湖北地区楚墓分区研究》，民族出版社，2006，第 139~171 页。

③　刘中伟：《郑州地区空心砖墓初步研究》，《华夏考古》2011 年第 2 期。

④　郑州市文物考古研究所：《郑州市九洲城西汉墓的发掘》，《中原文物》1997 年第 3 期。

⑤　丁兰：《湖北地区楚墓分区研究》，民族出版社，2006，第 139~171 页；湖南省博物馆：《长沙楚墓》，文物出版社，2000，第 220~212 页。

代的发现应是东周时期文化的继续发展和演变。

西汉早中期常见的铜蒜头壶、铜茧形壶、陶茧形壶、扁壶等属秦文化遗存①。鐎斗是在秦式釜的基础上演变而来的,西汉早期墓中的瓮、罐组合应是秦人遗俗②。B 型小口瓮常见于关中地区战国晚期至西汉早期的墓中,湖北战国晚期秦墓略有所见,如云梦睡虎地秦墓 M7、M10③。鼎、盒、壶的仿铜礼器组合在江汉地区战国晚期秦墓中也有零星发现,秦代较为普遍④。铜鍪和铜釜在巴蜀文化中较为普遍⑤,陶釜和陶鍪应是秦统一东方六国时携带至此⑥。

无耳高领折沿罐（Ba 型）,主要分布在河南中部的郑州以及西南部,属于战国韩地文化的延续⑦。

印纹陶的质地、纹饰、形态与流行于湖南地区的硬陶罐相同,如南阳丰泰墓地 M57 出土的印纹硬陶罐与湖南津市肖家湖 M17 所出一致⑧,南阳丰泰墓地 M293 所出与湖南衡阳凤凰山 M6 所出硬陶罐一致⑨,这类遗存的源头在长江中游地区。

瓷器有青瓷、黑瓷的四系罐、六系罐,Aa 型四系青瓷罐与江苏泗阳打

---

① 秦代秦文化的构成本是一个复杂的含义,这是一个动态发展的过程,秦代的秦人在不断吸收楚文化（漆器）、周文化（仿铜礼器）、巴蜀文化（釜、鍪）等众多因素。尽管在各个地区秦代墓葬有种种差异,但秦朝的建立和统一,带动了秦疆域内文化的传播和融合。

② 俞伟超:《考古学中的汉文化问题》,载于《古史的考古学探索》,文物出版社,2002,第 191～190 页。

③ 《云梦睡虎地秦墓》编写组:《湖北云梦睡虎地秦墓》,文物出版社,1981;云梦县文物工作组:《湖北云梦睡虎地秦汉墓发掘简报》,《考古》1981 年第 1 期;湖北省博物馆:《1978 年云梦秦汉墓发掘报告》,《考古学报》1986 年第 4 期。

④ 郭德维:《试论江汉地区楚墓、秦墓、西汉前期墓的发展与演变》,《考古与文物》1983 年第 2 期。

⑤ 李明斌:《巴蜀文化陶釜略论》,《考古与文物》1996 年第 6 期;陈平:《说釜——兼论釜、鬵、鬴、鍑、鍪诸器之关系》,《考古与文物》1982 年第 5 期。

⑥ 中国社会科学院考古研究所:《中国考古学·秦汉卷》,中国社会科学出版社,2010,第 147～148 页。

⑦ 张辛:《中原地区东周陶器墓葬研究》,科学出版社,2002。

⑧ 常德市文物工作队等:《津市肖家湖十七号汉墓》,载于《湖南考古辑刊》（第六辑）,1994。

⑨ 衡阳市文物考古工作队:《湖南衡阳市凤凰山汉墓发掘简报》,《考古》1993 年第 3 期。

鼓墩樊氏画像石墓[①]、湖南益阳羊舞岭 M1[②] 等发现形制近似。Ab 型四系罐与江苏高淳固城 M2[③]、江苏泗阳打鼓墩樊氏画像石墓[④] 等发现的形制近似。六系罐则与广东番禺 M31[⑤]、佛山澜石 M13[⑥] 等所出相近。据科学检测，南阳市内出土 2 件瓷壶系南方烧造[⑦]。由此，瓷器来源分别为长江下游的江浙地区和岭南地区。

釉陶主要有低温铅釉陶、高温灰釉陶[⑧]，两者属于不同的文化传统[⑨]，低温铅釉陶器主要分布在长江以北，有陕西关中和济源两个中心，有研究认为汉代的低温铅釉陶应发端于两汉的政治、经济中心关中地区[⑩]。高温灰釉陶则主要分布于长江以南。而南阳人民北路墓地出土一件红陶施釉、长颈、圆鼓腹、喇叭形圈的细颈壶[⑪]，与广州汉墓[⑫]、广西风门岭 M26 出土铜壶形制相似[⑬]，应属岭南地区文化因素。

Bb、Bd 型罐均为无耳矮领罐，最显著的特征是肩、腹部交界处饰一道宽凹槽，这两类罐主要发现于南阳丰泰、牛王庙、老河口九里山、刘家沟口等墓地。这类罐从西汉中期开始出现于南阳地区，且不见于其他地区，应属本地文化。西汉早期新出现的大口圆底瓮（Aa 型），也不见于其他地区，应属本地文化。熊足陶鼎（B 型）、Cb 型鼎、D 型鼎、双耳平底罐（Ab 型）等同属本地文化。

---

① 淮阴市博物馆：《江苏泗阳打鼓墩樊氏画像石墓》，《考古》1992 年第 9 期。

② 益阳地区文物工作队：《益阳羊舞岭战国东汉墓清理简报》，载于《湖南考古辑刊》（第二辑），1984。

③ 南京市博物馆：《江苏高淳固城东汉画像砖墓》，《考古》1989 年第 5 期。

④ 淮阴市博物馆：《江苏泗阳打鼓墩樊氏画像石墓》，《考古》1992 年第 9 期。

⑤ 广州市文物考古研究所等：《番禺汉墓》，科学出版社，2006。

⑥ 广东省文物管理委员会：《广东佛山市郊澜石东汉墓发掘报告》，《考古》1964 年第 9 期。

⑦ 南阳市知府衙门博物馆：《南阳市嘉丰汽修厂汉墓清理简报》，《中原文物》2008 年第 4 期，第 19 ~ 20 页。

⑧ 由于低温铅釉陶和高温灰釉陶很难区分，考古报告中也并未对"釉陶"进行分辨，一般粗略地报告为釉陶。

⑨ 陈彦堂：《关于低温铅釉陶器研究的几个问题》，北京大学中国考古学研究中心等编：《古代文明》（第四卷），文物出版社，2005，第 303 ~ 315 页。

⑩ 中国硅酸盐学会：《中国陶瓷史》，文物出版社，1982。

⑪ 南阳市文物研究所：《南阳市人民北路汉墓发掘简报》，《华夏考古》1999 年第 3 期。

⑫ 广州市文物管理委员会：《广州汉墓》，文物出版社，1981，图二八四。

⑬ 广西壮族自治区文物工作队、合浦县博物馆：《合浦风门岭汉墓——2003 ~ 2005 年发掘报告》，科学出版社，2006。

南阳东苑私营企业开发区画像石墓 M132 出土一件泥质灰陶俑①，圆首光头、深目高鼻、蓬胡、下颔上翘，着短衣紧身裤、尖头靴，应为胡人形象，画像中也发现一些胡人图像②，还有莲花、蟾蜍、莲子③、珠饰品等属于域外文化因素或受其影响所致。

南阳地区汉墓中的文化因素较为复杂，除西汉早期、中期早段对战国晚期本地的韩文化、秦文化、楚文化中部分沿用外，其余都属于汉文化。这里有必要对"汉文化"做简要的阐述。本书所讲的汉文化主要是指考古学文化，是汉王朝建立以后在汉代疆域范围内的两汉时期（包括新莽时期）遗存所反映出来的统一的文化面貌（包括物质文化、精神文化、制度文化）的总称。在考古遗存中主要包括两个方面，第一方面是指汉代疆域内存在且普遍流行的文化因素；第二方面是指在不同地区（包括边疆地区）因自然环境、历史传统、政治背景等差异所表现出的地域文化因素（或称汉文化亚区）。就丧葬礼俗而言，俞伟超先生概括为汉初多为秦、楚和六国文化的遗风，西汉中期以后主要表现在家族茔地的兴起，合葬礼俗的发展（尤指夫妻合葬和多代合葬），模拟"庄园经济"的模型明器，墓室壁画和画像石所反映的道德伦理和世界观④。鼎、盒、壶的仿铜礼器组合形式是自战国继续沿用的，但鼎、盒、钫的组合形式是西汉早期新出现的组合，类似于西安地区西汉早期墓葬中的同类组合和器形。矮蹄足球形鼎（Ab 型鼎）在秦式鼎的基础上融合楚文化后发展成为汉鼎。平底盒在战国晚期至秦代的关中地区发现较多，为西汉所继承，在南阳地区出现则是西汉中期以后。这一组合是在战国秦文化、韩文化、楚文化等基础上，相互融合后产生的，西汉中期晚段以后多不见早期文化的影子，逐渐成为汉文化的一部分。仓、灶、井、圈厕、磨、鸡、狗、人物俑等在西汉中期晚段以后陆续出现，都是受汉文化影响而产生的，具体形态上却有本土文化

---

① 李伟男、李黎东：《南阳市新发现东汉胡奴陶俑》，《华夏考古》1999 年第 3 期，第 109 页，图一。
② 《中国画像石全集》（第六卷），山东美术出版社，2000，第 22、29、30、31、35、36、85、118、162、165、180 页。
③ 〔韩〕李晓：《中国早期佛教造像研究》，文物出版社，2005。
④ 俞伟超：《考古学中的汉文化问题》，原载《考古·文明与历史》，联经出版事业公司，1999，后收入氏著《古史的考古学探索》，文物出版社，2002，第 191～190 页。

的特征。南阳汉墓中的地方文化因素，是汉文化区域差异的物质表现。

二　动态考察

综上对南阳地区汉代墓葬相关文化因素的分析表明，该区西汉早期文化因素主要有韩、楚、秦（包括巴蜀文化因子）以及本地文化因素四种，其中西汉时期的汉文化是楚文化、秦文化以及本地文化延续至西汉早期并发展、变化后逐渐形成的。在这一过程中，由于楚文化的主体地位因秦文化的统治而中断，其对汉文化的影响相对较弱。西汉初年，被推翻的秦王朝文化影响仍然存在，汉人在本地文化的基础上，承秦、楚、韩三种文化的因素加以创造和变化最终在汉武帝时期全面确立[1]（即本书分期的第二期晚段），之后汉文化按照自己的轨迹向前发展，出现新的墓葬形制、新的器类，这一过程一直延续至西汉晚期，"汉制"才真正地确立。西汉晚期开始，源自长江中游地区的硬纹陶开始传播至本地，东汉晚期长江下游的各类瓷器、岭南地区细颈壶和域外的文化因素开始传入本地，丰富了本地汉文化的内涵。

第二节　与周邻地区的比较

南阳地区汉墓在发展和演进中受到不同历史和区域文化的影响，为了更深层次地认识该区汉墓的特点，本书选取洛阳、关中、江汉、徐州等周邻地区的中小型汉墓与南阳地区汉墓进行比较。

一　洛阳地区

洛阳地区在郡国更替频繁的两汉时期，与关中地区的行政隶属明确，也是与中央政权关系最为稳定的地区[2]，因此洛阳地区中小型墓葬在墓葬

---

① 俞伟超：《秦汉考古学文化的历史特征》，载于《古史的考古学探索》，文物出版社，2002，第 191～197 页。

② 周振鹤：《西汉政区地理》，人民出版社，1987，第 7～20 页；李晓杰：《东汉政区地理》，山东教育出版社，1999，第 7～19 页。

形制与埋葬习俗上趋于一致。汉墓数量甚多，墓葬形制多样，发展脉络清晰。主要以邙山南麓墓葬①和洛阳烧沟汉墓为基础分为七期②。

第一期：西汉早期，墓葬形制主要为单棺空心砖墓或土洞墓，墓室平顶。随葬品组合以鼎、盒、壶为主，间或出土陶俑头和铅质车马器，钱币主要为半两。

第二期：西汉中期，早段墓葬仍然为平顶单棺空心砖墓或土洞墓，随葬品组合以鼎、盒、壶为主，铜镜流行草叶纹镜和星云纹镜。晚段出现双棺墓，陶器出现仓、灶组合，铜镜出现日光镜和昭明镜，西汉五铢钱币开始出现并盛行。

第三期：西汉晚期，墓葬形制多为梯形空心砖墓，或小券顶的弧顶墓，也有土洞墓。耳室发达，多呈"T"形，合葬习俗大为流行，陶井开始与仓、灶成为固定组合。陶器组合主要有鼎、敦、壶、罐、仓、灶、井等，釉陶出现。

第四期：新莽时期，流行小砖券顶、单穿隆顶的"前堂后室"墓，前室多为方形，后室多为长方形券顶。在墓的前室常有杯、案、盘等墓中设奠的陈设，仓、灶、井成为随葬的主流。墓中常见的随葬品主要有鼎、敦、壶、仓、灶、井、樽、盆、方盒、甑、博山炉等。

第五期：东汉早期，墓葬形制仍然为单穿隆顶的"前堂后室"墓，有的墓开始出现竖井式的附阶梯墓道。随葬品中的鼎、盒、壶组合不复存在，新出现云雷纹连弧纹镜，东汉五铢钱在墓中出现。

第六期：东汉中期，出现带斜坡墓道的双穿隆顶墓和前堂后室墓，家禽、家畜和奴仆俑，伎乐俑常见，铜镜新出现尚方镜、夔凤镜，钱币以东汉五铢多见，有的墓葬开始出现青绿釉瓷器。

第七期：东汉晚期，除第七期常见的外，常有两个或多个后室、侧室，家族合葬日益盛行，书写镇墓纹的大平地罐是该期的典型器物。钱币主要有剪轮五铢、綖环五铢、四出五铢等。

① 翟维才：《洛阳市文管会配合防洪工程清理出 2700 余件文物》，《文物参考资料》1955 年第 8 期。

② 中国社会科学院考古研究所：《中国考古学·秦汉卷》，中国社会科学出版社，2010，第 394～400 页。

洛阳地区墓葬形制逐渐"第宅化",随葬品的变化反映出周秦以后重礼的葬俗逐渐被西汉中期以后重世俗生活的观念所代替。

二 关中地区

关中地区[①]在西汉时期成为全国经济最繁荣、文化最为发达的地区,与洛阳地区一样是一个文化相对稳定的地区。本书根据《西安地区中小型西汉墓的分期与年代研究》[②]《西安东汉墓》[③]《西安龙首原汉墓》[④]《白鹿原汉墓》[⑤]《西安郑王村汉墓》[⑥] 等报告、研究分为七期。

第一期:西汉早期,主要流行竖井式洞室墓,竖穴土坑墓,斜坡墓道土洞墓,随葬品组合主要为仿铜礼器鼎、盒、壶等,生活明器仓、灶等,个别较高等级的墓葬中还出现人物俑、乐器、车马器等。

第二期:西汉中期,仍以土洞墓为主,土坑墓数量较早期减少,斜坡墓道洞室墓较早期盛行。随葬品组合和第一期相似,新出现樽和圆腹形仓。部分器物上还有彩绘。

第三期:西汉晚期,主要流行竖井式土洞墓和斜坡墓道土洞墓,新出现条砖和空心砖建造的砖室墓。砖室墓多平顶,也有部分为券顶,木板封门和泥封门多见。随葬器类基本同中期,但彩绘衰退。

第四期:新莽时期,流行竖井式墓道或斜坡墓道洞室墓,砖室墓较为流行,封门多为条砖,有少量木板和泥封门。随葬品中陶器的仿铜礼器组合多不完整,生活明器的形制发生变化。钱币多为新莽钱币。

第五期:东汉早期,主要流行斜坡式洞室墓,竖井墓道不见,墓道与墓室之间多由甬道相连。墓室开始流行前后室墓,三室、多室开始出现。随葬品中以生活明器为主,仿铜礼器组合不见,新出现镇墓瓶、陶井等。

---

① 本书的"关中地区"主要包括今西安市及宝鸡、咸阳、渭南等三地市的部分地区。
② 韩国河、张翔宇:《西安地区中小型西汉墓的分期与年代研究》,《考古学报》2011 年第 2 期。
③ 西安市文物考古研究所编《西安东汉墓》,文物出版社,2009,第 1012 ~ 1018 页。
④ 西安市文物保护研究所:《西安龙首原汉墓》,西北大学出版社,1999。
⑤ 陕西省考古研究所:《白鹿原汉墓》,三秦出版社,2003。
⑥ 陕西省考古研究所:《西安郑王村西汉墓》,三秦出版社,2008。

第六期：东汉中期，以斜坡墓道多室墓为主。以前、后室结构为主，部分前室多有耳室和侧室，前室多穹隆顶，后室多为券顶，封门以条砖斜侧立"人"字形为主。随葬品中新出现案、盘、碗、耳杯等墓内祭奠器以及猪、狗、鸡等家畜家禽俑。

第七期：东汉晚期，以斜坡墓道多室墓为主，三室及多室开始流行，布局形式更加多样化。随葬品与第六期基本相同。

关中的西汉墓继承了大量秦文化因素，如洞室墓，缶、茧形壶、蒜头壶等，同时也吸收了周邻地区的文化因素，如楚文化的棺椁结构、彩绘装饰等。

三 江汉地区

主要包括湖北省的大部分辖地，迄今为止发现汉墓 800 余座[①]。彭浩把该区汉墓分为五期。

第一期：西汉早期，竖穴木椁墓为主，多单棺、一椁一棺、一椁二棺，椁室外部一般会填塞白膏泥，随葬品有漆器、陶器、铜器三类。陶礼器主要为鼎、盒、壶或豆。日用器主要为瓮、罐、釜、甑、盂等。铜礼器数量较少。

第二期：西汉中期，主要以竖穴木椁墓、岩坑墓为主，少数有墓道。随葬品以鼎、盒、壶等仿铜礼器和漆器为主，另外流行陶罐、釜等日用器和灶等模型明器。

第三期：西汉晚期与新莽时期，仍然流行竖穴木椁墓、岩坑墓，墓道多偏于一侧呈刀形。开始出现砖木混构的墓葬。随葬品以实用器为主，器类主要有瓮、罐、印纹硬陶等，仿铜礼器组合不全。明器主要有仓、灶、井、鸡、狗、圈厕等。

第四期：东汉早期，砖室墓开始流行，少量为砖石混构墓。小型单室券顶居多，有的带甬道或墓道，墓道多位于一侧。多室墓以双室最多，一

---

① 中国社会科学院考古研究所：《中国考古学·秦汉卷》，中国社会科学出版社，2010，第453 页。

般做前、后室布置。随葬品以陶器为主，仿铜礼器零星出现，日用器有罐、瓮、奁等。模型明器有仓、灶、井、磨、圈厕、家畜、家禽等，少量硬陶和青瓷，釉陶器增多。铜器等明显偏少。

第五期：东汉中晚期，砖室墓盛行，有少量的砖石混构墓。小型单室占多数，多室墓增加并扩大，出现甬道、前后室、侧室等。随葬品为陶器、日用器、模型明器等。模型明器增多，硬陶和青瓷，釉陶器较为流行。鄂西地区还发现少量画像石和画像砖①。

西汉早、中期的墓葬多承继楚墓习俗，以木椁墓为主，晚期少数墓葬出现木砖混合结构类型椁墓，西汉中期晚段出现砖室墓，随葬品多楚式礼器，多见日用器、漆木器、模型器仓、曲尺灶。西汉中期荆州地区及其附近地区墓葬随葬品仍以日用器为主，其他地区以陶礼器为主。西汉晚期出现圈厕、家畜、家禽等，釉陶器增多。东汉时期，该区的墓葬文化与中原地区较为接近，木椁墓仍然流行，数量减少。

四　徐州地区

徐州地区是汉代重要封国所在地②，中小型汉墓的发展演变可以分为五期③。

第一期，可以分为三段。第一段西汉初期，墓葬有土坑墓、石椁墓、石坑竖穴洞室墓。随葬品组合主要为鼎、盒、壶、茧形壶、仓、灶、井等，并发现了少量的瓷器。第二段，西汉早期中段，墓葬数量大增，器类形制基本同第一段，新出现瓷罐等。第三段，西汉早期偏晚阶段（文景时期至武帝初期），石椁墓数量较少，土坑墓、洞室墓数量增加，画像石开始在墓中出现。钱币多为文帝五铢，模型明器中增加圈厕，瓷器数量增加。

① 卢德佩：《湖北当阳市郑家大坡东汉画像石墓》，《考古》1999年第1期；沈宜扬：《湖北当阳刘家冢子东汉画像石墓发掘简报》，载于《文物资料丛刊》（第1辑），文物出版社，1977；中国社会科学院考古研究所：《中国考古学·秦汉卷》，中国社会科学出版社，2010，第461页。

② 刘尊志：《汉代诸侯王墓研究》，社会科学文献出版社，2012；刘瑞、刘涛：《西汉诸侯王陵墓制度研究》，中国社会科学出版社，2010。

③ 刘尊志：《徐州汉墓与汉代社会研究》，科学出版社，2011，第67～125页。

第二期，可以分为两段。第一段为武帝时期，石椁墓数量大增，其他类型墓葬仍然流行，多为夫妻合葬墓，画像石墓数量开始大增，随葬品主要为仿铜礼器和模型明器，器类型式和第一期第三段相似，但部分如茧形壶、鐎壶等数量极少。第二段为西汉中期偏晚（昭、宣帝时期），墓葬类型基本如第一段，但石椁墓和画像石数量增加，仿铜陶礼器组合开始不完整，仓、灶、井、磨等虽有发现，但制作粗糙，数量减少。

第三期，可以分为两段。第一段，西汉晚期（元帝至新朝之前），石坑墓出现三室墓，石椁墓和画像石墓数量增加，多为夫妻合葬墓；石坑竖穴墓数量减少。陶礼器组合衰退，器物数量也呈减退趋势。模型明器与瓷器基本和第二期第二段相似，釉陶器开始出现。第二段，王莽时期，石坑竖穴墓基本不见，其他类型墓葬数量增加，钱币以大泉五十为主，仿铜陶礼器组合不完整，模型明器组合也开始出现不完整，陶器制作多较粗糙，釉陶器开始流行。

第四期，东汉早期阶段（光武帝至安帝时期），石椁墓和砖室墓成为墓葬主要类型，多为平顶，砖室墓部分无顶，陶礼器中钫、盒不见，鼎的数量较少，西汉墓葬常见的奁、案、魁、耳杯等数量和比例增加，生活明器增多，如鸡、狗等。釉陶器数量增加。

第五期，土坑墓不见，石室墓数量增加，砖室墓数量较少，代之而起的是砖石混构墓，多为券顶和叠涩顶，墓内多有画像。仿铜陶礼器基本不见，壶、罐等有少量出土，奁、案、盘、耳杯等较为常见，仓楼亦多有发现，动物俑增加。

西汉时期，石椁墓中出现画像石，洞室墓多模仿现实生活。东汉时期的横穴式石室、砖室、砖石混构墓的日趋"第宅化"，随葬品中陶礼器的衰落，模型明器逐渐取代陶礼器的主导地位，说明该区汉墓随葬品逐渐"生活化"。

五　与周邻地区比较

对南阳和周邻地区汉墓发展脉络和特征的比较表明，各个区域在大一统背景的发展中，仍然有独特的区域发展特征，其中南阳地区在墓葬形制和随葬品组合变化方面均异于这些地区。

　　与洛阳地区相比，南阳地区西汉早期主要为竖穴土坑墓和竖穴土坑木椁（棺）墓，不见洞室墓，西汉晚期新出现一种岩坑洞室墓，也异于常见的洞室墓①。西汉中晚期开始流行的砖室墓中并列双室、三室的布局不见于洛阳地区。该区前后室墓的后室多为双室、三室，西汉晚期墓葬中开始出现甬道。画像石墓的前室多见侧室，回廊型结构、单穹隆顶墓的墓葬也不见于洛阳地区。此外该区自西汉早期开始流行的木椁墓，一直到东汉中期以后才不见，与洛阳地区差异较大。南阳地区画像砖墓是受战国晚期以来郑州地区画像砖墓影响所致，西汉中期晚段以后再未见使用空心砖砌筑，而是以实心长条砖为主②。随葬品方面，西汉早期开始出现与中原地区相近的鼎、盒、壶（钫）等仿铜陶礼器，但仍以罐、瓮、鍪、釜等生活日用器为主。西汉中期以后开始流行仿铜陶礼器，西汉中期晚段开始出现仓、灶、井等模型明器，至西汉晚期圈厕等非常流行，但洛阳地区出现圈厕是东汉中期以后了。该区墓葬流行使用陶制的钱币，这在洛阳地区少见。就器形而言，人面纹深腹大圆底鼎不见于中原地区，同样该区不见洛阳地区的空心假圈足壶、扁腹壶。带井架或井亭的陶井数量极少③，与中原地区差异较大。该区一直是 Aa 型双耳罐的流行区域之一。

　　与关中地区相比，南阳地区西汉早中期竖穴土坑墓使用较为广泛，多数为直壁，有的设有二层台。关中流行的土洞墓，在该区仅见郧县西老观庙 M3 一例，但在西汉晚期和东汉中晚期出现一种形制独特的岩坑洞室墓，就形制和开凿方式而言，两者联系不大。画像砖墓在西安地区的咸阳市附近有少量发现④，画像石墓在关中地区仅发现 6 座，由此，西安地区的装饰墓要少于南阳地区。斜坡墓道在关中出现于西汉早、中期，一直流行至东汉时期。关中地区西汉早期已经出现仿铜陶礼器，也开始

---

① 谢端琚：《试论我国早期土洞墓》，《考古》1987 年第 12 期；马金磊：《甘青地区青铜时代土洞墓的初步研究》，《考古与文物》2013 年第 2 期。

② 南阳市文物考古研究所编《南阳汉代画像砖》，文物出版社，1990。

③ 报告中仅见少数几件带井架、井亭，李桂阁报告中为 6 件形制不同的陶井，见李桂阁《南阳地区汉代陶井及其相关问题》，《农业考古》2003 年第 1 期。

④ 程林泉、张翔宇：《西安地区西汉中小型汉墓形制浅析》，载于《西安考古研究》，陕西人民出版社，2004。

零星出现仓、灶等生活明器，杯、案、盘等祭奠陈设到东汉中期以后才出现。关中地区灶以圆头为主，王坡 M11 出土三眼灶与西安龙首原三眼灶形制相似①。

南阳地区与江汉地区紧邻，文化因素有很多共同之处，如西汉早期开始流行竖穴土坑木椁墓，不见土洞墓，随葬 Aa 型双耳罐、小口圆腹瓮、泥饼②等。西汉中期晚段开始出现砖室墓，但江汉地区要到东汉早期以后；西汉中期至新莽时期，南阳地区流行并列二室或三室的砖室墓，但江汉地区仍然流行带斜坡墓道的木椁墓。东汉以后，两地区的文化面貌较为相似。

与徐州地区相比，西汉早期至新莽时期都流行竖穴土坑墓，西汉中晚期以后画像石墓逐渐增加；早期随葬品多为仿铜礼器和罐瓮等，西汉中期开始使用仓、灶、井等生活明器，西汉晚期出现杯、案、盘等墓内祭奠用品。徐州地区一直流行的石椁墓、石坑墓在南阳地区不见。南阳地区流行的画像砖墓在徐州地区也尚未见到。

综上，南阳地区与邻近地区的关系比较密切，既有统一也有差异，西汉时期差别较大，东汉趋于统一，完整地反映了汉文化统一的进程。南阳汉墓又有较强的地域性特征，与当地的文化传统、地理环境、政治、经济等密不可分。

第三节　分区研究

南阳地区汉墓除具有高度统一性的特征之外，内部地理环境、历史传统的差异造成南阳地区内部也存在一些差异。结合墓葬形制、随葬品以及相关文化因素特征，可以将南阳地区汉墓分为三个亚区，即以白河中上游为中心的南阳市区、以淅川为中心的丹淅地区、以襄阳市为中心的襄阳地区。这种内部的区域性差异不仅表现在地域上的静态差异，还有时间变化上的动态差异，具体分析如下。

---

① 韩保全等：《西汉龙首原汉墓》（甲编），西北大学出版社，1999。
② 牛天伟、崔华：《南阳汉墓出土的陶饼》，《中国钱币》2004 年第 2 期。

一　以白河中上游为中心的南阳市区

西汉早期至西汉中期早段，南阳市区主要流行竖穴土坑墓，这是继承了战国晚期该区墓葬的主要类型。画像砖墓使用空心砖建造，顶部使用木板盖顶。西汉中期晚段出现砖室墓和画像石墓，砖室墓多用木板盖顶，有些有墓道的使用木板封门；画像石墓为并列双室；画像砖墓继续发展，顶部多为"⌒"。西汉晚期砖室墓和画像石墓继续流行且逐渐成为主流；砖室墓中开始出现墓道，墓室顶部多为券顶；竖穴土坑木椁墓基本不见。新莽时期墓葬形制开始多变，在画像石墓中出现穹隆顶。东汉早期以后，土坑墓不见，主要流行砖室墓和画像石墓，画像石墓为其发展的高峰期，发现数量较多。东汉中期以后基本为砖室墓，画像石墓开始衰落。

南阳市区的墓葬随葬品在西汉早期至东汉晚期数量较大，种类繁多。西汉早期阶段，罐类组合依然常见，但仿铜礼器的数量较战国晚期有所增加且组合逐渐完善[①]。西汉中期晚段至西汉晚期仍以鼎、盒、壶组合为主，双耳罐组合仍然流行，仓、灶、井等模型明器最先在画像石墓中开始出现。西汉晚期至新莽时期，仓、灶、井、鸡、狗、磨、圈厕等开始大量流行，鼎、盒、壶组合依然存在，但数量锐减，并且组合开始不完整。西汉晚期在画像石墓中开始出现案、盘等墓内祭奠用品。东汉早期鼎、盒、壶组合数量骤减，杯、案、盘仍然流行，鸡、狗、圈厕、磨、各类人俑等开始被随葬。东汉中期以后鼎和盒两种器类基本消失。

就典型器物形态而言，仿铜礼器的器形有一个从大到小的演化，制作工艺也有由简单到复杂再到粗糙的过程，如 Ab 型鼎。陶壶流行至东汉晚期，东汉中期以后的壶多敞口高圈足，口沿逐渐变直。器盖也存在变化的过程，如圈足抓手盖，在西汉早期与其他地区差别不大，西汉晚期的盖部出现各种钮饰，最为常见的是铺首状器盖，这种器钮两个铺首相对，鼻部

---

① 关于南阳地区战国晚期的墓葬类型和随葬品分析主要参考南阳丰泰墓地战国晚期墓葬，见河南省南阳市文物考古研究所、武汉大学历史学院考古系《南阳丰泰墓地》，科学出版社，2011。

相合成该钮，铺首的头部形成钮盖，原来的抓手逐渐退化成一道凹棱。博山盖在该区流行是新莽时期以后，器盖上常常模印有山峦、树木、人物、动物等形象，应属狩猎和生产的场景。仓分有足和无足两类，形态上与洛阳地区仓的形态相似，最初仓是无门的，稍晚使用阴线刻画门，最后仅使用圆孔代表仓门，到东汉晚期仓门结构消失。灶平面多为长方形，早期多没挡板，西汉晚期以后开始出现挡板，东汉后期的灶多和灶上配件连体。井上还会模印鱼、蛙等。较为特殊的是在南阳丰泰墓地竖穴土坑墓中随葬的一种陶制的车轮，其他地区尚未发现。

二 以淅川为中心的丹淅地区

丹淅地区，主要是指豫、鄂交界的丹江口一带，包括丹水、淅水二水交汇处，即现在的河南淅川和湖北郧县一带。西汉早期墓葬多为竖穴土坑木椁墓，且多为一椁一棺墓。西汉中期新出现一种在墓室四周和底部积石积炭的墓葬，淅川发现一座画像砖墓，竖穴土坑墓和木椁墓继续流行。西汉晚期开始出现砖室墓，多为单室；西峰地区发现一组岩坑洞室墓，流行至新莽时期。东汉早期以后不见竖穴土坑墓和竖穴土坑木椁（棺）墓，砖室墓数量大增，多为"甲"字和"刀"字形单室墓，由墓道、甬道、封门、墓室四部分组成，墓顶多为券顶，这类墓在其他两区未见。值得注意的是西汉晚期在该区出现的岩坑洞室墓，东汉中晚期重新出现。

随葬品方面，在西汉早期多承秦文化的罐、鍪、釜、鐎斗等，少数墓葬中开始出现仿铜礼器组合。双耳罐作为该区东周以来一直流行的器物，从西汉早期流行至东汉晚期。西汉中期，鼎、盒、壶为主要组合，罐、瓮、釜等继续被使用。西汉晚期，砖室墓中首先出现仓、灶、井、圈厕等模型明器。新莽时期开始出现鸡、狗等，并与仓、灶、井成为该区随葬品的主要组合，延续至东汉晚期。郧县老幸福院东汉墓葬随葬有印纹硬陶罐。丹淅地区的墓葬随葬铜器、铜镜、钱币较少。器物形态较为特别的是，仓、釜等模型明器流行在完工后使用刀削进行修整。

三 以襄阳市为中心的襄阳地区

襄阳地区在西汉早期沿用了战国晚期以来的竖穴土坑木椁墓，个别墓葬中使用二层台，西汉中期的棺椁结构与早期相同，葬式仍然以仰身直肢葬为主。西汉晚期，部分竖穴木椁墓开始使用墓道，如襄阳王坡 M169 的墓道呈长方形斜坡状，墓道与墓室之间使用木板作为封门[1]，但该区的竖穴土坑木椁墓不见壁龛，这类墓葬到东汉早期以后不再使用。西汉晚期在襄阳城区开始出现砖室墓，均为单室。东汉早期砖室墓开始大量流行，大部分墓砖的侧面模压几何纹饰，用于装饰墓室内壁。襄阳王坡墓地 M173 是一座土坑竖穴砖木复合结构墓，墓室平面为长方形，墓室主体部分为木结构，甬道和封门为砖砌，时代应该在东汉早期[2]，这种砖、木混构的墓葬可以看作由竖穴土坑木椁墓向砖室墓过渡的一种形态。

随葬品方面，西汉早期的仿铜礼器鼎、盒、壶组合继续沿用战国晚期礼器组合，单纯的罐、瓮等日用器组合较少，鍪、鐎斗主要流行于西汉中期以前的墓葬中。灶出现于西汉早期，如襄阳王坡 M11 出土的三眼灶[3]与西安龙首原西汉早期三眼灶形制极为相似[4]。西汉晚期以后，鼎、盒、壶组合数量开始减少，且组合多不完整。西汉中期晚段出现仓、灶、井，西汉晚期大量流行，东汉中期以后数量开始减少，东汉晚期已经基本不见。鸡、狗、磨等具有"庄园经济"的模型明器出现于西汉晚期，东汉早期以后开始大量流行。东汉早期，杯、案、盘等墓内祭奠陈设开始流行。东汉早期墓中发现大量的泥质红胎釉陶，东汉晚期出现青瓷器等。与丹淅地区相同，该区的双耳鼻型罐（Aa 型罐）自西汉早期开始至汉末一直使用，在墓葬随葬品中占有重要的地位。

[1] 襄樊市文物考古研究所、武安铁路复线九里山考古队：《老河口九里山秦汉墓》，文物出版社，2009，第 372 页。

[2] 湖北省文物考古研究所等：《襄阳王坡东周秦汉墓》，科学出版社，2005，第 341 页。

[3] 湖北省文物考古研究所等：《襄阳王坡东周秦汉墓》，科学出版社，2005，第 277 页，图二〇六。

[4] 西安市文物保护研究所：《西安龙首原汉墓》，西北大学出版社，1999。

表二三　墓葬分区表

年代＼分区	南阳市区		丹淅地区		襄阳地区	
	墓葬类型	随葬品	墓葬类型	随葬品	墓葬类型	随葬品
西汉早期	甲类、乙类、戊类	鼎盒壶、罐瓮、釜、鍪	乙类、甲类	罐瓮、鼎盒壶、釜	乙类、甲类	罐瓮、鼎盒壶、釜
西汉中期	甲类、乙类、丁类、戊类、己类	鼎盒壶、瓮罐、釜	乙类、甲类	鼎盒壶、罐、釜、鍪	乙类、甲类	鼎盒壶、瓮罐、仓灶
西汉晚期	甲类、丁类、戊类、己类	鼎盒壶、仓灶井、瓮罐、圈厕、陶狗、博山、杯、盘	甲类、乙类、丙类、丁类、庚类、戊类	鼎盒壶、仓灶井、瓮罐、圈厕、博山	乙类、丁类、甲类	鼎盒壶、仓灶井、瓮罐、博山、磨、鸡、狗
新莽时期	丁类、乙类、甲类、己类、戊类	鼎盒、壶、仓灶井、灯、圈厕、鸡、狗、俑类、杯、盘	丁类、乙类、丙类、甲类、戊类	瓮罐、鼎盒壶、仓灶井、鸡、狗	乙类、丁类	鼎盒、仓灶井、瓮罐、博山、鸡
东汉早期	丁类、己类、戊类	鼎壶、罐瓮、仓灶井、圈厕、鸡、狗、磨、盘、杯、博山	丁类	鼎盒、罐瓮、仓灶井、圈厕、博山、鸡、狗、仓灶	乙类、丁类、戊类	鼎壶、罐瓮、仓灶井、圈厕、鸡、狗、磨、盘、杯
东汉中期	丁类、己类、甲类	鼎、仓灶井、鸡、鸭、狗、圈厕、陶楼、人俑、耳杯、案、磨、陶钱、灯	丁类、丙类	壶、罐、仓灶、瓮	丁类、己类	罐、鼎、仓灶井、磨、狗、圈厕、陶楼、杯、案、盘、硬陶瓷
东汉晚期	丁类、己类	壶、仓灶井、盘、杯、案、圈厕、耳杯、魁、狗、鸡、勺、磨	丁类、丙类	壶、罐、灶、硬陶、盘、圈厕、博山、鸡、狗、鼎、瓮	丁类	壶、罐瓮、仓灶井、博山、鸡、狗、羊、杯、盘、圈厕、陶楼

注：甲类：竖穴土坑墓；乙类：竖穴土坑木棺（椁）墓；丙类：岩坑洞室墓；丁类：砖室墓；戊类：画像砖墓；己类：画像石墓；庚类：积石积炭墓。瓦棺葬和瓮棺葬数量极少，不具有代表性，不计入。

南阳地区汉墓在西汉早期具有明显的区域内部差异；西汉中期晚段以后，差异性逐渐减弱；到东汉早期以后，墓葬形制、随葬品等基本无差异，体现了汉文化的统一性。研究表明：南阳地区汉墓除了拥有共同的传统，高度统一外，内部也存在区域差异，造成差异的因素有自然环境、历史传统等，更为直接的应是政治力量的影响。

第四节　区域特征

南阳地区汉墓是汉文化的一个"侧影"，在发展中保持统一性的同时，又具有较强的地域性。

一　墓葬种类丰富、发展脉络清晰

南阳地区发现的汉墓数量之大，遥遥领先于其他考古遗存。墓葬类型有竖穴土坑墓、竖穴土坑木棺（椁）墓、岩坑洞室墓、砖室墓、画像砖墓、画像石墓、积石积炭墓、瓮棺葬、瓦棺葬等，随葬品也非常丰富（详见第二章）。该区汉墓的发展演变可以分为七期，这一过程从墓葬形制上来说主要基于三点。（1）砖、石室墓的兴起和使用，逐渐代替木椁墓成为主流。（2）竖穴式墓向横穴式墓的转变。西汉晚期，砖室墓、画像砖墓、画像石墓逐渐演变为横穴式墓，并开始大量流行，直至东汉中期传统的竖穴式墓退出历史舞台，这一过程体现了墓葬"第宅"化的过程。（3）墓室内装饰材料和形式的变化，最早在墓内出现装饰的是新野樊口村南空心画像砖墓①，西汉中期以后，空心砖不再在画像砖墓中使用；西汉中期至新莽时期的墓室装饰材料有画像石和画像砖两种，东汉早期以后主要为画像石，同时一些砖室墓的墓砖上也刻画有各种纹饰。随葬品中仿铜礼器的逐渐衰落，模型明器的逐渐增多并取代陶礼器成为主导地位，说明随葬品由重礼制逐渐向生活化转变。这一演变过程与全国汉墓的发展过程基本一致。

---

① 南阳市文物考古研究所编《南阳汉代画像砖墓》，文物出版社，1990，第5页，图二。

二 以本地文化为基础，承袭多种文化

南阳地区西汉早期的墓葬文化因素主要有韩、楚、秦、巴蜀、本地文化因素等。汉文化是延续了楚文化、秦文化、韩文化、本地文化因素后，发展演变而成的，在这一过程中由于楚文化的主体地位因秦文化的统治而中断，因此对汉文化的影响相对较弱。西汉初年，被推翻的秦王朝文化影响仍然存在，汉文化在本地文化的基础上，承秦、楚两种文化因素加以创造，最终在武帝时期全面确立①（即第二期晚段），之后汉文化按照自己的轨迹向前发展，出现新的墓葬形制、新的器类，这一过程一直延续至西汉晚期，"汉制"在该区才真正确立。

三 与两京和周边地区关系密切，同时映射相邻地区

南阳地区位于南北交通要道，距离两京地区较近，丧葬文化在很大程度上受其影响。西汉早、中期，关中地区的斜坡墓道、仓、灶等逐渐传播至南阳地区，襄阳王坡 M11 随葬的三眼灶与西安龙首原西汉早期三眼灶形制相似②。竖穴土坑墓与关中地区相比，多数为直壁，有的设二层台。装饰墓承袭于郑州、洛阳一带的画像砖墓③。西汉早期便有与关中、洛阳相似的鼎、盒、壶（钫）等仿铜陶礼器，但罐、瓮、鏊、釜等生活日用器仍然是主流。西汉中期晚段开始出现并列二室或三室的砖室墓，而江汉地区要到东汉早期以后才流行，应该是通过该区传播至江汉地区的。竖穴土坑木椁墓、Aa 型双耳罐、小口圆腹瓮、泥饼等与江汉地区关系密切，硬纹陶、瓷器等与长江流域、岭南关系密切。南阳因在汉代政治、经济、交通中的特殊地位，成为汉帝国经营的主要地区之一，且与江汉地区毗邻，诸多文化传统相似，汉墓在发展中与周边关系密切，尤其是两京地区和江汉地区。

---

① 俞伟超：《秦汉考古学文化的历史特征》，载于《古史的考古学探索》，文物出版社，2002，第 191~197 页。

② 韩保全等：《西汉龙首原汉墓》（甲编），西北大学出版社，1999。

③ 南阳市文物考古研究所编《南阳汉代画像砖》，文物出版社，1990。

四　西汉时期内部差异明显、东汉时期高度统一

南阳汉墓在西汉时期区域内部差异较大，如西汉早期南阳地区主要流行竖穴土坑墓，而襄阳和丹淅地区则主要流行竖穴土坑木椁墓；一直流行于南阳地区的画像墓在其他两个地区较为少见；丹淅地区在西汉晚期出现一种岩坑洞室墓，这在其他两区不见；灶在襄阳地区西汉中期就开始使用，但在丹淅地区却要在西汉晚期才开始出现；家禽、家畜类的模型明器于西汉晚期开始在南阳市区流行，而襄阳地区在东汉早期以后才流行。内部的区域差异性在西汉早中期较为明显，西汉中晚期以后在逐渐缩小；东汉主要流行砖室墓，随葬品以模型明器为主，无论是墓葬形制还是随葬品更多体现的是汉文化的统一性。Aa 型罐一直流行于两汉时期，从侧面也反映了该区汉代文化发展中所表现出的连续性。

第五节　相关历史背景

对南阳地区汉墓的发展脉络、文化结构、与周边的关系、内部差异等文化特征的分析表明，该区汉墓在发展中有着自己独特的特点。本节着重就其文化特征中所蕴含的社会历史背景做初步的探索。

一　区域特征所折射的汉代中央集权统治力量

西汉时期，南阳地区的墓葬存在明显的区域差异性，这种差异性表现在墓葬和随葬品组合方面。南阳市区在西汉早期流行竖穴土坑墓，随葬品以鼎盒壶为主，西汉中、晚期以砖室墓、画像石墓、土坑墓为主；襄阳西汉早、中期以竖穴土坑木椁墓为主，至西汉晚期才开始零星出现砖室墓和画像墓；而丹淅地区西汉早期主要流行木椁墓，西汉中期晚段以后砖室墓则开始占据主体地位。这种明显的区域差别折射出政治力量的强弱，战国晚期该区隶属于不同的势力集团，南阳属秦，襄阳和丹淅在楚国的势力范围，秦短命，影响力有限。西汉初期，楚地位较高，势力范围较大，汉文

化中多种因素来自楚俗，襄阳和丹淅地区作为楚国的旧势力范围区，葬俗多沿袭楚俗木椁葬；而南阳市区沿袭该区本地文化和韩文化中小型墓葬使用土坑墓和画像砖墓等。随葬品中鼎盒壶、罐瓮组合等一直存在，组合的相对统一则突出主流文化的影响力，社会相对稳定，思想比较统一。西汉中期以后，南阳和丹淅接近两京地区，文化唯两京马首是瞻，较早完成汉文化的统一。襄阳木椁墓中出现夫妻同穴合葬和斜坡墓道等中原文化的影子，随葬品更是和南阳地区逐渐相近，这是因为"七国之乱"的失败和汉武帝多次采取削弱诸侯国力的政策，使得楚国贵族的权力下降，不仅陶礼器受到冲击，而且丧葬观念逐渐发生相应的改变。诸侯国力的下降也促使地方大地主的发展，庄园经济逐渐兴旺，以小家庭为核心、家族为大核心的埋葬观念慢慢形成，同时画像墓流行，一定程度上加快了"第宅化"，也促使仿铜礼器的衰弱。东汉政权建立以后，一批新型的地主贵族产生，分封到各地的诸侯王及官吏多为刘秀子孙及部署，他们采用的多为西汉末年南阳地区的葬制葬俗，这在很大程度上加快了砖石墓盛行的步伐，因此东汉以后襄阳地区砖室墓数量的迅速增长多和此关系密切。同样东汉时期豪强地主力量空前强大[1]，庄园经济较为发达，部分砖室墓开始大型化，随葬品更加丰富。虽然汉代"大一统"的力量空前强大，该区汉墓的区域性特征也反映了新集团与旧势力之间政治力量及各种关系的微妙之处。

二　墓葬形制和随葬品组合的演变与丧葬观念和礼仪的变化

（一）丧葬礼仪由多元逐渐规范统一，再到推陈出新[2]

西汉早期，在大一统中央集权政治的推动下，仿铜礼器的丧葬观念推广较为深远，使得各地虽有地方特征留存，但礼仪呈现出统一局面。西汉

---

[1]　崔向东、王金阳：《两汉南阳豪族的官僚化和士族化》，《社会科学辑刊》2010 年第 4 期。
[2]　主要借鉴徐承泰先生对南阳丰泰墓地的分析，见河南省南阳市文物考古研究所、武汉大学历史学院考古系《南阳丰泰墓地》，科学出版社，2011。

晚期以后，仿铜礼器组合逐渐不全面，这是因为西汉晚期传统礼仪与当时的社会现实、人们的思想观念渐行渐远，其束缚力减弱，新的思想观念、礼仪开始逐渐形成[1]，仿铜礼器已经不再具有原有的地位，逐渐被新的生活化模型明器取代。

（二）丧葬观念由尚礼逐渐向重实用转化

西汉早期的丧葬观念多是东周时期以来的延续，西汉晚期后，以仓、灶、井、圈厕、磨等为核心的模型明器大规模流行，东汉早期开始流行的杯、案、盘等主要出现于等级相对较高的墓葬中，这些均一直被使用至东汉晚期。杯、案、盘等多被放置在墓葬前室，应为墓内祭奠使用器物。新的随葬品的变化，反映了社会规范、人们思想、丧葬礼仪等已经发生重大改变，由原来的尚礼逐渐注重实用。随葬品组合中有炊煮器、酒器、盛器但不包括食器、日用器、生产生活设施等，更多是从礼制层面出发的丧葬观念，到了西汉晚期，大量生活模型器的出现，表明丧葬观念从对生前社会地位转变为对世俗生活的追求，这应该是两汉时期丧葬观念一次大的跳跃。

（三）祭祀方式的转变

商周时期注重庙祭而不重视墓祭。所以大多墓葬"不封不树""与地平齐"，秦昭王以后便有墓祭和庙祭，至汉代已经对去世的皇帝"日祭于寝，月祭于庙，时祭祀与便殿"[2]。文献材料记载的内容多与帝王诸侯相关，南阳地区还没有发现明显的墓上建筑，如祠堂等。砖石室墓"横穴前堂"和墓内有陈设与祭奠相关的模型器皿，说明墓内祭祀的可能性。根据墓葬形制和随葬品的组合变化，说明该区至少在新莽时期就已经有墓内祭祀活动。高等级的墓葬祭祀方式因政治等因素发生众多变化，但平民阶级的墓葬却未受到冲击，墓内祭祀相对稳定和普遍。

---

①　葛兆光:《中国思想史》（第一卷），复旦大学出版社，2001，第300页。
②　高崇文:《试论先秦两汉丧葬礼俗的转变》，《考古学报》2006年第4期。

三 区域经济形势和人们生活态度的变化

画像石墓能在南阳地区兴起，发达的经济是必要条件。早在战国时期该区就有发达的冶铁业，西汉王朝共设置49个郡县铁官，南阳郡便是其中之一；至东汉南阳冶铁业技术已经相当进步，冶铁业发展空前，产品直销多地[1]。东汉时期，宛又设置了钱府丞，专门管理南阳商业贸易，《史记·货殖列传》："秦末世，迁不轨之民于南阳……俗杂好事，也多贾"[2]。可见汉代南阳商人之多，经济之发达，这是画像石墓能在该区被大范围使用的主要原因。

陶器器形的变化也反映了该区经济形势的发展。例如，仿铜陶礼器经历了由小到大，再由大到小的演变过程，到东汉时期各类仿铜礼器不仅器物相对西汉时期较小，而且质地粗糙，器形简单。从侧面反映了西汉之初，经济凋敝，"文景之治"、武昭时期经济发展，国力强盛，西汉晚期社会经济逐渐没落。这一变化过程说明，经济的繁荣、衰落过程会影响人们生活态度，甚至会影响当时人们的丧葬态度。

四 墓葬数量与两汉时期该区人口数量的变化

为了更好说明墓葬数量与人口数量之间的变化关系，本书选取南阳丰泰、牛王庙、王坡、九里山四个使用时间较长的墓地做重点分析（表二四）。

表二四 典型墓地墓葬数量统计表

时代 墓地	西 汉			新莽	东 汉		
	早期	中期	晚期		早期	中期	晚期
南阳丰泰墓地[a]	36	22	71	19	12	7	5
牛王庙墓地[b]	13	30	24	9	5	1	

---

① 李京华、陈长山：《南阳汉代冶铁》，中州古籍出版社，1995，第75～77页。
② 《史记》第一〇册，卷一百二十九，中华书局，第3269页。

续表

墓地＼时代	西　汉			新莽	东　汉		
	早期	中期	晚期		早期	中期	晚期
王坡墓地[c)]	33	25	2	2	4	4	
九里山墓地[d)]	39	66	23	7	10		

注：

a) 南阳丰泰墓地共计 259 座，可以明确断代的 233 座中，战国晚期 40 座，汉代墓葬 193 座。

b) 牛王庙墓地发掘墓葬 131 座，秦代墓 1 座，汉代墓 127 座，近代墓 3 座；明确的汉代墓葬 81 座。

c) 王坡墓地总计发掘墓葬 173 座，其中春秋 4 座，战国晚期至秦墓 99 座，汉代墓 70 座。

d) 九里山墓地总计发现秦墓 48 座，汉墓 145 座。

表二四统计所示，四个墓地西汉时期的墓葬数量相对上升，而王坡和九里山墓地西汉晚期墓葬数量已经开始下降；新莽时期墓葬数量均有下降，一直至东汉晚期，究其原因除了墓地使用接近极限，逐渐废弃外，推测可能也与人口总量的增和减有一定关系。据葛剑雄统计、计算的结果显示，西汉时期全国的人口平均增长率为 6‰ ~ 7‰，西汉初，汉高祖五年（前 202 年）在境内人口的下限约 1500 万，上限约 1800 万；到西汉末年（2 年）在其直接统治的郡、国范围内约 6000 万人口；王莽时期总人口下降到 3000 万，东汉初期为一两千万[①]。南阳地区接近两京地区，居于全国相对重要的中心，全国人口的发展趋势一定程度上适合该区。南阳市区发现的墓葬主要集中在汉代"宛城"区域内，宛为南阳郡郡治，是汉代著名的商业城市之一，其民"俗好杂事，业多贾"，以"高冠海内"[②] 著称于世。西汉平帝时就已经有 359316 户，人口 1942051，东汉桓帝时有 528551 户，人口 2439618[③]，另葛剑雄统计在西汉前 200 ~ 前 144 年的 56 年，南阳郡的人口年增长率为 19.8‰，这个增长率仅次于楚、沛、广平、琅琊、东

① 葛剑雄主编《中国人口史》（第一卷），复旦大学出版社，2005，第 408 页。

② 《史记》第十册，中华书局，1959，第 3269 页。

③ 西汉时南阳郡"户三十五万九千三百一十六，口一百九十四万二千五十一，县三十六"，见《汉书》第六册，中华书局，1962，第 1563 页；东汉时"南阳郡三十七城，户五十二万八千五百五十一，口二百四十三万九千六百一十八"，见《后汉书》第十二册，中华书局，1965，第 3476 页。

莱等①。充分说明在西汉初期到西汉末年这一段时间内，汉帝国人口总数是在上升的，西汉末年至王莽时期仍然持续增长，但从王莽覆灭到刘秀最终完成统一，全国恢复安定之前，战乱不断，天灾人祸波及大部分地区，人口数量呈下降趋势。

---

① 葛剑雄主编《中国人口史》（第一卷），复旦大学大学出版社，2005，第329~330页。

第五章

相关问题

第一节　陶器制作工艺

南阳地区墓葬出土的随葬品中陶器为大宗，陶器制作工艺的探究也是研究该区汉代文化发展的途径之一。已经报道的墓地或墓葬中或多或少对陶器制作工艺进行了研究。本书以笔者曾参加整理的泉眼沟墓地资料为中心，对墓葬出土的陶器和砖室墓墓砖的成形方法和装饰技法进行了观察。本书结合相关已有的研究成果，根据整理过程中的观察，初步对这批陶器的制作工艺进行论述。

泉眼沟墓地位于淅川县城南约 45 千米的丹江口水库东岸，西距水库仅约 600 米，东距淅川县香花镇约 7 千米，南面紧邻淅川县香花镇杨河村余家岗自然村，墓地现行政区划属淅川县香花镇杨河村余家岗组和北坡组。该区域现在为一个三面被丹江口水库包围的小半岛，地势较高，海拔170～185米。2010 年 10 月至 2011 年 1 月，四川大学考古学系等单位对墓地进行了勘探和发掘，清理墓葬 93 座，其中土坑墓 57 座、砖室墓 35 座、砖棺墓 1 座，总计出土随葬品 1586 件（钱币 1063 件），有陶器、铜器、铁器、琉璃器、石器等，墓葬年代从西汉早期至东汉末年甚至曹魏时期①。

---

① 四川大学历史文化学院考古系、上海大学艺术研究院美术考古研究中心、河南省文物局、南阳市文物局、淅川县文物局：《河南淅川泉眼沟汉代墓葬发掘报告》，《考古学报》2014年第 3 期。

一 制陶原料

陶器的化学成分组成主要取决于原料的化学成分，新石器时代至汉代制作陶胎所用的黏土可以分为普通易溶黏土、高镁质易溶黏土、高铝质耐火黏土、高硅质黏土四种①。淅川境内水系发达，河流众多，主要为丹江水系和刁河水系，皆属于长江水系，土壤类型有潮土、砂姜黑土、黄棕土壤和紫色土壤四种，土壤有机质和钾含量较高②。陶器的原料一定程度上决定了其功能，一般来说是就地取材的原则。我们肯定的是其陶土来自当地，且以易溶的黏土为主，装饰性的颜料等由于还未进行化学成分检测和分析，因而不能确定。

墓葬中发现的陶器绝大多数为灰陶，灰陶是汉代主要的陶系，其火候均匀，质地坚实，烧成温度较低，陶色一般成青灰色，故称灰陶③。还有少量的陶器为深灰陶，部分颜色呈灰黄色（如 M92：3）、橘黄色（如 M34：7）。由于不同种类的器物有不同的用途，在泥坯的处理上有粗细之别，掺入沙子等其他作为掺和料，加强陶胎的硬度，由于泥坯中所含矿物原料的差异，烧成后的陶色有所差异，硬度也不同④。初步对泉眼沟墓地出土陶器的断面观察，专门加入掺和料来增强陶器塑性和耐高温的陶器比较少，少量陶器加入了河沙、植物类的炭末、云母、蚌壳粉等，主要提高其耐火性，防止烧制时开裂，如 M84：9（博山），泥质深灰陶，内夹细白蚌壳粉。修筑砖室墓的墓砖均为青灰色，但烧造的火候较小，有的表面还呈现褐色等杂色（图二二）。有些陶器的表面的外施白粉，如 M79：2（圈厕），泥质橘黄陶，外施无光绿釉，再涂白粉。一般认为釉陶最早出现在

---

① 李文杰、黄素英：《陶器的化学组成与制陶原料关系》，《中国古代制陶工艺研究》，科学出版社，1996，第 329～358 页。
② 淅川县地方史志编纂委员会：《淅川县志》，河南人民出版社，1990，第 59～95 页。
③ 中国大百科出版社编辑部：《中国大百科全书·考古卷》，中国大百科全书出版社，2004，第 169 页。
④ 中国硅酸盐学会：《中国陶瓷史》，文物出版社，1982，第 107 页。

陕西关中地区[①]，东汉时期的绿釉含 SiO_2、Al_2O_3、Fe_2O_3、PbO、CuO。绿釉以 PbO 为助熔剂，以 Cu 为着色元素，用氧化焰烧成，因而呈现为绿色，温度在 900℃ 左右[②]，如 M72:2（陶磨），泥质砖红陶，表面饰绿釉，刻画平行弧线纹（图二三）。

图二二　泉眼沟汉墓封门砖

图二三　泉眼沟出土陶磨（M72:3）

二　成形方法

泉眼沟汉墓中随葬品以陶器为主，总计 489 件，有日用品（如双耳罐、瓮、钵、鍪、釜、甑）、仿铜礼器（鼎、盒、壶）、模型明器（仓、灶、井、狗、圈厕、鸡、磨）等。此外，修筑砖室墓的砖也是主体，还有

① 釉陶出现的时间有"战国起源"和"西汉起源"两种观点，持战国起源说的主要是欧美、日本的学者，依据主要是新中国成立前流传在国外的一些传世品，年代存在争议。最近在山东淄博临淄区辛店街道办安乐店村战国墓中出土 2 件罍，对其表面的釉进行成分检测，确定其为铅釉陶，见于焱、王晓莲《山东临淄发现战国铅釉陶罍》，《中国文物报》2016 年 8 月 12 日第 006 版。

② 李家治、陈显求、张福康等：《中国古代陶瓷器科学成就》，上海科学技术出版社，1985，第 333~334 页。

少量的瓦、瓦当。这些陶器不仅器类制作工艺差别很大，而且同一器物也存在不同的制作工艺。现根据观察分述如下。

（一）陶器观察

1. 双耳罐

这类器物在泉眼沟墓地乃至在湖北西部、河南南部地区较为流行。高颈，圆鼓腹，圈底略内凹；腹部饰纵向绳纹，再在其上用手或其他工具轻划 2~4 道弦纹，把绳纹分成 3~5 组，底部饰交错绳纹。总计出土 100 件，大多数墓葬中均有出现，每墓随葬 1~2 件，有鼓腹、垂腹、异型三类，均为泥质陶。根据我们的观察，制作这类双耳罐的工序是：第一步是做泥胎，圈底及其腹部用泥片贴筑（内部有很多手指辅助贴筑时的垫窝），上腹及颈部以上用泥条盘筑；第二步是快轮修整；第三步是拍印绳纹，腹部纵向滚压绳纹，底部用陶拍交错拍打，再用手指或尖状器慢轮划数道把腹部绳纹分成带状组；第四步是再慢轮修整颈部和口部；第五步是粘贴对称双耳，外部用手按压的同时，内部用手辅助。如标本 M84：4，烧制变形。泥质灰陶。侈口平折沿，双唇，颈部上下粗细基本相同，肩较平，器身略呈竖长方形，内凹底。下腹至底颈部至上腹饰五道分栏纵向绳纹，下腹至底部饰横向绳纹（图二四，1~4）。

2. 瓮

总计出土 29 件，有平底和圈底两类，均为泥质灰陶，体型较大，主体为拉坯成形（内部有拉坯时手垫痕迹），口部用快轮修整。有些肩部还有模印的带状纹饰，或是腹部饰有交错绳纹，如标本 M71：1，泥质灰黄陶，直口，卷沿，尖唇，圆肩，下腹内收，平底（图二五，1）。又如，标本 M6：2，泥质灰陶。唇上饰二周凹弦纹，肩腹分界处饰一周凹弦纹（图二五，2）。

3. 鍪

总计 23 件。铜鍪和铜釜在西南地区的巴蜀文化中广泛分布[1]，是战国晚期和秦代墓葬中常见的随葬品。陶釜和陶鍪作为铜器的仿制品，其形制

---

[1] 李明斌：《巴蜀文化陶釜略论》，《考古与文物》1996 年第 6 期；陈平：《说釜——兼论釜、鬵、䰝、鍑、鍪诸器之关系》，《考古与文物》1982 年第 5 期。

图二四　泉眼沟出土双耳罐（M84：4）

1. 耳部　2. 口沿　3. 下腹　4. 底部

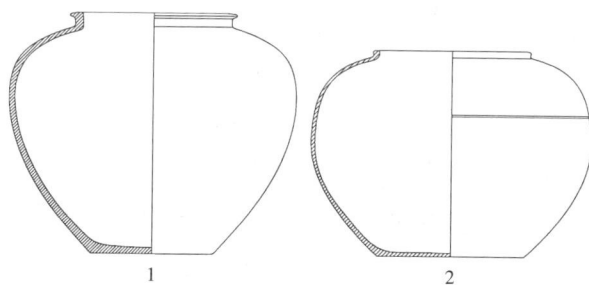

图二五　泉眼沟出土陶瓷

1. M71：1　2. M6：2

和发展过程与同类铜器也大致相同，西汉早中期墓葬出土的釜、鍪等应是秦统一东方六国时带过来的①。泉眼沟墓地出现的有泥质和夹沙两种，器

---

① 中国社会科学院考古研究所：《中国考古学·秦汉卷》，中国社会科学出版社，2010，第147～148页。

表圆润，下腹及底部饰绳纹，上部由于后期修整绳纹不清晰。泥条盘筑法修筑器身，再用慢轮修整，然后粘贴双耳，耳孔是粘贴后穿的；最后在底部拍印交错的绳纹。有些器底较薄，会再贴一些泥片加厚。鍪肩部会刻画一道凹弦纹装饰。标本 M35：2，夹细沙深灰陶。侈口，圆唇，球形腹略扁。肩部有对称环耳，下腹至底部饰横向交错绳纹。高 19.0 厘米、口径 12.7 厘米、最大腹径 23.0 厘米（图二六，1~2）。

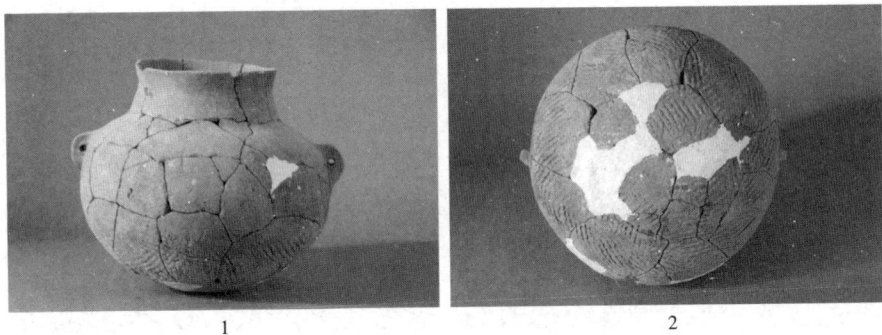

图二六　泉眼沟出土陶鍪
1. 陶鍪腹部（M35：2）　2. 底部（M35：2）

4. 腰沿釜

总计 18 件。根据底部不同分为平底和圜底两类。第一类为平底，底部平。器身和底均泥条盘筑，再在腰部粘贴一周泥条，后快轮修整。例如，标本 M36：4，泥质灰陶。口微敛，圆唇，折肩，下腹内收，平底。高 13.3 厘米、口径 8.0 厘米、最大腹径 17.9 厘米、底径 10.0 厘米（图二七，2）。第二类为圜底，底部为泥片贴筑，以上为泥条盘筑，同时在底部拍印交错绳纹，最后在腰部粘贴一周泥片，再快轮修整，如标本 M92：2，泥质灰陶。直口，平唇，扁球形腹。两侧有铺首衔环耳，制作精美（图二七，3）。另外，发现 4 件鐎斗，制作工艺与第二类腰沿釜较为相近，如标本 M5：5，黑衣泥质黄褐陶。口部微侈，平唇，垂腹较浅，圜底。上腹饰 4 道凹棱纹（图二七，4）。

5. 鼎

总计 18 件。均为泥质陶，一般由鼎身和盖两部分组合而成。其中鼎身，由双耳、器体、三足构成。器体部分多有泥条盘筑，然后慢轮修整而

图二七　泉眼沟出土腰沿釜、鐎斗
1. 腹部（M20:6）　2. 腰沿（M36:4）　3. 铺首（M92:2）　4. 鐎斗（M5:5）

成。双耳为模制，耳孔使用刀削割而成。足为模制，部分用刀削修整。最后将耳和鼎足粘贴在器体上。器盖，一般有盖身和盖钮。盖身为泥条盘筑，后慢轮修整。钮应是先捏制，后用刀削成。最后将钮粘贴或嵌入盖身。为了各部分粘贴得牢固，常在连接处戳印一些小坑或加一点泥片。连接处一般用手抹平，为了美观，常会刻画一周凹弦纹做装饰。最后再用手修整器身。例如，标本 M92:5，泥质灰陶。盖为弧顶，平唇。钮的安装是插入盖顶部。鼎身子口内敛，圆唇，附耳无孔。腹中部饰一周折棱纹（图二八，2~5）。标本 M22:1，子口内敛，尖唇，鼓腹浅，最大径在腹中部，圜底。肩附长方形双耳，上部近平折。兽面蹄足。盖为直口，弧顶，有3个山形环钮（图二八，1）。标本 M10:10，鼎身子口内敛，肩附长方形双耳，鼓腹较深，最大腹径在腹中部，圜底，蹄足上部有兽面。腹中部有一折棱（图二八，6）。

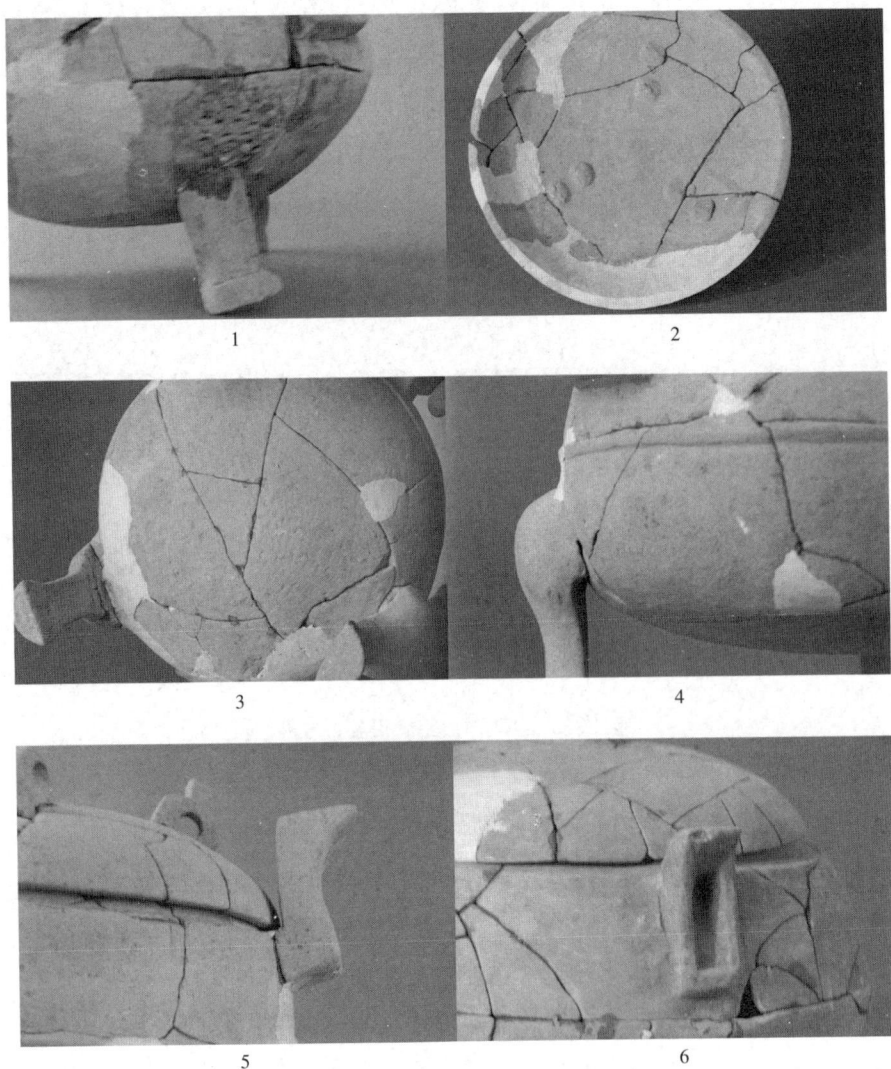

图二八　泉眼沟出土陶鼎

1. 足部（M22：1）　2. 盖内部（M92：5）

3. 底部（M92：5）　4. 腹部（M92：5）

5. 耳部（M92：5）　6. 耳部（M10：10）

6. 盒

总计 8 件。一般由盒身、盒盖两部分组成，均为泥质陶。两部分均是泥条盘筑而成，后慢轮修整。其中盒身的圈足为泥片贴筑。盖钮为捏制后刀削修整，再粘贴在盖身。有些盒身会画有一周凹弦纹，如 M34：1，子母口，盒敛口，弧顶较深，盖、身各饰三周宽凹棱纹（图二九，1）。又如，M18：3，圜底，圈足，弧顶，平唇，子母口，浅腹，腹下部饰一周凹弦纹，盖为平唇（图二九，2）。

图二九　泉眼沟出土陶盒
1. M34：1　2. M18：3

7. 壶

总计31件。均为泥质，形制仿铜壶，敛口，鼓腹，圜底，圈足，底部饰绳纹，肩部饰凹弦纹或凸棱纹。由壶身和器盖两部分组合而成。其中壶身有圈足、壶身、铺首三部分。壶身和圈足先泥条盘筑，粘贴后慢轮修整。铺首系模印后粘贴在壶身。壶盖，盖身泥条盘筑，盖钮手捏制后用刀削修整。各部分之间粘贴在一起后，用手抹平连接处，壶身有些地方刻画一道凹弦纹，如M34：5，泥质灰陶。盘口外撇，颈略短，腹部饰二周仿铜扣漆器的箍带纹，高圈足，肩部饰长方形铺首衔环，弧顶浅盘盖（图三〇，3）。M92：4，残。泥质灰黄陶。口颈残，球形腹，最大腹径在肩部，圈足。两侧有铺首衔环耳，肩部、中腹和下腹个有1凸起的宽带纹（图三〇，1、2、4）。

8. 仓

总计82件。均为圆筒形仓，敛口，直腹，平底，系仓盖和仓两组分组合而成。分为两类。第一类的下腹有刀削刮痕迹，未见仓门。底部和仓身均泥条盘筑成，后快轮修整，然后用线割（底部有放射状环形）底部。第二类的下腹未见刀削痕迹，下部有仓门。泥条盘筑制作，最后在下腹部用刀刻画一个仓门，如M13：4，泥质灰黄陶。直口，平唇，圆肩，最大腹径

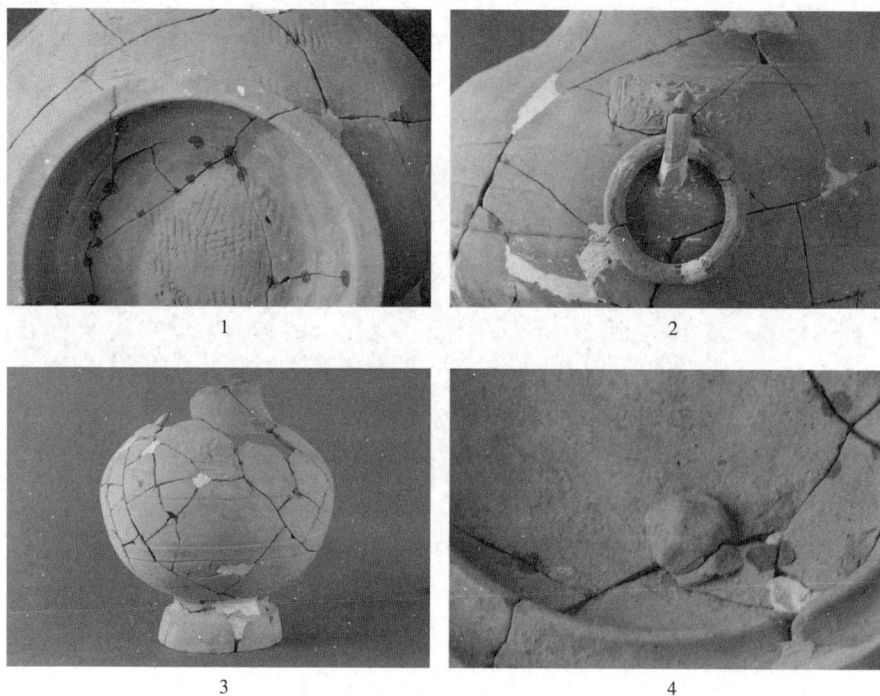

图三〇　泉眼沟出土陶壶

1. 壶底（M92：4）　2. 铺首（M92：4）　3. 壶身（M34：5）　4. 壶盖（M92：4）

在肩部，下腹稍内收有刮削痕，平底（图三一，1）。另外仓盖上的博山盖，浅浮雕装，富有立体感，是使用单模制法成型，外表有单模制作的痕迹，内壁有刮痕和手指抹平的痕迹。实验考古证明，博山盖的制法应该是先制成母模，盖上的山峦是用三角泥片自上而下逐个粘贴上去的，经过烘焙，用母模翻成博山盖的外模，再烘焙。再在外模内填入泥，用手或其他圆头工具压实，干燥后坯体自动脱落，入窑烧制后成博山盖①，如 M84：10，泥质深灰陶内夹细白蚌壳粉，模制，有上下 5 层竖排列（图三一，2）。

9. 井

总计 13 件。根据制作方式和井中是否有汲水器分为两类。第一类为泥质灰陶，未见汲水器。泥条盘筑井身，井底为泥片贴筑，井沿为泥片贴筑后刀削修整。第二类为泥片贴筑而成，经快轮修整后，再在井身滚压绳

① 李文杰：《中国古代制陶工艺研究》，科学出版社，1996，第 311 页。

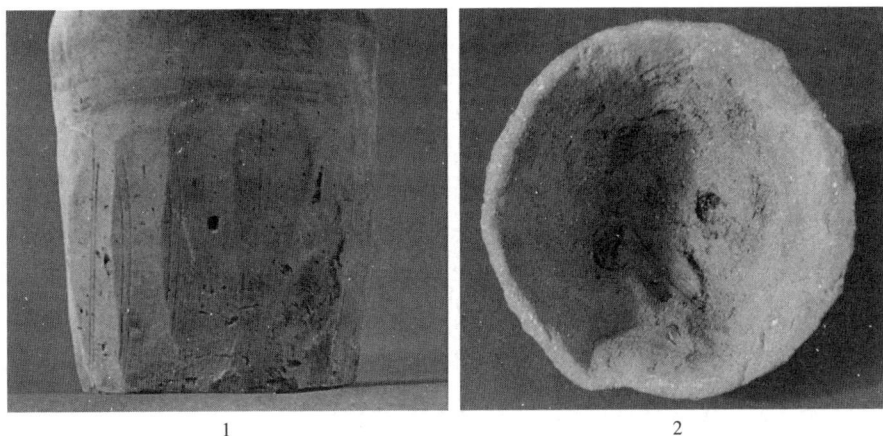

图三一 泉眼沟出土陶仓
1. 仓身（M13:4） 2. 博山内部（M84:10）

纹，井沿为泥片贴筑后刀削修整。汲水器均为手捏制。汲水罐与井组合成套，大多厚腹，尖底或小平底，均为泥条盘筑，下腹部经过刀削修整而成，现存刀削刮的痕迹，如 M25:2，泥质深灰陶。直口，宽折沿，最大径在底部（图三二，1）。

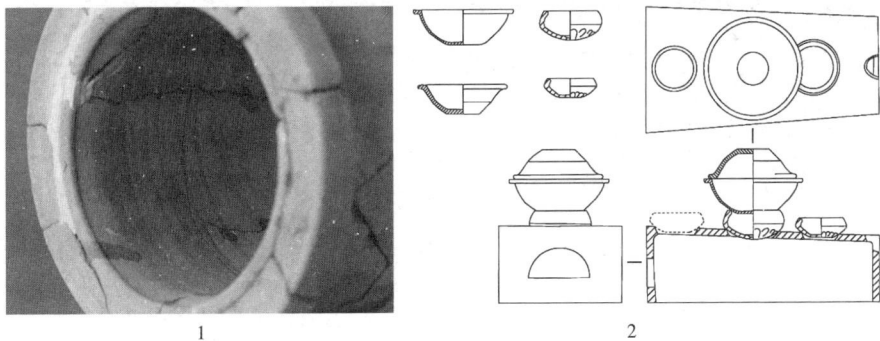

图三二 泉眼沟出土陶井、陶灶
1. 陶井（M25:2） 2. 陶灶（M13:11）

10. 灶

总计 23 件。根据成型的工艺差别分为两类。第一类的灶身和炊具分开做，由两部分组合而成。灶身，均用方形泥板拼接粘贴，所用泥板形状有方形、长方形、梯形等，边角用刀削修整。灶眼、门、烟洞均用刀割削成。烟囱是捏制的。灶上的器物均是泥条盘筑，下部用刀削成适合灶眼大小。第二类的灶和炊具是连体的。手工捏制，有刀削修整痕迹，形状较为不规整，如 M13：11，火门一侧台面略宽，中间火眼较大，现釜已不见，仅存甑、盆（盖），两侧火眼较小，现仅一侧置有釜。火门为长方形拱顶。灶前端为圆孔烟道，再插入烟斗形烟囱（图三二，2）。

11. 圈厕

总计 11 件。均为泥板贴塑，然后刀削修整和刻画各类的门、楼梯等。屋顶系手仿实物捏制，有些顶部用白粉作为装饰，如 M87：1，模型平面近方形，圈为长方形，有一面墙上有两根圆柱撑起面坡顶的棚子，该棚下中部的墙底有一孔通圈墙内外（图三三，1）。又如，M68：3，猪圈和厕所一体，整个模型平面为方形，厕所为二层楼，干栏式，一楼悬空与圈墙一体，靠圈内一侧用两圆柱支撑，二楼屋外有阶梯上楼，室内平面近方形，有一近椭圆形便坑通楼下（图三三，2）。

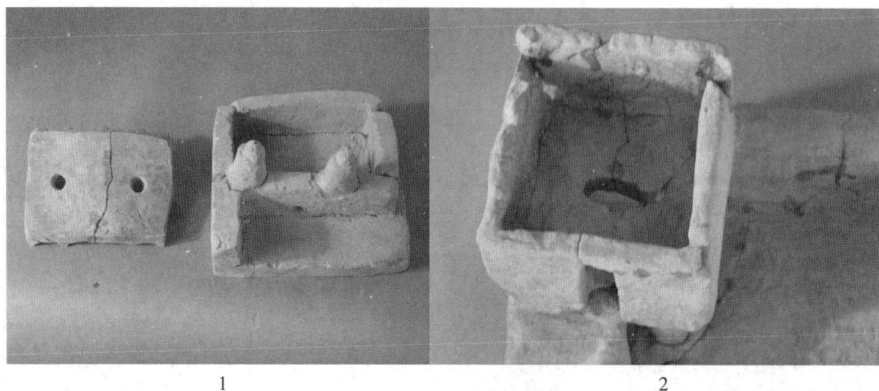

图三三　泉眼沟出土圈厕

1. M87：1　2. M68：3

12. 俑

有狗、鸡、狗等。均为外模合范，内部使用手指垫压。体积较大的俑如陶狗（M68：2），头部系捏塑，鼻子等用刀刻画、修整，而爪子用尖状器戳印而成，如 M84：1，泥质灰陶，局部偏黄，俯卧，立耳，伸舌（图三四，1）。

13. 磨

总计 6 件。均为泥质，火候较高。根据磨的结构分为分体和连体二类。

第一类为分体制作。分磨台、磨盘、上盘三部分。磨台为泥塑捏制，然后用刀修整成型。磨盘多用捏制的泥饼，然后用刀削，再把边轮磨至光滑，然后将各部分拼合，如 M68：5，圆形，分为磨盘座（包括磨盘）和磨碾两部分，磨碾面的沟槽呈放射状（图三四，2）。第二类为连体，分两种，第一种制作方式为泥条盘筑，然后与泥圈贴筑的磨盘粘贴，最后用刀修整边缘，最后在表面施绿釉；第二种为内外模范合制，浑然一体，内部成半球状，最后表面施绿釉，如 M72：2，仅存磨碾，泥质砖红陶，表面饰绿釉，表面饰刻画平行弧线纹（图三四，3）。

14. 砖

泉眼沟墓地所用的墓砖均为青灰色，其烧造质量普遍较差。由于烧造时的火候较低，有的表面还呈现褐色等杂色，主要有长方形、楔形、方形三种。部分砖上饰有纹样，有菱形和平行折线纹两种，均为模制（图三四，4）。

1

2

3

4

图三四　泉眼沟出土陶器

1. 陶狗内部（M84：1）　2. 陶磨（M68：5）　3. 陶磨（M72：2）　4. 墓砖（M84）

（二）成型方法

泉眼沟汉墓出土陶器的成型方法有三种，即手制、轮制和模制。以手制和轮制为主，模制较少。大部分器物的成型方法较为单一，仅适用一种成型方法及手制，或轮制或模制。少数器物是两者结合适用，如以手制为主，轮制为辅，或者两者使用比例相同。也有是若干部分组成或者接合为一体的，不同部件采用不同的成型方法。可见，泉眼沟汉墓出土陶器的制作工艺较为复杂，下面就各种成型方法分述之。

（1）手制。主要是指器物全身都是用手制成型的，分为泥条盘筑、泥片贴筑、泥板拼接、捏塑法等四种。使用泥条盘筑法制作的陶器主要有双耳罐、鍪、鼎身、盒、壶、腰沿釜、仓、盆、钵、碗等容器和 B 形磨，有些器物为了加厚底部，也会再使用泥片贴筑。使用泥片贴筑法的主要有双耳罐的腹部和腰沿釜两类。泥板贴筑法主要是灶和圈厕的成型制作。捏塑法主要用于制作磨盘和俑类。

（2）轮制。主要是器型较大的瓮、双耳罐、仓、壶、盒、井、鼎腹、盆等，在成型后使用快轮进行修整。

（3）模制。有外模制法和内模二种，外模主要是器物整体全身利用外模作为依托进行坯体成型的方法，主要有俑类和博山盖。内模较少，发现的筒瓦内壁有布纹，应是使用麻布和内模的隔离层所致。

（4）粘贴。主要是腰沿釜的腰部一周沿。

泉眼沟墓葬出土的陶器在成型后大多进行了修整，修整方法主要是快轮修整、慢轮修整、刀削修整和手抹平滑等。快轮修整主要见于双耳罐、鍪、鼎、盒、壶、瓮等大型或礼器类。慢轮修整主要见于腰沿釜、仓、盆、钵、碗等小型器类。刀削修整主要是仓、灶、井沿、圈厕和俑类。手抹平滑主要见于各类器物的连接处，将其抹平滑，美观。

三 装饰技法

这批陶器大多素面，有少量做了装饰，装饰方法可以分为两类，一类是利用泥料的可塑性在器表进行装饰，如滚压、拍印、按压、旋划、刻画、附加、雕刻、模贴、戳印、模印等；另一类是直接在器表施釉、白粉装饰。分述如下。

（1）滚压。利用绕绳圆棍在坯体表面进行按压，形成绳纹，这些纹样应该是在泥坯未干之前滚压而成。

（2）拍印。利用缠绕绳子数周的拍板（陶拍或木拍）进行交错拍印。主要见于容器圜底部，如双耳罐、釜。

（3）旋划。坯体随陶轮转动，手持尖状器工具固定不动，在坯体表面划出水平状的凹槽，即凹弦纹，见于双耳罐、鍪、鼎、盒、壶、瓮等。也有直接用手在器表划一周，形成较宽的凹弦纹，如双耳罐腹部的宽带纹。

（4）刻画。利用尖锐器具如刀尖在器表面或俑表面刻画纹饰。

（5）附加。主要见于圈厕墙体的周围装饰。

（6）雕刻。主要是俑类的眼睛等，陶磨表面的装饰。

（7）镶嵌。如鼎、壶盖上把手的镶嵌。

（8）模贴。将模制而成，印有纹饰的泥片作为附件粘贴在坯体表面，形成浮雕式的印纹，主要饰陶壶等表面铺首的制作。

（9）模印。用陶质模具直接在坯体上印成纹饰，因而没有粘贴现象，如博山盖上的山峦纹样。

（10）戳印。利用尖锐器具如刀尖戳印的纹饰，如陶狗的爪子。

（11）施釉。在器物做好后在器物表面通体施釉作为装饰，主要见于磨、圈厕。

（12）彩绘。主要见于圈厕的屋顶，绘有白色彩。

四　小结

通过对泉眼沟墓地出土陶器成型方法和装饰技法的观察，对这批陶器的制作工艺和区域陶器特征的初步认识如下。

第一，该区墓葬出土的陶器多为泥质灰陶，少数为泥质红陶，部分墓葬出土的釉陶。成型方法有轮制、模制、手制三种，其中手制和轮制陶器比例占大多数，模制相对较少，大部分器物使用其中两种或者三种方法兼用制作而成。部分器物在成型之后进行了修整，修整方法主要是快轮修整、慢轮修整、刀削修整和手抹平滑四种。器表以素面为主，有装饰的器物主要是利用泥土的可塑性在器表进行手工装饰，如拍印饰绳纹，刻画方格纹、弦纹、几何纹、动物纹等，另外部分器物有彩绘和施釉。墓地的入葬者财力十分有限，身份较低，为普通平民，仅有少量的可能为中小地主，因此在墓葬中随葬釉陶数量较少。

第二，从历史的发展来看，模制方法基本脱离了内模制，外模制流行。两汉时期只有筒瓦的制作为内模制法。但器物耳、铺首、足、博山等均为外模制法。且部分部件的制作开始出现标准化的生产，如博山盖的生产。陶器制作中开始出现分工协作，主要表现在陶器制作以轮制和手制为主，但多种器物需要两种或三种成型方法兼用。从坯体最佳黏合状态来说，一个器物的不同部件应该是同时生产的[①]，这就需要分工协作。器物形制的相似性很高，应该是墓葬出土陶器逐渐商品化、明器化的发展的反映。

第三，结合该区相关墓地的已有研究成果，如襄阳王坡墓地[②]的西汉时期墓葬出土陶器以泥质灰陶、褐陶为主，陶器烧制的火候均不大，少量陶礼器器表饰黑衣。陶器的制作方法有轮制、手制、模制三种，较大的器身多模制，铺首等多模制，灶上的模型明器如甑部分为手制。装饰纹样和手法较为简单，大部分素面或以弦纹装饰。瓮和双耳罐上饰绳纹。有些灶面上刻画圆圈、三角等几何纹，也有少量器表施黑衣。襄阳王坡墓地西汉时期墓葬出土陶器以泥质陶主，灰陶为主，陶红、褐陶次之。红、褐陶的器表大多施釉。陶器制作方法以轮制、模制、手制三种，轮制主要为鼎、瓮、仓等圆形器物；模制多用于鼎耳、足、仓盖、铺首等；手制主要用于灶、圈厕等。器物装饰上，素面的较少，多数器表饰绳纹、方格纹、动物纹等。这些纹饰采用多种手法制作，一般都是在器物烧制前，等泥坯半干或全干时拍印、模印、刻画等手法完成。参考这个结论，本书可以将泉眼沟墓地出土陶器的制作工艺发展大致分为两个时段，即西汉时期、东汉时期。西汉时期多泥质灰、褐陶，红陶次之，器表多施黑衣；东汉时期多红

---

① 李文杰：《中国古代制陶工艺研究》，科学出版社，1996，第327~328页。
② 湖北省文物考古研究所等：《襄阳王坡东周秦汉墓》，科学出版社，2005。

陶、褐陶，灰陶次之，器表多施釉。西汉时期的器物以仿铜礼器和日用器为主，东汉时期器物多为明器。西汉时期陶器制作多精美，东汉中晚期以后明器制作相对粗糙，装饰简单。

第四，与关中地区①、洛阳地区②相比，该区汉代墓葬陶器装饰手法较为简单，彩绘陶等不见。西汉早期的墓葬出土陶器的制作多承该区战国晚期、秦时期的陶器种类和工艺，西汉中期以后主要的制作工艺和西安、洛阳地区相近，随葬品以仿铜礼器的衰落和模型明器的逐渐增多并取代陶礼器成为主要随葬品为线索，即随葬品由重礼制逐渐生活化的过程。同样，陶器器形的变化也反映了该区经济的发展，如仿铜陶礼器的器形是由小到大，再由大到小的演变过程，到东汉时期，各类仿铜礼器不仅器物相对西汉时期较小，而且质地粗糙，器形简单。侧面反映了西汉之初，经济凋敝，"文景之治"、武昭时期发展，国力强盛，西汉晚期社会经济逐渐没落。这一变化过程说明，经济的繁荣、衰落过程会影响人们生活态度，同样会影响丧葬态度。

第二节　墓葬等级

墓葬作为埋葬死者的设施和实物，是考察当时丧葬制度、丧葬礼仪、丧葬习俗以及丧葬活动的主要对象，这种特殊的遗存又是人们"阳间"生活的一种反映和折射，从侧面反映了现实社会的方方面面③。汉代社会存在许多的阶级④，这就造就了社会中的人有等级之分，相应墓葬在大小、棺椁、随葬品等方面应存在差异⑤。

文献中关于用鼎制度⑥、棺椁等级⑦的记载为研究周代墓葬等级提供了

---

① 西安市文物保护研究所等：《长安汉墓》（上），陕西人民出版社，2004，第780～795页；西安市文物考古研究所编《西安东汉墓》，文物出版社，2009，第959页。

② 洛阳区考古发掘队：《洛阳烧沟汉墓》，科学出版社，1959。

③ 刘尊志：《徐州汉墓与汉代社会研究》，科学出版社，2011。

④ 瞿同祖：《汉代社会结构》，上海人民出版社，2007，第71页。

⑤ 韩国河：《秦汉魏晋丧葬制度研究》，陕西人民出版社，1999，第155～156页。

⑥ 俞伟超、高文：《周代用鼎制度研究》，《北京大学学报》（哲学社会科学版）1978年第1、2期，1979年第1期，收入《先秦两汉考古学论集》，文物出版社，1985，第62～114页。

⑦ 印群：《黄河中下游地区的东周墓葬制度》，社会科学文献出版社，2001，第152～180页。

直接参考，但汉墓等级如何进行划分，除依靠文献中二十等爵制和官秩划分外，应根据墓葬的实际情况进行讨论。例如，韩国河将汉代墓葬定为四等墓，分别为帝王及王后墓；诸侯王、列侯、郡太守及二千石以上的官秩的墓；知县或相仿等级的墓；中小地主及庶民墓。南阳地区未有帝陵、诸侯王墓和列侯的墓葬的发现和报道。

一　划分依据

墓葬等级的划分除依据相关文献的记载外，对墓葬本身花费的劳力、财力、随葬品质与量上的比较分析也是一种较为可行的方法。

（一）文献记载

1. 棺椁制度
关于墓葬棺椁的记载主要见于《庄子》《荀子》《礼记》①。

《礼记·檀弓上》曰："天子之棺四重"，郑注："尚深邃也。诸公三重，诸侯再重，大夫一重，士不重"②，"一重"即二棺的意思。而在棺外，还应该有一层椁，才合于礼制③。即天子用一棺五椁、诸侯用一棺三椁、大夫用一棺二椁、士用一棺一椁。

《庄子·杂篇·天下》曰：天子棺椁七重，诸侯五重，大夫三重，士再重④。

《荀子·礼论》曰：天子棺椁十重，诸侯五重，大夫三重，士再重⑤。

这些文献记载的棺椁制度与考古发现基本吻合，有些略有出入⑥。棺椁的等级制度持续至西汉中期，西汉中期以后棺椁等级的标准不再有层数

① 朱凤瀚、徐勇：《先秦史研究概要》，天津教育出版社，1996。
② 《礼记正义》（卷八），（清）阮元校刻：《十三经注疏：附校勘记》，中华书局，1980，第1293页。
③ 李玉洁：《先秦丧葬制度研究》，中州古籍出版社，1991。
④ （清）郭庆藩撰：《庄子集释》（下），王孝鱼点校，中华书局，1961，第1074页。
⑤ （清）王先谦撰：《荀子集解》，沈啸寰、王星贤点校，中华书局，1988，第359页。
⑥ 印群：《黄河中下游地区的东周墓葬制度》，社会科学文献出版社，2001，第180页。

制度，而表现在棺椁的用料和装饰程度上①。

2. 用鼎制度

用鼎制度的使用主要在两周时期，战国晚期以后用鼎现象消失，在汉初略有复兴②。楚地用鼎制度应源于周礼③。

3. 殓衣、玉衣制度

《礼记·丧大记》："君锦衾，大夫高速，士缁衾；皆一；衣十有九称。"士以上小敛时皆用十九称（套）。大殓，《后汉书·赵咨传》李贤注："天子百称，上公九十称，百侯七十称，大夫五十称，士三十称。"④两汉时期皇帝至贵族大臣行玉衣殓葬制度⑤。皇帝死后使用金缕玉衣，诸侯王、列侯始封、贵人、公主等使用银缕玉衣，大贵人、长公主使用铜缕玉衣⑥。玉衣的使用一般是刘姓诸侯王或列侯等皇族专用，而异姓的贵族只能特赐才能使用⑦。

4. 印章

汉代地主官僚阶级最流行用印章随葬⑧，有官印、私印两种，多为男性所用。

5. 其他与墓葬等级有关的制度

其他如言死称谓、谥法、饭含、贵族大臣特享、封树、墓地等也是衡量等级的重要因素⑨。

---

① 俞伟超：《汉代诸侯王与列侯墓葬形制分析》，原载《中国考古学年代第一次年会论文集》，收入氏著《先秦两汉考古学论文集》，文物出版社，1985；韩国河：《秦汉魏晋丧葬制度研究》，陕西人民出版社，1999，第 157 页；刘瑞、刘涛：《西汉诸侯王陵墓制度研究》，中国社会科学出版社，2010，第 287～403 页。

② 张闻捷：《周代用鼎制度疏证》，《考古学报》2012 年第 2 期。

③ 张闻捷：《试论马王堆一号汉墓的用鼎制度》，《文物》2010 年第 6 期。

④ 《后汉书》第五册，志第三十九，中华书局，1965，第 1316 页。

⑤ 卢兆荫：《试论两汉玉衣》，《考古》1981 年第 1 期；卢兆荫：《再论两汉玉衣》，《文物》1989 年第 10 期。

⑥ 韩国河：《秦汉魏晋丧葬制度研究》，陕西人民出版社，1999，第 150 页。

⑦ 高崇文：《试论先秦两汉丧葬礼俗的演变》，《考古学报》2006 年第 4 期。

⑧ 李如森：《汉代丧葬礼俗》，沈阳出版社，2003，第 165 页。

⑨ 韩国河：《秦汉魏晋丧葬制度研究》，陕西人民出版社，1999，第 147～156 页。

（二）计量统计

墓葬建造所花费的劳力、财力，随葬品的质与量都是等级划分的依据之一，相关研究多停留在定性的分析阶段，使得其没有统计数据的直观说服力，由此引入定量分析和计量统计[①]，如丹麦学者 Jorgensen 创建的定量分析法，付罗文等对这套方法进行了详细的介绍和修正[②]。余静在对安徽南部西汉早期汉墓等级划分中也利用了统计的方法[③]。统计学量化分析的时候会定义若干变量（如墓葬大小、棺椁数量及尺寸、随葬品种类及数量均使用数值表示），不同变量之间关系又极为复杂，因此在进行复杂运算的时候要通过研究多个随机变量之间的关系才可以得出相应的结果[④]。

二 墓葬分析

为能最大限度上划分墓葬等级和相对应墓主身份的准确推断，本文选取具有代表性墓葬进行分析。

（一）画像石墓

画像石墓发端于西汉中期晚段，流行于西汉晚期至东汉早中期，东汉晚期开始衰败。该区目前发现汉代的画像石墓总计 26 座（附表二）。

1. 题记所见墓主身份

在唐河郁平大夫冯君孺人墓中的前门至后室，发现有纪年、墓主人姓名、官职及建筑名称的题记八石[⑤]，刻有官职的题记有：

---

① 彭鹏：《墓葬等级分析中的一种量化方法的思考——以大甸子墓地为例》，《边疆考古研究》（第 10 辑），科学出版社，2011，第 54～72 页。

② Flad R. Ritual. "Analysis of Burial Elaboration at Dadianzi, Inner Mongolia," *Journal of East Asian Archaeology*, 2001, 3 (3-4)；秦岭：《类型价值（Type Value）与墓葬价值（Grave Value）——介绍墓葬研究汇总的一种量化方法》，《华夏考古》2007 年第 3 期。

③ 余静：《多元统计方法在汉墓等级划分中的应用——以安徽南部西汉早期墓为例》，《考古》2011 年第 12 期。

④ 蒲慕洲：《墓葬与生死：中国古代宗教之省思》，中华书局，2008。

⑤ 南阳地区文物队、南阳博物馆：《唐河汉郁平大尹冯君孺人画像石墓》，《考古学报》1980 年第 2 期。

大门南柱：鬱平大尹□□□□冯孺□□无□□□

南车库东柱：鬱平大尹冯君孺人车库

中大门南柱：鬱平大尹冯君孺人中大门

中室门门楣：鬱平大尹冯君孺人藏阁

主室中柱：鬱平大尹冯君孺人始建国天凤五年十月十柒日癸巳葬千岁不发

以上五款题记中均有"鬱平大尹冯君孺人"的题名，《汉书·王莽传》曰："莽以周官、王制之文，置卒正、连率、大尹，职如太守"①，因此"大尹"为王莽时期的职官名称，说明冯君生前的官职为"鬱平"郡大尹，相当于太守一级的官吏②。如其墓主生前为太守一级的身份，那么与此墓形制相似的墓葬如南阳杨官寺画像石墓③、方城城关④、唐河针织厂等画像石墓的墓室应当也是太守一级的身份。

2. 墓葬形制、构筑方式所反映的墓主身份

山东嘉祥宋山出土的永寿三年的石刻题记，详细记载了画像石的制作情况："……募使名工高平王叔王坚江湖□石连车采石县西南小山/阳山琢砺磨制……聚/万……作治连月攻扶无亟贾钱二万/七千……"⑤，这座画像石墓的建造过程复杂，花费人力、财力较大，绝非一般平民所能及（后世的"再建画像石墓"除外），因此墓室使用画像石越多，墓室结构越复杂，所花费的财力越多。依照此原则，该区画像石墓可以分为三类。第一类是以唐河郁平大夫冯君孺人墓为代表的"回"字形拥有回廊结构的墓葬，回廊的使用在西汉诸侯王墓中较多，如大葆台 M1（图三五）和象鼻山 M1 二墓均拥有外回廊和内回廊结构⑥，这类墓的墓室由大门、前室、南车库、

---

① 《汉书》第十二册，卷九十九，中华书局，1962，第 4013 页。

② 《汉书》《后汉书》《鬱平府志》《桂县志》等均未记载冯氏任太守之事。

③ 河南省文化局文物工作队：《河南南阳杨官寺汉画像石墓发掘报告》，《考古学报》1963年第 1 期。

④ 南阳地区文物工作队：《河南方城县城关镇汉画像石墓》，《文物》1984 年第 4 期。

⑤ 济宁地区文物组、嘉祥县文管所：《山东嘉祥宋山 1980 年出土的汉画像石》，《文物》1982 年第 5 期，第 69 页，图二六。

⑥ 大葆台汉墓发掘组、中国社会科学院考古研究所：《北京大葆台汉墓》，文物出版社，1989，第 10 页，图一三。

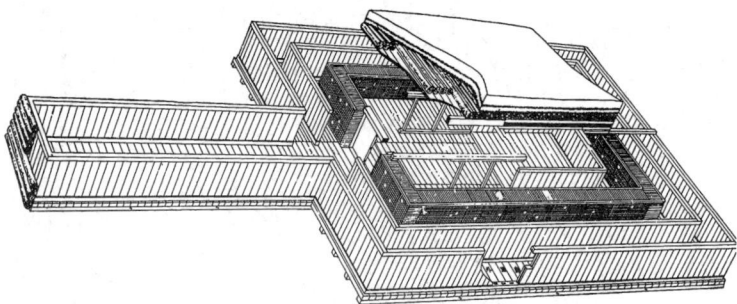

图三五　大葆台汉墓 M1 结构示意图

资料来源：大葆台汉墓发掘组、中国社会科学院考古研究所：《北京大葆台汉墓》，文物出版社，1989，第 10 页，图十三。

北库房、中大门、中室、南主室、北主室、南阁室、北阁室、西阁室组成，墓门共八道，俨然一座奢华的地下宅第，另外"回"字形回廊型墓葬制主要是天子、诸侯王、列侯享用的特殊葬制①，南阳地区发现的这类墓葬应该是西汉晚期以后，土地庄园经济开始发展，许多地方豪强的势力已和诸侯王相当，墓葬形制也就混同起来，差别变小，应该是一种"僭越"现象。第二类结构相对第一类较为简单，为前后室结构的墓葬，前室为横穴长方形，后室为并列的二室或三室，平面为画像石表面施彩，如南阳陈棚画像石墓由墓道和三个并列的墓室构成，每个墓室均由墓门、前室、后室门、后室组成，平面呈"T"字形，该墓总计发现 36 幅彩绘画像，墓室内的画像多数均施彩，在施彩的过程过程中采用了平涂、勾边、点染的方法，而且颜料种类多样②。这类墓的造价和花费的人力、财力并不比第一类少，但在结构和地下宅第的表现上稍逊于第一类。第三类结构相似于第二类，主要为双室墓，多数墓葬结构与西汉晚期的画像砖墓相仿，画像石数量较少且部涂彩，虽然在构筑上较第一类和第二类相对简单，但随葬品并不少，如唐河县湖阳镇画像石墓中出土五铢钱币五百斤，随葬品均为红釉陶或绿釉陶，东室死者使用贴金漆棺③。由此可以推测，汉代画像石墓的墓主在当地应该是拥有一定经济实力的商贾富豪或者官吏，平民可能无

---

① 田立振：《试论汉代回廊葬制》，《考古与文物》1995 年第 1 期。
② 蒋宏杰等：《河南南阳陈棚汉代彩绘画像石墓》，《考古学报》2007 年第 2 期。
③ 南阳地区文物工作队、唐河县文化馆：《唐河县湖阳镇汉画像石墓清理简报》，《中原文物》1985 年第 3 期。

经济能力使用这种丧葬方式。画像内容在一定程度上也反映了社会的分层情况[①]。

（二）画像砖墓

画像砖墓与画像石墓相比，形制大多较为简单，墓室较小，且画像数量少，画像砖的使用往往出现错位、倒位的现象，如未被盗掘的樊集 M11，随葬五铢仅 10 枚。画像砖上多有表现豪强地主庄园经济和田猎车骑出行等能体现当时等级制度的场面[②]，新野樊集 M37 东门楣就是车骑出行图，刻画主车驾两马，前有二导骑，一导车，一执节跪坐的小吏（图三六）；樊集 M24东门柱和 M42 西门柱主体建筑重檐双阙，画像中还有树木、凤凰和鹤等，表示第宅周围环境（图三七）。另外在淅川高庄画像墓 M1 下部并列模印 6 幅执戟画像，在人首上方有榜题"亭长"二字（图三八），《后汉书·百官志》："亭有亭长，以禁盗贼。本注曰'亭长，主求捕盗贼，承望都尉'。"[③] 亭长，既要负责其辖区内的治安，又要迎送过往的上级官吏，该画像放置于主室前当保护墓主人第宅的安全和迎送来往的宾客，同时表明墓主人生前已有一定的地位[④]。从墓葬的结构和榜题综合观察，画像砖墓不及画像石墓，墓主人多为知县或中小地主，也有部分可能是较为富裕的平民。

图三六　新野樊集 M37 东门楣车马出行图

资料来源：南阳地区文物研究所：《新野樊集汉画像砖墓》，《考古学报》1990 年第 4 期，第504 页，图四—中。

---

① 王金玉：《从南阳汉画看汉代等级制度》，《南都学刊》（哲学社会科学版）1993 年第 1 期。
② 罗二虎：《西南汉代画像与画像墓研究》，四川大学博士学位论文，2002。
③ 《后汉书》第一二册，志第二十八，中华书局，1965，第 3624 页。
④ 南阳地区文物研究所、淅川县博物馆：《河南淅川汉画像砖墓发掘报告》，《华夏考古》1994 年第 4 期，第 30 页，图一五，2。

图三七　新野樊集画像墓 M24 门柱画像

资料来源：南阳地区文物研究所：《新野樊集汉画像砖墓》，《考古学报》1990 年第 4 期，第 501 页，附图—3、4。

（三）竖穴土坑木椁墓

目前发现木椁墓最多的墓地是王坡、九里山墓地，其中王坡墓地发现较为集中，西汉时期的墓葬规模、葬具重数、随葬品的数量和战国晚期晚段至秦汉情况相近。根据墓葬规模和随葬品的差异可以分为三类。第一类

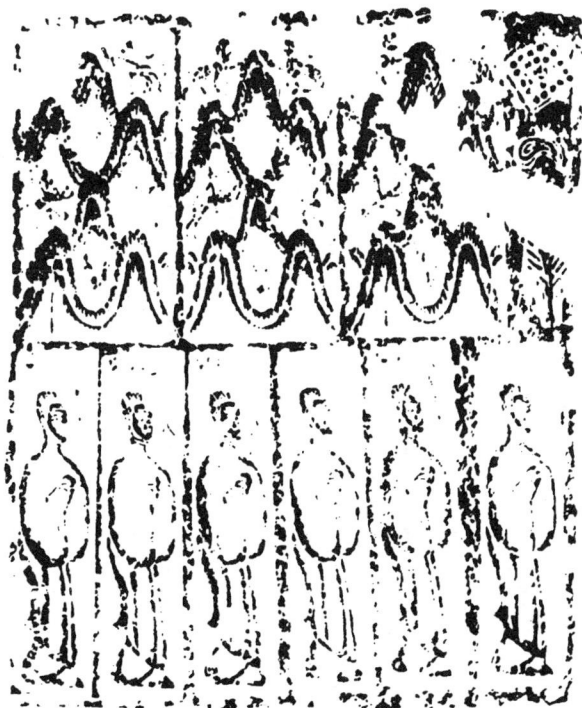

图三八　淅川高庄 M1 画像

资料来源：南阳地区文物研究所：《新野樊集汉画像砖墓》，《华夏考古》1994 年第 4 期，第 30 页，图十五，2。

葬具为单椁单棺，墓口长 4 米以上、宽 3 米以上，墓坑较深；椁室面积相对较大，约在 6 平方米以上，可以分为头箱、边箱和棺箱三部分，部分有足箱，有些有二级台阶，设有脚窝和灯龛（图三九），随葬品通常有铜鼎。例如，南阳麒麟岗 8 号木椁墓，填土中夹杂木炭和少量青膏泥，在二层台下和近椁室、椁室周围、棺椁地下；填塞一层 10～18 厘米的青膏泥。墓室为一棺一椁，椁室内分箱明显，随葬有铜器、漆器、玉器等，葬式为仰身直肢葬，该墓与擂鼓台一号汉墓[①]和凤凰山 168 号墓[②]的墓葬规模相当，但随葬品数量远不及，身份应较凤凰山墓略低。第二类葬具仍为单椁单棺，墓口长 2～3 米、宽 1～2 米、深 2 米乙类，椁室面积较小，没有特殊结构，

---

① 襄阳地区博物馆：《湖北襄阳擂鼓台一号墓发掘简报》，《考古》1982 年第 2 期。

② 纪南城凤凰山一六八号汉墓发掘整理组：《湖北江陵凤凰山一六八号汉墓发掘简报》，《文物》1975 年第 9 期。

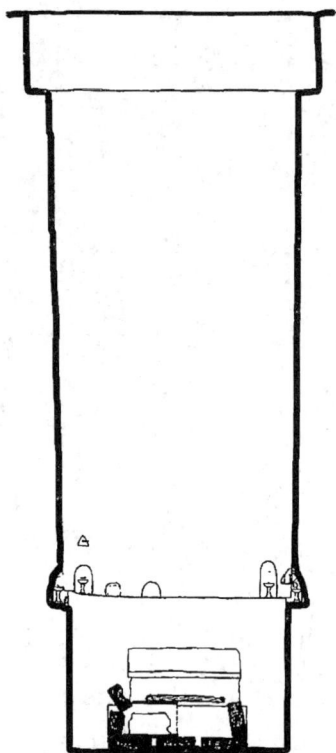

图三九　老河口九里山 M35 剖面图

资料来源：襄樊市文物考古研究所、武安铁路复线九里山考古队：《老河口九里山秦汉墓》，文物出版社，2009，第41页，图四十四。

随葬品主要为陶器，主要为仿铜礼器。第三类为单棺墓，墓葬形制和随葬品基本与第二类墓葬一致，两者之间相差不是很大。

（四）砖室墓

从目前收集的材料来看，要对砖室墓从形制方面分类较为困难，因此主要综合随葬品作为依据进行分类，可以分为三类。第一类，斜坡墓道，墓室为前后室内使用"铜缕玉衣"，随葬青铜器容器、漆器、车马器等，随葬品数量丰富，如南阳市教师新村 M10，地面有高大的封土[①]，地下长

---

① 封土现在不存，据当地民众回忆，当地在 20 世纪 50 年代还可以看到高出地面 3～4 米的"大冢子"。

方形墓道，墓室较大，斜坡墓道，前后室结构，南北长 8.8 米，东西宽 3.6 米，前室主要放置随葬的车马器和陶器，后室分南北两室，南室内发现发亮朱漆甲片和块状石灰，北室同出朱漆甲片和数量较多的"玉衣"片。M10 中共发现玉衣片和石衣片 441 片，其中玉质 58 片，石质 383 片，按照形状可以分为长方形、方形、梯形、半圆形、楔形和不规则形状；在这些玉衣片的穿孔内或多或少发现有残留的铜绿锈，因此可以肯定墓主入殓时的殓服使用了"铜缕玉衣"[1]。这座墓不仅面积大，而且随葬品的规格高，墓葬年代在东汉中期。在徐州地区的九女墩汉墓、拉犁山汉墓等墓中同样发现了铜缕玉衣[2]，可见该墓的规格较高，在南阳地区仅此一例。第二类砖室墓的多室墓，包括双室或三室并列、前后室结构后室为双室或三室的，墓葬面积在 50 平方米以上，随葬品中有车或马器或外来稀有青瓷等。例如，防爆厂 M62，穹隆顶合券顶砖室墓，墓室长 12.2 米、宽 7.35 米，随葬品有 349 件，是该墓地发现最大的墓葬（该墓地总计发掘 387 座墓），时代为东汉晚期，墓主在当地应该是豪族或者是地方官吏。第三类为单室墓或面积较小的墓葬，结构简单，随葬品主要为陶器，部分墓葬会有少量铁器或玉石器等。

（五）竖穴土坑墓

这类墓葬不使用葬具，尸体直接盛放在墓底部，随葬品放置于尸体周围或二层台上，地面起封丘的基本不见。与以上几类墓葬相比，这类墓葬形制简单，随葬品少，多为陶器，墓主身份较低或经济实力较弱。

三 墓葬等级

根据上文对各类墓葬的分析，综合地面建筑（封土）、墓葬形制和结构、墓葬规模、随葬品种类和数量等因素，本文将南阳地区汉墓大概划分为四个等级。

---

[1] 南阳市文物考古研究所：《南阳市教师新村 10 号汉墓》，《中原文物》1997 年第 4 期。
[2] 李银德：《徐州汉画像石墓墓主身份考》，《中原文物》1993 年第 2 期。

第一等级：地面有高大的封土，地下部分由斜坡墓道、封门、甬道、前室、双后室组成，且墓葬面积在 100 平方米以上；殓服使用"铜缕玉衣"；随葬品丰富，主要有青铜器、玉器、石器、漆器、车马器、釉陶等。这类墓葬仅见一座，如南阳市教师新村 10 号墓[①]。

第二等级：地面有封土，地下部分由墓道、封门、甬道大门、前室、南车库、北库房、中大门、中室、南主室、北主室、南阁室、北阁室、西阁室组成，多道墓门，墓室平面结构为"回"字形的回廊形结构，墓室面积在 60 平方米以上；画像石墓，画像数量多，分布于墓门、门柱、门楣等樊氏使用石块建造墓室的地方；随葬品有铜容器、车马器、钱币、陶器、铁器等。这类目前仅见 4 座，分别为杨官寺画像石墓[②]、方城城关[③]、唐河针织厂、冯君孺人墓。

第三等级：大部分地面有封土，根据地下建筑材料和结构的不同可以分为画像石墓、画像砖墓、砖室墓、竖穴土坑木椁墓。其中画像石墓为前后室结构的墓葬，前室为横穴长方形，后室为并列的二室或三室，并且画像石表面还施彩，如南阳陈棚画像石墓[④]。这一等级的画像砖墓与画像石墓在结构上较为相似，如淅川高庄画像墓 M1 地位[⑤]。砖室墓多为多室墓，包括双室或三室并列、前后室结构后室为双室或双室的，墓葬面积在 50 平方米以上，随葬品中有车，或马器，或外来稀有青瓷等，如南阳防爆厂住宅小区 M62[⑥]。竖穴土坑木椁为单椁单棺，墓口较大，墓坑较深；椁室面积相对较大，约在 6 平方米以上，可以分为头箱、边箱和棺箱三部分，部分有足箱，有些有二级台阶，墓葬还设有脚窝和灯龛，随葬品通常有铜鼎，如南阳麒麟岗 8 号木椁墓、襄阳王坡 M35。

---

① 该墓葬发掘于 1996 年，但未见"铜缕玉衣"的后续报道和复原图片。南阳市文物考古研究所：《南阳市教师新村 10 号汉墓》，《中原文物》1997 年第 4 期。

② 河南省文化局文物工作队：《河南南阳杨官寺汉画像石墓发掘报告》，《考古学报》1963 年第 1 期。

③ 南阳地区文物工作队：《河南方城县城关镇汉画像石墓》，《文物》1984 年第 4 期。

④ 蒋宏杰等：《河南南阳陈棚汉代彩绘画像石墓》，《考古学报》2007 年第 2 期。

⑤ 南阳地区文物研究所、淅川县博物馆：《河南淅川汉画像砖墓发掘报告》，《华夏考古》1994 年第 4 期，第 30 页，图一五，2。

⑥ 南阳市文物考古研究所：《南阳市防爆厂住宅小区汉墓 M62、M84 发掘简报》，《中原文物》2008 年第 4 期。

第四等级：各类墓葬均有发现，墓葬规模较小，结构较为简单，少数画像墓有装饰，随葬品以陶器为主，数量相对较少，部分墓葬会有少量的铁器、玉石器等随葬。

需要说明的是，在缺少文字记载（文字题记）和象征身份物品较少（大多数墓葬被盗）的情况下，根据墓葬规模、随葬品的种类和数量划分墓葬等级的方法具有一定的主观性。第一等级和第二等级的划分有相对直接的证据来支持本文的划分，但第三等级和第四等级的划分相对较为粗略，这种根据经济实力体现的划分，一定程度上忽视了当地豪族和官秩品级相对低的官员（知县及以下）之间的界限，有待资料的进一步发现和方法论的丰富。

四　身份推测

瞿同祖以身份、财富、权力的分配为标准，将汉代社会分为皇室与王室、贵族、官员、宦官、平民、客、奴婢等阶级[1]（表二五）。

表二五　汉代阶级一览表

阶级	成员	社会地位
皇室与王室	皇帝	地位和权力最高、最高祭司
	皇太后、皇后、姬妾	皇太后仅次于皇帝；皇后为"天下之母"，地位在皇太后之下；姬妾地位次于皇后，又分七等
贵族	宗室	起初完全自治，地位仅次于皇帝；后来削藩，丧失对王国的统治权，但地位仅次于皇帝
	外戚	成为外戚后，多数家族地位上升
	功臣	获得最高等爵位侯，有百家到上万家不等的封邑
官员	太师、太傅、太保、丞相、太尉、御史大夫、前后左右将军	秩禄万石
	九卿、郡太守、王国相	秩禄二千石
宦官	有普通宦官和身居要职委以重任两类	秩禄二千石

---

[1]　瞿同祖：《汉代社会结构》，上海人民出版社，2007。

阶级	成员	社会地位
平民	士	居于四民之首
	农	财产多少、地产广狭等条件导致农民的差异很大
	工	比农民富有，低于身居高位、与达官贵人结交的商人
	商	经济地位高于平民中的其他人
客		早期社会地位较高，后来逐渐降低
奴婢		社会地位和法律地位均为最底层，生活方式为最低贱

注：此表据《汉代社会结构》的第四章整理而成。

除以上具有明显社会性质的阶层外，在汉代社会中有许多强势的家族，史籍中常常称为"豪族""豪宗""大族""大姓"等，这些家族主要是战国时期的旧家族的后裔、汉代居于统治地位的皇族（常被封为王侯）、外戚家族、官僚家族、富商家族、游侠家族，这些豪族的势力主要表现在经济实力和政治方面（游侠除外）。

根据以上对汉代社会各个身份的交代，结合相邻地区的相关研究，南阳地区汉墓的各个等级的墓主身份推测如下。

《续汉书·礼仪志》记载："诸侯王、列侯始封、贵人、公主薨，皆令赠印玺、玉柙银缕；大贵人、长公主铜缕。"[1] 南阳教师新村 M10 的时代在东汉中期，据卢兆荫研究，已发现东汉时期的 16 座墓出土的 19 套"玉衣"，无一例越制[2]，充分说明东汉时期"玉衣"殓服制度的使用是十分严格的，由此依据殓服的使用推断墓主的身份是可靠的。南阳教师新村 M10 中殓服"铜缕玉衣"的使用者应是大贵人或者长公主一类的人物，由于文献资料缺乏，墓主身份无法推断。

回廊型墓自西汉文景时期产生后，大多为木椁墓，武帝至东汉中期数量最多，种类也较丰富，东汉后期发现较少，且种类较为单一，这与武帝以后经济大力发展，这种墓葬随厚葬之风盛行，"回"字形回廊型墓葬制主要是天子、诸侯王、列侯使用的特殊葬制[3]，南阳地区发现的这类墓葬

---

① 《后汉书》第一一册，志第六，中华书局，1965，第 3152 页。
② 卢兆荫：《试论两汉玉衣》，《考古》1981 年第 1 期。
③ 田立振：《试论汉代回廊葬制》，《考古与文物》1995 年第 1 期。

时代在西汉晚期以后，南阳土地庄园经济开始发展[1]，许多地方豪强的势力已经扩展到和诸侯王相比拟，墓葬形制也开始混同起来，差别变小，形成一种"僭越"现象。唐河冯君孺人墓上的题记"鬱平大尹"已清楚地说明墓主的身份与郡太守一级相仿；再者在其他地方也有发现有逾越现象，如徐州茅村汉画像石墓，同为二千石官吏[2]。两汉时期南阳的豪族担任三公九卿、郡国守相的人数在全国占有相当大的比例，居于全国豪族首位[3]，本书认为这一等级墓葬的墓主应该是郡太守墓或相仿的豪族。目前发现的这四座墓葬中，只有墓主"冯君孺人"[4] 可以确定外，其他三座墓葬没有"榜题"和相关文字等直接证据。查询两汉时期南阳郡、南郡郡守任职情况[5]（表二六），只有哀帝元寿年间扶风茂陵人原□卒官外，其他均为外籍官员，且部分官员有升迁。哀帝元寿年是公元前 2～前 1 年，相当于本书考古文化分期的西汉晚期，时代在这一时期的墓葬有南阳杨官寺画像石墓[6]，但杨官寺画像石墓中相关文字基本为"宋"氏外，别无信息。《汉书》《后汉书》等记载汉代有归葬习俗（文献记载的归葬习俗主要用于重要官员），关于杨官寺画像石墓的墓主和卒官于哀帝元寿年间的原□墓葬只能探究于此，或待更多考古发现再解释。至于在外地担任郡守或以上官秩的南阳豪族卒后是否归葬于原地，已发现墓葬的信息有限，文献不足，难证也。

表二六　两汉南阳郡、南郡太守一览

郡	太守	任职时间	备　注
南阳郡	义縱	武帝元朔三年或四年在任	河东人，"治豪有声"
	沈弘	昭、宣时期	九江寿春人

[1] 龚胜生：《汉唐时期南阳地区农业地理研究》，《中国历史地理论丛》1991 年第 2 期。

[2] 田立振：《试论汉代回廊葬制》，《考古与文物》1995 年第 1 期；李银德：《徐州汉画像石墓墓主身份考》，《中原文物》1993 年第 2 期。

[3] 崔向东、王金阳：《两汉南阳豪族的官僚化和士族化》，《社会科学辑刊》2010 年第 4 期，第 172～179 页。

[4] 关于"冯君孺人"和"冯君孺久"存在争议，本书从报告的"冯君孺人"说。

[5] 严耕望：《两汉太守刺史表》，上海古籍出版社，2007，第 62～63 页。

[6] 河南省文化局文物工作队：《河南南阳杨官寺汉画像石墓发掘报告》，《考古学报》1963 年第 1 期。

郡	太守	任职时间	备 注
南阳郡	□贤	宣帝神爵二年迁执金吾	
	郑弘	宣末元初之际	泰山刚人
	召信臣	元帝建昭元年至竟宁年	九江寿春人
	王昌	成帝建始	建始三年迁右扶风
	陈咸	成帝鸿嘉至永始元年	沛郡相人，成帝永始元年迁少府
	翟义	成帝元延至绥和年	汝南上蔡人，行事
	薛明	成帝哀帝之际	东海郯人
	孔宠	哀帝建平年	京兆长安人，建平四年见在任，封侯
	原□	哀帝元寿年	扶风茂陵人，哀帝时卒官
	杜札	汉初	
	窦邕	西汉中叶	扶风茂陵人
南郡	靳疆	高祖时期至文帝以前	
	翟宣	成帝末年	汝南上蔡人
	李尚	成帝末年	为大司马时居郡
	萧育	成帝绥和二年至哀帝建平四年	京兆杜陵人
	毋将隆	哀帝元寿中任终哀帝世	东海兰陵人
	郭钦	哀帝末	扶风榆糜人
	辛伯	平底元始年	京兆人，平帝时诛死

注：本表依严耕望《两汉太守刺史表》第六二至六三页文字制成。

第三等级墓葬中如陈棚画像石墓总计发现 36 幅彩绘画像，墓室内的画像多数施彩，在施彩的过程过程中采用了平涂、勾边、点染的方法，而且颜料种类多样①，此类墓的等级没有杨官寺画像石的复杂结构，但比其他墓葬花费财力较多，因此墓主身份应稍低于郡守等一级。画像砖墓的规模虽没画像石墓的大，但有些其画像内容却体现了墓主的身份。淅川高庄画像石墓 M1 下部并列模印 6 副执戟画像，在人首上方有榜题"亭长"二字，《后汉书·百官志》："亭有亭长，以禁盗贼。本注曰'亭长，主求捕盗贼，

---

① 蒋宏杰等：《河南南阳陈棚汉代彩绘画像石墓》，《考古学报》2007 年第 2 期。

承望都尉'。"① 亭长，既要负责其辖区内的治安，又要迎送过往的上级官吏，该画像放于主室前当保护墓主人第宅的安全和迎送来往的宾客，同时表明墓主人生前已有一定的地位②，从墓葬的结构和榜题综合观察，画像砖墓不及画像石墓，墓主人为知县的可能性较大。竖穴土坑木椁墓中单椁单棺墓，根据文献记载的"棺椁制度"，墓主应属士一级。例如，南阳麒麟岗 8 号木椁墓的墓室为一棺一椁，椁室内分箱明显，随葬有铜器、漆器、玉器等，葬式为仰身直肢葬，身份应较凤凰山墓略低，属县丞或知县一级官吏或与之相当的豪族。江陵毛家园 M1 出土的木牍中记载了墓主人身份和姓名"官大夫"③，按照秦汉二十级爵位官秩，官大夫应为第六级④。毛家园墓葬与襄阳王坡 M35 规模相当，同为楚文化墓，一棺一椁在楚墓等级中居于士一级⑤。另外等同于这一级别的墓葬在襄阳王坡墓地仅发现 2 座（墓地共 70 座汉墓），王坡墓地南 4 公里为邓城，曾为楚国都城，后为楚国北部要地邓县所在地，西汉时为邓县县治，因此其统治者身份不会太高。综上，第三等级墓葬的墓主应属县令一级或者与之相仿的当地豪族。

第四等级墓葬较前三等级规模小，随葬品等级较少，但部分墓葬的规格相对较高，如襄阳王坡 M147 为一棺一椁，但墓室面积较小，主要随葬品为陶器，且在组合也不齐全，与长沙王佩龙子山 M3 相当，M3 墓主为"都乡啬父"⑥，应属地方官。这一等级的墓葬墓主身份应属中小地主及庶民。

综上，目前在南阳地区发现的汉代墓葬大致可以划分为四个等级，墓主身份分别为贵人或长公主、郡太守墓或与之相仿的豪族、知县或相仿等级的豪族、中小地主及庶民等。

---

① 《后汉书》第一二册，志第二十八，中华书局，1965，第 3624 页。
② 南阳地区文物研究所、淅川县博物馆：《河南淅川汉画像砖墓发掘报告》，《华夏考古》1994 年第 4 期，第 30 页，图一五，2。
③ 湖北省博物馆江陵工作站：《江陵毛家园一号汉墓》，《考古学年鉴》（1986 年），文物出版社，1988。
④ 《汉书》第三册，卷十九上，中华书局，1962，第 739 页。
⑤ 郭德维：《楚系墓葬研究》，湖北教育出版社，1995，第 92～93 页。
⑥ 长沙市文物工作队：《长沙西郊桐梓坡汉墓》，《考古学报》1986 年第 1 期。

第三节 墓地结构

墓地是墓葬集中分布的区域，是人们有意识埋葬死者的固定场所①，而墓地制度是各类墓葬在特定区域内安葬之规定②，新石器时代中期就已有固定的墓地。影响墓地形成的因素是多种多样的，通过对一个墓地制度和形成过程的考察，可以洞悉当时人们的部分丧葬习俗，也是我们复原古代社会途径之一。墓地形成过程体现着一个墓地在横向空间和纵向时间的相互关系，为了更好地探讨这两方面的关系，很明确地研究对象需满足两个基本条件：第一，研究对象面积和数量要足够；第二，墓地沿用时间较长。本书主要从墓地选址、墓地布局和墓地形成三个方面对墓地形成过程进行探讨。

一 墓地选择

汉代帝陵、诸侯王墓基本上为"独立陵园"③，南阳地区的汉墓主要为中小型墓葬，目前发现的主要墓地有南阳丰泰墓地、牛王庙墓地、镇平程庄墓地、襄阳王坡墓地、九里山墓地、老幸福院墓地、淅川东沟长岭墓地、刘家沟口墓地、泉眼沟墓地等，充分说明该区在两汉时期流行专门的墓地。

（一）南阳市区

南阳已经报道的墓葬（地）总计68处（座），主要分布于"焦柳铁路"（河南焦作—广西柳州）以东，白河以西，南界卧龙路，北抵张衡路这一区域内（图四〇）。丰泰墓地位于南阳市建设东路南，行政上隶属于

---

① 金则恭：《仰韶文化的埋葬制度》，《考古学集刊》（4），中国社会科学出版社，1984，第222~251页。

② 杨锡璋：《商代的墓地制度》，《考古》1983年第10期。

③ 杨宽：《中国古代陵寝制度史研究》，上海古籍出版社，1985；沈睿文：《西汉帝陵陵地秩序》，《文博》2001年第3期；刘尊志：《汉代诸侯王墓研究》，社会科学文献出版社，2012；刘瑞、刘涛：《西汉诸侯王陵墓制度研究》，中国社会科学出版社，2010。

1.宛城区安居新村住宅小区
2.高新区天大建安公司办公楼
3.宛城区牛王庙五明明珠鞋城批发市场
4.宛城区农行住宅小区
5.南阳市汽车运输公司住宅小区
6.宛城区办水泵住宅小区
7.南阳市野长办公事住宅小区
8.宛城区王营家属区三道门面房
9.宛城区食品商贸城
10.南阳市一办新校区
11.南阳理工大学学生宿舍区
12.宛城区妇幼盐监测中心住宅小区
13.宛城区棉麻村村有
14.南阳市电信公司
15.宛城区针织局住宅小区
16.南阳市防爆门曝门住宅小区
17.南阳市防爆厂
18.南阳市税务局住宅小区
19.宛城区物资局住宅小区
20.南阳市体育馆
21.宛城区审计局住宅小区
22.南阳市经济适用房住宅小区
23.宛城区牛羊乡高速公路出土区
24.南阳市属阳产公司管整公路住宅小区
25.宛城区黄河附管调管公司办公楼
26.宛城区城一中住宅小区
27.宛城区防疫局住宅小区
28.南阳市广厂电公司住宅小区
29.南阳市拆迁办住宅小区
30.南阳市建七与独防方厂住宅小区
31.南阳市拆迁建工程苑住宅小区
32.南阳市高管住宅小区
33.南阳市检察院鑫苑发苑住宅小区
34.南阳市方家园华鑫苑住宅小区
35.南阳市工会住宅小区
36.南阳市日报社住宅小区
37.南阳市书香苑住宅小区
38.南阳新华光电公司住宅小区
39.乐牛乳业公司
40.市人行住宅小区
41.宛运三公司住宅小区
42.市财局住宅小区
43.凤凰城住宅小区
44.万家安安房的路村厂
45.华新村住宅小区
46.金辉望苑住宅小区
47.四明井建材市场
48.四明井建材市场
49.柴油机厂
50.柴油机厂
51.金凤丰住宅小区
52.里光大厦
53.市公路住宅小区
54.市公路住宅小区
55.市公路绿校
56.达达力花园住宅小区
57.新华街城
58.八一路汽车城
59.60厂
60.60厂
61.名门华府住宅小区
62.盛唐商务苑住宅小区
63.市综合训练场
64.罗庄变电站
65.罗庄变电站
66.卧龙岗长岭
67.明伯都市二苑住宅小区
68.明伯都市二苑住宅小区

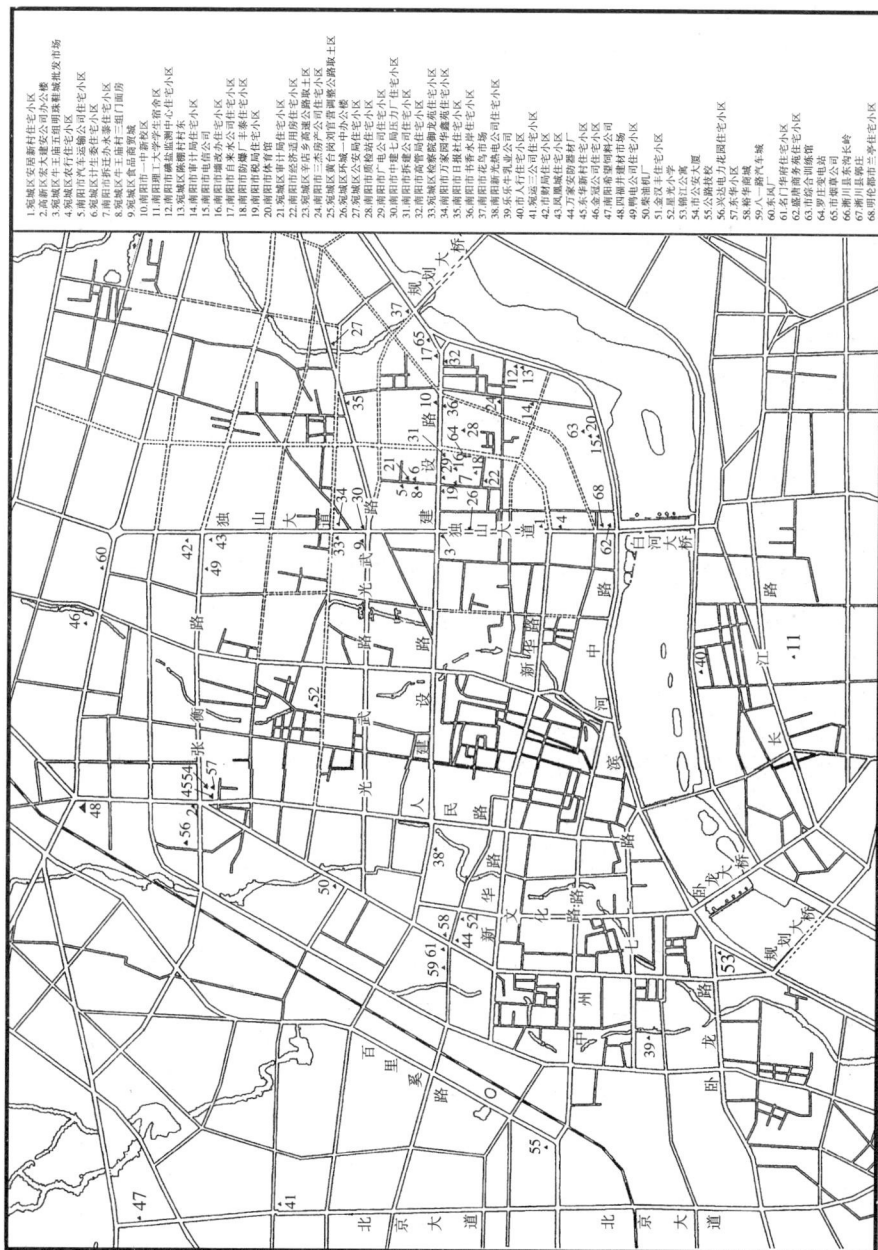

图四○　南阳市汉墓分布示意

资料来源：蒋宏杰：《南阳出土铜镜》，文物出版社，2010，第8~9页，图二，改绘。

宛城区仲景街道办事处牛王庙社区，西北与南阳市永泰小区相邻，东北与罗庄变电站相邻，据《南阳丰泰墓地》报道，已清理东周秦汉至明清的中小型墓葬 387 座，其中东周秦汉墓 259 座，唐宋至明清时期墓 21 座，没有随葬品无法确定时代的有 107 座，足见该墓地使用期限之长，就战国秦汉时期而言，战国晚期墓葬 40 座、西汉早期 36 座、西汉中期 22 座、西汉晚期 71 座、新莽时期 19 座、东汉早期 12 座、东汉中期 7 座、东汉晚期 5 座。据悉，早在 20 世纪 90 年代，原南阳市文物工作队和南阳文物考古研究所就在东苑小区总计清理了 3000 余座墓葬。丰泰墓地位于南阳市宛城区，该区地势由北而南有坡降，海拔北端 140 米、南端 94 米，北端的隐山是境内唯一的孤山，是伏牛山的南麓余脉，海拔 210 米，为全境最高点，其余皆为平原。境内河流主要有白河、溧河、温凉河等，均为东南流向，纵贯全境，南阳地区属亚热带大陆性季风气候，四季分明，年降水雨量在 800 毫米左右。丰泰墓地东部为白河，西部为经过南阳境内的"焦柳铁路"（河南焦作—广西柳州）。牛王庙墓地与丰泰墓地相邻，基本环境和位置相近。

（二）襄樊

襄樊地区汉代墓葬主要以王坡墓地为主，王坡墓地位于襄阳北部，樊城西北约 10 千米处，墓地坐落在汉水以北一条呈东西走向并高于四周的丘陵岗地上，岗地西、南接汉水冲积平原，东、北过汉水支流——小清河为地势相对较低的连绵丘岗。墓地自南向北纵穿岗地中部偏东处，西抵地势低洼的普陀堰，南、北分别与地势平坦的汉水冲积平原、小清河河谷相连，东部岗地上还有蔡坡[①]、山湾[②]等墓地，岗地地势略有起伏，海拔在 78～112.28 米。王坡墓地地处古邓城正北 4 千米处，是古邓城一处重要的墓地，文献记载和近年来的考古发现显示[③]，古邓城为西周至春秋早期邓国都城和邓灭后直至西汉时期的邓县县治，正是邓城的重要地位，因此在其周围分布着大量的东周至汉代的遗址和墓地，分布范围以邓城为中心，

---

① 湖北省博物馆：《襄阳蔡坡战国墓发掘报告》，《江汉考古》1985 年第 1 期。

② 湖北省博物馆：《襄阳山湾东周墓发掘报告》，《江汉考古》1983 年第 2 期。

③ 石泉：《古代荆楚地理新探》，武汉大学出版社，1988；襄樊市文物管理处：《湖北襄樊拣选的商周青铜器》，《文物》1982 年第 9 期。

方圆不过 60 平方千米。与邓城遗址相对应的统一地域内还有十余处同时代的墓地，除王坡墓地、邓城遗址和同处于一岗地的蔡坡和山湾外，其余墓地都分布在该岗地南部的汉水冲积平原或者是稍微略高的岗地上（图四一），有团山①、彭岗②、贾庄③、卞营④、沈岗、余岗⑤、韩冢、黄家村、唐楼、王寨⑥等。这些墓地的选址特点主要有三：第一，这些墓地均位于邓城遗址外，且在今襄樊市的西北地区；第二，这些墓地地处当地较高的高岗之上或者是地势略有起伏的矮岗上，少量部分墓地地处平原；第三，大部分汉代墓地是沿用东周以来的墓地。

（三）丹江口水库

本书的"丹江口水库区域"在自然地理上并不是一个独立的、完整的地理单位，实际上是指丹江口水库建成后形成的一个带有共性的水库区（图四二）。随着"南水北调"中线文物保护工程的开展，发现的墓葬集中于库区两岸，这与当时的人口以及人们选择有关⑦。具体而言，如淅川刘家沟口墓地位于丹江南岸的二级台地上，墓葬基本分布在大河口的西北至罗山岭下。东沟长岭墓地位于丹江冲积平原——顺阳川的西部，丹江由西北部进入顺阳川，南部流出，其西部为李官桥盆地，西、南、北三面依山，东部是丘陵，而墓地所处的丘岗地带，地势西北高东南低，是丹江西岸龙山向库区的延伸部分，墓葬分布在海拔 150 米以上、坡度较为平缓的地带。这一地区的大多数汉代墓地是沿用东周墓地，也有西汉才开始使用的墓地，如泉眼沟墓地。沿东周以来墓地继续使用的墓葬，文化多有沿承性，应该是当地人口的使用遗存；而西汉开始新出现的墓地，除了当地人口增加需要重新开辟新

---

① 襄樊市博物馆：《湖北襄樊团山东周墓》，《考古》1991 年第 9 期。
② 彭岗墓地发掘次数较多，资料详见"绪言"一章的发现综述。
③ 王先福等：《湖北襄樊市贾庄发现东周墓》，《考古》2005 年第 1 期。
④ 襄樊市考古队：《襄樊团山卞营墓地第二次发掘》，《江汉考古》2000 年第 2 期。
⑤ 襄樊市文物考古研究所：《余岗楚墓》，科学出版社，2011。
⑥ 国家文物局主编《中国文物地图集·湖北分册》，西安地图出版社，2002。
⑦ 河流和河间阶地土壤较为肥沃，居民取水用水方便，在古代不存在人口压力的条件下，人们总是选择自然资源丰富，便于农耕的地带居住，这是自然条件对人口分布的限制，同时说明先秦两汉时期今库区西部的高山地带可能还是空旷的无人居住区。见晏昌贵《丹江口水库区域历史地理研究》，科学出版社，2007，第 48 页。

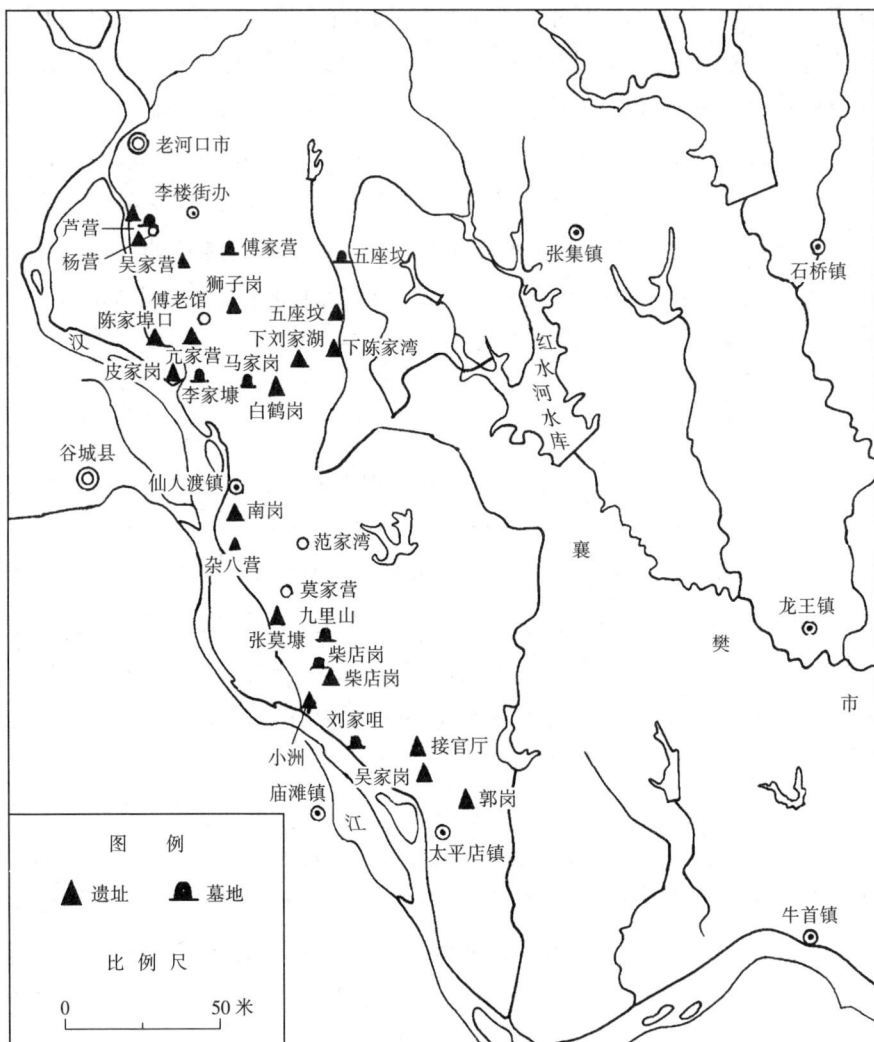

图四一　襄樊市墓葬分布示意

资料来源：襄樊市文物考古研究所、武安铁路复线九里山考古队：《老河口九里山秦汉墓》，文物出版社，2009，第6页，图三，改绘。

　　的墓地之外，部分是外来移民文化的遗存①。

　　综上，通过对南阳地区内不同区域典型墓地的分析，得出以下结论：
第一，该区汉代流行专门的墓地，并且多数是沿承东周以来的墓地继续使

———————

①　晏昌贵：《丹江口水库区域历史地理研究》，科学出版社，2007，第46～48页。

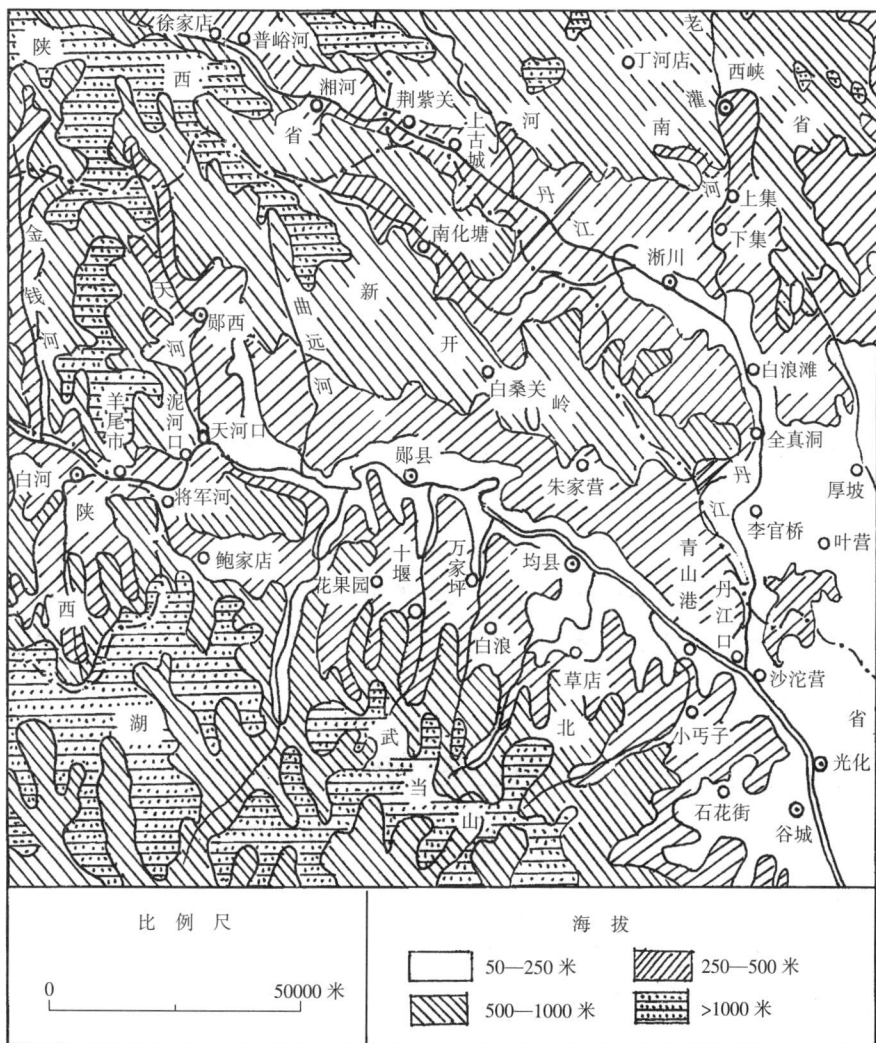

图四二 丹淅地区地势

资料来源：晏昌贵：《丹江口水库区域历史地理研究》，科学出版社，2007，第3页，图0-1。

用；第二，政治中心地区的墓地之间距离相近且较为集中，郡治所在地有专门的墓区规划；第三，墓地多选择在相对平原区较高的岗地或者河流两岸较为平缓的台地上，且这些地区多为阳坡地。此外，南阳地区的汉代墓地条件较为优越，事前应该是经过规划的①。

① 李如森：《汉代丧葬礼俗》，沈阳出版社，2003，第66～67页。

二 墓地形成过程

墓地的形成过程是一个相对动态的过程，具体而言，墓地的形成过程是一个空间的变化过程，会受到政治背景、经济状况、家庭结构、丧葬制度、堪舆风水、习俗观念影响，这正是本书研究的难点，也是这项研究的意义所在。赵辉曾就长江中游地区新石器时代墓地[①]、蒋晓春对三峡地区秦汉时期墓地[②]的研究中尝试了这一问题的探索。前文中第二、三章已对墓葬形制、随葬品进行了考古类型学的研究，确立了其年代框架，清晰了墓葬的发现脉络；第四章中的文化因素分析，明晰了该区墓葬的整体特征，也探究了该区汉墓中不同文化因子以及明显的内部差异，为探讨某个墓地的形成过程奠定了基础。综合对该区发现几个主要墓地各个时段墓葬数量的分析，我们选取较为典型的南阳丰泰墓地、牛王庙、老河口九里山、襄阳王坡等 8 个墓地进行专门分析（表二七）。

表二七 典型墓地墓葬一览

时代 墓地	西 汉			新莽	东 汉		
	早期	中期	晚期		早期	中期	晚期
南阳丰泰墓地[a)]	36	22	71	19	12	7	5
牛王庙墓地[b)]	13	30	24	9	5	1	
程庄墓地[c)]			3	4	5	5	4
襄阳王坡墓地[d)]	33	25	2	2	4	4	
老河口九里山墓地[e)]	39	66	23	7	10		
老幸福院墓地[f)]						6	22
东沟长岭墓地[g)]			4	2		3	6

① 赵辉:《长江中游地区新石器时代墓地研究》,《考古学研究》（四），科学出版社，2000，第 23～54 页。

② 蒋晓春:《三峡地区秦汉墓研究》，巴蜀书社，2010，第 134～141 页。

续表

时代 墓地	西　汉			新莽	东　汉		
	早期	中期	晚期		早期	中期	晚期
刘家沟口墓地[h]	2	12	4		4		

注：

a）南阳丰泰墓地东周秦汉时期墓葬259座，可以明确断代的233座中，战国晚期40座，汉代墓葬193座；

b）牛王庙墓地发掘总计131座，秦代墓1座，汉代墓127座，近代墓3座；明确的汉代墓葬81座；

c）程庄墓地总计发现汉代墓葬46座，但其中28座破坏严重，只能判断为汉墓，具体时代不能确定；

d）襄阳王坡墓地总计发掘墓葬173座，其中春秋4座，战国晚期至秦墓99座，汉代墓70座；

e）老河口九里山墓地总计发现秦墓48座，汉墓145座；

f）郧县老幸福院墓地发现东汉墓总计38座，其中有明确年代的28座；

g）东沟长岭墓地分为2区，Ⅰ区战国墓16座，汉代墓4座；Ⅱ区战国墓30座，汉代墓10座；

h）刘家沟口墓地总计发现墓葬79座，其中东周墓39座，秦汉墓40座，可以明确年代的汉墓22座。

（一）九里山墓地

老河口九里山墓地范围较大，墓葬分布较为密集。据已经勘探的结果，东西长1200米、南北宽500米的范围内至少有1000多座墓葬。目前发掘的墓葬主要集中在西区，总计发现秦汉墓178座（秦墓48座、汉墓130座），东区主要发现3座土冢。本书以西区为例进行重点分析。

1. 墓地使用时间

九里山墓地中发现战国晚期（秦拔鄢至秦统一前）墓葬5座，秦代43座，西汉早期39座，西汉中期66座，西汉晚期23座，东汉早期6座，东汉中期10座。目前没有发现战国晚期以前的墓葬，因此该墓地开始使用于秦拔鄢之后，至东汉中期以后再没有使用（表二八）。秦代开始该墓地的墓葬数量逐渐增加，历经西汉，东汉早期墓葬数量开始减少直至东汉中期，以后再也没有使用。

表二八　　九里山墓地墓葬统计表

时代 分区	战国晚期	秦代	西汉早期	西汉中期	西汉晚期	东汉早期	东汉中期	合计
第一区	2	13	5	17	2	2	1	42
第二区	3	24	11	20	8	3	2	71
第三区		6	23	29	13	1	7	79

九里山墓地西区总计有 5 组打破关系，分别为 M159 打破 M160，M19 打破 M20，M69 打破 M70，M77 打破 M80，M112 打破 M113，其中被打破者均为秦墓，时代在战国晚期或秦代；而 M112 为西汉早期、M159 为西汉中期、M19 为新莽时期、M69 和 M77 为东汉早期。此外各墓之间再无有打破关系，相邻墓葬之间距离较远，说明墓葬埋葬时在地面应设有标志物（可能为封土），才使相对较晚的墓葬在选择墓穴时不会破坏年代相对较早的墓葬。

2. 墓地布局

本书根据墓地中墓葬分布情况，可以将其分为三区，第一区为墓地西北部，第二区为墓地中部，第三区为墓地东南部（图四三）。

根据图四三，可以得出以下几点结论。

第一，该墓地战国晚期和秦代的墓葬主要分布在第一区和第二区，即墓地的西北部和中部地区；第三区（东南部）仅有 6 座秦代墓葬。同时战国晚期和秦代的墓葬分布较为分散，未有明显的墓地规划意识。

第二，两汉时期墓葬主要集中于第三区，汉代墓葬 73 座；第二区次之，44 座；第一区最少，27 座。自西汉以来墓地东南部成为埋葬的主要区域，因为墓地西北和墓地中部相对较为平坦的区域已被战国晚期和秦代墓葬所使用，空地较少，葬地的选择则主要集中于秦代使用量较少的墓地的东南部。

第三，在两汉时期的墓葬中，通常会有数座墓葬相对较为集中，呈"一"字顺排或"田"字形排列，与其他墓葬明显有距离，且这些墓葬无相互打破，且墓葬规模、方向、随葬品的类别等基本相同。总体来看，又可以把西区墓地分为 7 组，每组相互之间有较大空间，分布在墓地中部

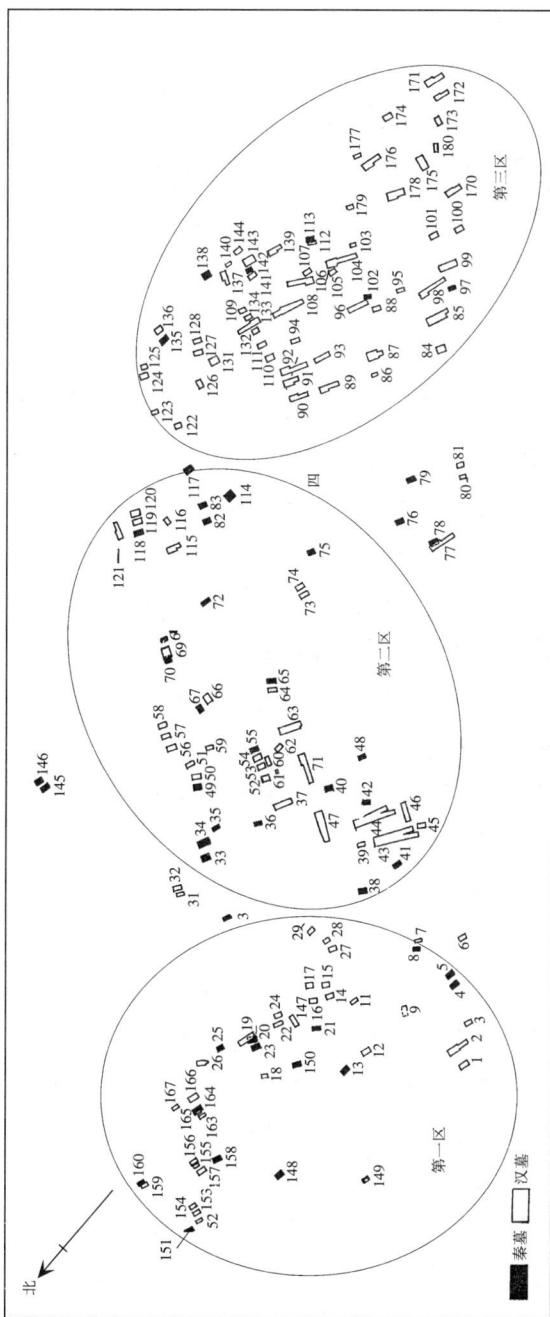

图四三 九里山墓地第一区墓葬分布示意

资料来源：襄樊市文物考古研究所、武安铁路复线九里山考古队：《老河口九里山秦汉墓》，文物出版社，2009，第6～7页，图四，改绘。

较高地的 M50、M51、M56、M57、M58 等为竖穴土坑墓，五座墓呈"一"字排开；分布在墓地东南部相对较高的 M89 ~ M93、M109 ~ M111、M132 ~ M134 等这 11 座则相对较为集中。这一现象说明墓地除了根据墓地埋葬死者外，墓地内部还存在明显的区域划分①。二墓并列的基本上应为夫妻异穴合葬墓，三座以上者为家族聚葬的可能性较大。

3. 墓地形成过程

九里山西区墓地位于九里山的南坡，海拔在 93 ~ 107.2 米，地势最高处为中部，使用时间相对较长。

《光华县志》载老河口"古为阴国"，周为阴国，后入楚，因此，秦统一后为酂县。该区位于市境内，早期应为阴国境内，归楚后，多习楚俗。墓地发现最早的墓葬时代在战国晚期，该墓地开始使用，但使用率较低（仅见 5 座墓葬），主要分布在墓地海拔最高处、最西北部和墓地海拔最低的地方，应是有意识地拉开相互距离，有目的地为后来者留出空间。

秦代墓葬总计 43 座，墓葬数量大增，开始扩展至墓地东南部，主要分布在墓地中部（第二区），共 24 座；墓地西北相对较少，共 13 座；墓地东南部最少，仅见 6 座。其中墓地第一区的 M4 和 M5、M23 和 M20、第二区的 M145 和 M146 三组墓葬距离较近且两两并列，其他墓葬分布较为凌乱，无明显规律。

西汉早期墓葬共计 39 座，其中第一区 5 座，第二区 11 座，第三区 23 座。主要分布在墓地的东南部，墓地东南部开始成为墓地的核心区，东南部墓葬多在海拔较高的位置，第二区葬地选择海拔相对较低，第一区则无明显规律，墓地整体仍然较为分散。其中有一组墓葬 M112 打破秦代墓葬 M113，如 M124 和 M125 等几组墓葬相隔较近且两两并列。西汉早期基本以墓地东南部为主要埋葬区，之后各期墓葬基本都是以东南区为主，西北部和中部大体上平均分布。

西汉中期发现墓葬 66 座，第三区 29 座，第二区 20 座，第一区 17 座，是墓地使用量最大的时期。在墓地东南部和中部形成数座墓葬呈"一"字形顺排，且相对较为集中；墓地第一区出现"田"字形排列的墓葬，距离

① 李如森：《汉代家族墓地与茔域上设施的兴起》，《史学集刊》1996 年第 1 期。

较近，且无打破关系。

西汉晚期发现墓葬 23 座，相对前期骤减，其中第三区 13 座，第一区 2 座，第二区 8 座。此后墓葬数量相对前期骤减，到东汉中期以后墓地停止使用，可能与墓地已经出现饱和，可以使用的土地空间较少，只能零星埋葬个别墓葬，或因空地在墓地顶端、海拔太高或为断崖、谷底相关。

西汉晚期以后至东汉中期的墓葬与战国晚期、秦、西汉早、中期墓葬共同组成了九里山西区墓地。墓地第一区与第二区之间、第二区与第三区底部之间留有一段埋葬墓葬相对稀疏的空隙，因这些地区为山谷区，不易埋葬。

4. 墓地特点

九里山墓地的使用从战国晚期一直延续至东汉中期，历时四百余年，时间跨度长；墓地在秦和西汉时期被重点使用，埋葬人数较多，是一处长期使用的大型公共墓地。战国晚期至秦时期墓葬主要为竖穴土坑木椁墓，葬具为单棺单椁、单椁，这类墓葬一直被使用至墓地完全废弃。战国晚期的随葬品为典型的楚文化陶器，秦代墓中出现釜、鍪、鐎斗等秦文化陶器，但墓葬如洞室墓发现较少。西汉早期仿铜礼器开始形态变得高大，汉文化开始进入该区；西汉中期晚段开始出现模型明器，流行至东汉，整个墓地形成的过程是各类文化在发展中相互碰撞、融合的过程。一直流行于南阳地区的牛鼻形双耳罐（Aa 型罐）在该墓地发现数量较多，且一直使用。九里山墓地的墓葬属于第四等级，墓主身份大多应是低级官吏、中小地主及平民；但 M120 和 M161 随葬品中使用铜鼎，其墓主地位应较其他墓葬较高。从不同时段文化因素比例来看，墓主们大多为战国晚期楚国领地内的原住民。

（二）襄阳王坡墓地

王坡墓地位于襄阳北部，距离城邑邓城较近，分为王坡、蔡家山、老虎山、南岗等四个墓区，地势相对较高，墓地基本分布在山岗的阳坡。据调查和发掘资料显示，四个墓区在整体布局上相对独立，分布依据时代的不同有所选择，呈现出一定的规律性，时代越早，墓葬的方位越靠近南部，时代越晚，墓葬的方位越靠北，墓葬埋葬的位置距离邓城逐渐较远，这是墓地随着时间的推移不断扩展的结果。春秋早期的墓葬数量少，较分散，其他时代的墓葬分布较整齐有序，朝向也有一定的规律。王坡墓地 I 区 9000 平方米的范围内分布有 66 座墓葬，墓葬间距大多在 5 米以上，少数 2 米左右，相互之间无打破关系，说明墓地的选择和墓葬的分布是统一安排和专门管理，应是西周以来以血缘为纽带的公墓的延续。战国晚期和秦代的墓葬与春秋时期同处王坡墓区，也有少量西汉早期的墓葬，与蔡家山、老虎山两个墓区的西汉墓葬构成了整个墓地的主体，墓葬规模也与早期相差不大。东汉时期墓葬主要集中于南岗墓地，地理方位上是完全独立的，可以分为南北两组，各组之间在排列上有一定的规律，东汉时期出现同穴合葬的墓葬，应该是一个大家族的墓地。

（三）南阳牛王庙墓地

牛王庙墓地位于南阳市区内的东苑小区，面积近 6000 平方米，总计发现墓葬 131 座，其中秦墓 1 座，汉墓 127 座（能明确断代的有 81 座，年代不能确定的有 46 座），近代墓 3 座，在汉代是一处专门的墓地。根据已经报道的情况①，将墓地分为 7 区（图四四），每区内部墓葬的分布较为集中，区与区之间分界明显，可见墓地在使用之初有一定的规划，且已经确定了墓地的大致使用范围。西汉、新莽时期是该墓地使用的高峰期，东汉早期开始下降，东汉中期以后废弃，不再使用。汉墓之间存在 6 组打破关系，均是砖室墓打破土坑墓。另有四组夫妻合葬墓，各组墓葬形制、随葬品、方向、时代基本一致，如 M22 和 M23，为竖穴土坑单棺墓，随葬的陶鼎、盒、壶、小壶均为 2 件，另有铜器、铜泡、蟠螭纹铜镜等，但 M22 规模较 M23 大，且 M22 还随葬有带钩、陶车轮、狗饰等，而 M23 则没有，性别意识明显。

（四）南阳丰泰墓地

徐承泰对丰泰墓地的墓地形成过程、墓地布局进行了详细的论述。南阳丰泰墓地从战国晚期开始使用一直延续至东汉晚期，历时近五百年，在

---

① 报告中发掘 131 座，但墓葬分布图中只有 122 座。

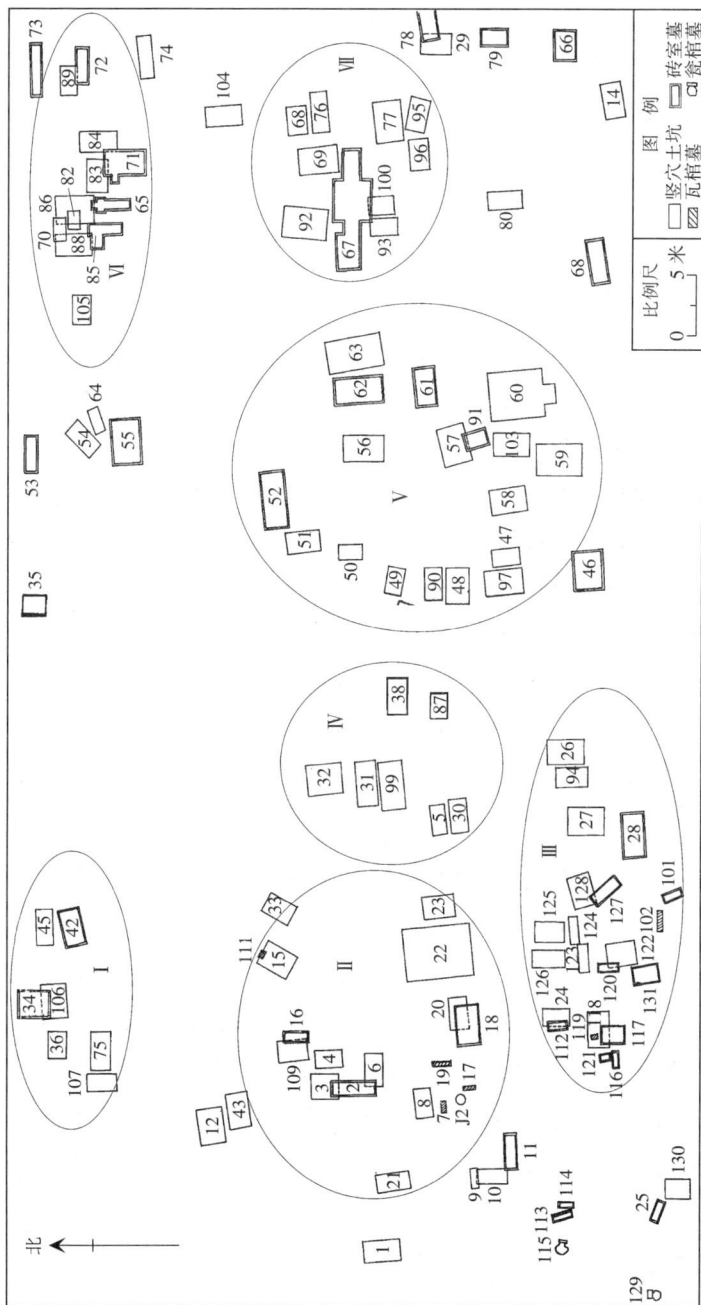

图四四　牛王庙墓地墓葬分布示意

资料来源：南阳市文物考古研究所：《南阳牛王庙汉墓发掘报告》，文物出版社，2011，第 4～5 页，图二，改绘。

历经政治变更的过程中墓地保持一定的规律是不太可能的，如初期就具有多元文化传统，最初汉文化和楚文化并存，随着秦文化的传入，最终形成了融汇韩、楚、秦文化传统的新兴地方汉文化类型。整个墓地未形成统一的布局，但在若干阶段可以观察到一定计划安排的墓位，如合葬习俗等。总体而言，该墓地属于历史悠久、结构多元、内涵丰富的非传统型墓地①。

（五）淅川刘家沟口墓地

刘家沟口墓地墓的年代上迄春秋晚期，下至西汉晚期。春秋晚期至战国中期的墓葬，无论是墓葬结构还是随葬品均体现出强烈的楚文化特征，与上文的王坡墓地较为一致。未见墓葬相互有打破关系，说明墓地在使用时有严格的规划，但墓葬方向并不一致，可能是存在不同的家族。进入秦以后，墓地文化完全改变，基本未发现青铜礼器等，墓葬分布未发现可以遵循的规律。进入汉代，文化面貌被再次改变，但墓地自春秋以来开始使用的双耳罐一直存在，证明了战国秦汉文化的延续性，之后出现的仓、灶、井等说明当地文化被逐渐纳入汉文化。东汉以后该墓地废弃。

三　墓向

墓向，即墓葬的方向，由于墓葬种类的复杂，目前尚未有明确定义。王仁湘认为"一般是指死者埋葬时的头向"②，印群认为"墓向是指墓葬的方向，一般是以死者的头向为准"③。在田野考古工作的操作中，没有墓道或墓门的墓葬一般是以头向为准，有墓道和墓门的一般以墓道或墓门的方向为准，但蒋晓春认为墓门的朝向为墓向，而将死者的头部朝向称为头向，一座墓的墓向只有一个，而头向则有很多个（如合葬墓），所以"密闭型"墓有头向而无墓向，"开通型"墓有墓向也有头向④。《礼记·檀弓

---

① 河南省南阳市文物考古研究所、武汉大学历史学院考古系：《南阳丰泰墓地》，科学出版社，2011。
② 王仁湘：《我国新石器时代的墓葬方向研究》，《中国原始文化论集》，文物出版社，1989，第 259 页。
③ 印群：《黄河中下游地区的东周墓葬制度》，社会科学文献出版社，2001，第 59 页。
④ 蒋晓春：《三峡地区秦汉墓研究》，巴蜀书社，2010，第 172 页。

下》载："葬于北方北首，三代之达礼也"[1]，这条文献似乎说明墓葬方向有着一定的统一性，其实不然，考古资料所显示的内容已经证明其复杂性。此外，墓向一定程度上是当时宗教观念、风水思想等相关的社会思想和个人偏好决定的，这些因素归纳起来有绝对和相对因素两种，前者主要是宗教思想等特定社会决定的，后者是地形的视野如开阔方向或倾斜方向决定的[2]。南阳地区的墓葬数量较多，本书选取典型墓地进行分析。

（一）王坡墓地

襄阳王坡墓地发现的 60 座西汉墓中，墓葬南北向者 31 座[3]，东西向者 19 座，东北至西南向者 4 座，西北至东南向者 6 座。根据人骨、牙齿线索，可以明确头向的墓葬有 41 座，向北者 11 座，向南者 8 座，向东者 9 座，向西者 4 座，向东南者 3 座，向西南者 3 座，向东北者 2 座，向西北者 1 座。襄阳王坡东汉时期 10 座，根据墓道和甬道的方向，墓向南者 3 座，向北者 2 座，向西者 2 座，东北、东南、西南向各 1 座。综合来看，墓地以向北、向南、向东者为主，其他较少。

（二）九里山墓地

九里山墓地中，145 座汉代墓葬的墓坑方向基本呈南北向或东北－西南向，墓葬南北向者 51 座，东北－西南向者 75 座，东西向者 10 座，东南至西北向者 9 座。其中 78 座墓葬的残留人骨、牙齿等线索可以判断头向，52 座可依据随葬器物的摆放位置，与已确定头向的墓葬的随葬器物位置的相同性或二者可能存在的关系，推测其墓葬方向。由此可以确定墓向的130 座墓葬中，向北者 32 座，向东北者 47 座，向东者 5 座，向东南者 3 座，向南者 15 座，向西南者 20 座，向西者 3 座，向西北者 5 座。该墓地的墓葬方向以东北为主，向北、向南、向西南者次之，其他方向各有少量墓葬。

---

① 《礼记正义》，卷九，《十三经注疏》，中华书局，1980，第 1302 页。
② 赵镇先：《公元 1 千纪东北亚墓葬的头向》，《内蒙古文物考古》2010 年第 2 期。
③ 书中所有墓葬统计数据，墓葬方向摆动 20° 为准。

（三）牛王庙墓地

南阳牛王庙发掘的 131 座墓葬中，向北者 50 座，向东者 52 座，向南者 14 座，向西者 11 座，向东北者 4 座。该墓地墓葬以向东和向北为主，向南和向西次之，部分向东北。

（四）丰泰墓地

徐承泰认为丰泰墓地 233 座墓葬中，向南北者 147 座，向东西者 86 座，南北向墓葬占大多数。笔者根据《南阳丰泰墓地》附表登记的墓葬情况统计，认为该墓地 387 座墓葬中向北者 201 座，向东北者 13 座，向东者 121 座，向南者 21 座，向西南者 7 座，向西者 18 座。可见南阳丰泰墓地以向北为主，向东次之，其余方向的墓葬数量相对较少。

（五）刘家沟口墓地

刘家沟口墓地发掘墓葬 81 座，其中向北者 8 座，向东北者 19 座，向东者 26 座，向东南者 13 座，向南者 8 座，向西南者 4 座，向西者 3 座。墓地墓葬以东向为主，向南和向北次之，向西较少。

（六）老幸福院墓地

老幸福院墓地的汉墓时代在东汉时期，均有墓道和甬道，墓葬以向南者为主，有 32 座；向东者 4 座。

综上对六个墓地墓向的统计分析，结合墓地选址情况，可见该区墓地中的墓葬方向存在着明显的差异，如南阳市区的墓向以北向为主，丹淅地区以东向为主，襄阳地区以东北向为主。虽然存在差异，但该区汉墓在选择埋葬方向时遵从了一定的规律，较多注意墓地地形，埋葬地多在平地、缓坡地点；墓向则多向开阔或是水流的方向，如刘家沟口墓地多朝向丹江水南岸，丹江水自西北向东南流，墓向以向东为主，由此墓葬朝向河流下游；如九里山墓地的东部、东南部、南部和西南部的对面为相对开阔的谷地，墓向以这些方位为主。

四　墓地结构特点

第一，南阳地区流行专门的墓地，汉代墓地多是沿承东周时期的墓地继续使用，这些墓地一直延续使用至东汉早期或东汉中期甚至晚期才废弃，明、清时期偶尔使用。

第二，西汉早期的各个墓地的墓葬多承袭当地文化，南阳市区延续了韩文化和战国晚期文化，襄阳地区延续了楚文化，有部分留有秦文化的因素。西汉中期逐渐被统一于汉文化，至东汉早期该区各个墓地墓葬文化完全融合于汉文化。

第三，墓地在选址方面，政治中心地区的墓地之间距离较近且较为集中，郡治所在地有专门的墓区规划；墓地多选择在相对平原区较高的岗地或者河流两岸较为平缓的台地上，且这些地区多为阳坡地，环境较为优越。

第四，墓地存在一定的规模，大多汉代墓地内部之间存在明显的分区，各个区域内部墓葬分布有明显的排列方式，呈"一"字或"田"字形，推测应该是家族墓地，是秦汉以来的"家族葬"盛行的结果[①]。目前没有发现明显的茔域等标志，有待田野考古的深入和仔细发掘。

---

① 徐苹芳：《中国秦汉魏晋南北朝时期的陵园和茔域》，《考古》1981 年第 6 期；俞伟超：《古史分期的考古学观察》，氏著《先秦两汉考古学论集》，文物出版社，1985。

第六章

结　语

一　本书观点

汉帝国建立的"海内为一"统一王朝是承秦制，在广阔的疆域内有着全国统一的社会政治制度、经济制度和社会管理体系，因此无论是物质文化还是精神文化都表现出强烈的统一性特征。但汉帝国是一个在东周列国的基础上建立和扩展而成的多民族统一国家，且汉帝国国土广阔，地理环境多样，历史发展背景多异，文化面貌也就多不相同[①]，《汉书·地理志》指出了这种物质文化、精神文化所表现出的鲜明地域特征，这些"和而不同"中的"不同"，是本书把"南阳地区"汉墓作为区域研究的背景。

首先，本书以墓葬形制和随葬品的考古类型学分析为依托，结合纪年材料、地层学、钱币、铜镜等，初步建立了该区墓葬的年代序列，同时将该区汉代墓葬的发展、演变过程分为七期，分别为西汉早期、西汉中期、西汉晚期、新莽时期、东汉早期、东汉中期、东汉晚期；这一过程反映了椁墓的衰落和砖、石室墓的兴起与流行，竖穴式墓向横穴式墓的转变、墓室内装饰材料和形式变化的过程，随葬品以仿铜礼器的衰落和模型明器的逐渐增多并取代陶礼器成为主要随葬品为线索，即随葬品由重礼制逐渐生

[①]　中国社会科学院考古研究所：《中国考古学·秦汉卷》，中国社会科学出版社，2010，第19页。

活化的过程。

其次，对这一地区汉代墓葬的文化因素分析、与周边地区的比较以及内部区域差异的研究，有力地证明该区文化是在沿用战国晚期本地文化、韩地文化、楚文化、秦文化等基础上接受和发展了汉文化，西汉中期以后基本趋于统一；西汉晚期后，不断吸收了长江中游地区、岭南等地方文化。这一发展过程和区域特征与中央集权政治政治力量的强弱、经济条件、丧葬习俗的变化、人口数量、自然环境等密切相关。

再次，根据墓内题记、墓葬形制、棺椁制度、殓衣制度、随葬品的差异等综合因素将该区汉代墓葬分为四个等级，初步推测墓主身份分别为贵人或长公主、郡太守墓或与之相仿的豪族、知县或相仿等级的豪族、中小地主及庶民等。

最后，结合历史文献记载对陶器制作工艺、墓地选址、使用时间、墓地布局、形成过程、墓葬朝向、墓地结构等相关问题进行了初步探索。研究表明汉代该区流行专门的墓地，且大多沿承东周晚期的墓地继续使用，墓地多选择在相对平原区或较高的岗地、河流两岸较为平缓的台地上；郡治所在地有专门的墓区规划，墓地之间距离较近；各个墓地内部盛行夫妻合葬墓和家族墓地。

这一相对独立的区域，无论是墓葬本身（墓葬形制、随葬品），还是墓地结构，都体现了该区汉文化脱胎于"礼崩乐坏"的东周晚期，成熟于西汉时期（尤其是西汉中期晚段至西汉晚期），最终被纳入汉文化的浪潮中，这一过程也是汉文化发展、演变的一个"侧影"。因此，本书的研究在明晰了区域汉墓的发展脉络，探究其文化的地域性特征之外，也为汉文化的研究提供了又一实例。

二 研究前瞻

汉帝国空前的统一和繁荣，铸就了帝国时代历史上的第一个发展高峰，并对后来的中国历史产生了极其深远的影响，围绕这一伟大的时代，汉文化可以从物质、精神、政治、社会生活等各个方面进行研究，墓葬作为时代的"影子"，无疑是研究这些内容的重要材料之一。就研究的内容、方法和结论而言，本书侧重于基础研究。"绪言"中"归避内容"已经为本书不涉及该区汉代政治、思想、社会、文化、建筑等内容找好了"借口"，但并不代表这些内容不重要①。

南阳地区丰富的墓葬材料和独特的历史地位决定了其应是汉代考古研究的重点区域之一，这些墓葬材料包含了相当丰富的政治内容（社会机构、制度）、社会思想（儒家、宗教、丧葬）、经济发展（手工业、商业、农业）、社会生活（服饰、饮食、起居、交通、建筑）等，都是汉代文明研究的主要课题，也是今后研究的重点。

---

① 陈亚军：《南阳地区汉代墓葬研究回顾与思考》，《西北历史文化论丛》（一），甘肃民族出版社，2016，第 54～72 页。

附 录

附录一　典型墓葬分期一览 [1]

墓葬	形制	陶器	铜、铁、珠饰	钱币 [3]	铜镜	年代	资料来源
牛 M1 [2]	甲类 Aa I	鼎 Ab II、盒 A I、壶 A I、小壶 C I、瓮 B I、钵	铁锸 1	半两 IV	弦纹素镜	西汉早期晚段	《牛王庙》第 7 页
丰 M27	甲类 Aa II	罐 Aa I、金			连弧纹镜	西汉早期	《丰泰》第 11 页
刘 M27	甲类 Aa III	罐、釜				西汉早期	《刘家沟》第 95 页
九 M56	乙类 Ba	鼎 A I、盒 A I、壶 A I、豆 A、鍪 A I、盂、勺	铜带钩			西汉早期	《九里山》第 196 页
九 M60	乙类 Ba	罐 Aa I、盂				西汉早期	《九里山》第 202 页
王 M159	乙类 Ab	罐 Aa II、鍪				西汉早期	《王坡》第 259 页
王 M35	乙类 Ba	壶 Ba I、豆	鼎、钫、勺、玉环	半两 II	龙凤纹镜	西汉早期	《王坡》第 245 页
付岗 M2	甲类 Ab I	壶 Aa I、豆、盂				西汉早期	《江汉考古》2002 年第 4 期
许家岗 M21	甲类 Aa II	罐 Aa I、鍪 A I				西汉早期	《江汉考古》1999 年第 4 期
莲花池 M17	乙类 Ba	鼎 Aa I、釜甑、盒 Ca I、罐				西汉早期	《考古》2011 年第 4 期
九 M120	乙类 Ba	陶盂	铜鼎、蒜头壶			西汉早期	《九里山》第 298 页
付岗 M7	甲类 Aa IV	鼎 Ca I、壶				西汉早期	《江汉考古》2002 年第 4 期
擂鼓台 M1	乙类 Ca	鼎、盒、壶、小壶、釜瓶、钵	漆器		弦纹素镜	西汉早期	《考古》1982 年第 2 期

续表

墓葬	形制	陶器	铜、铁、珠饰	钱币	铜镜	年代	资料来源
岘山 M3	乙类 Ca	鼎 AbⅡ、壶 CⅠ	铜鼎、盒、壶、匜、勺子、带钩、釜、灯、带钩、玉印、铜环		连弧纹镜	西汉早期	《考古》1996 年第 5 期
九 M153	乙类 Ab	罐 AaⅠ、镳斗 Ⅰ				西汉早期	《九里山》第 144 页
牛 M125	甲类 AaⅠ	瓿 BⅠ、罐 BaⅠ	带钩 2、铁权、铅坠、玉片、铜器耳、铁削	半两 V		西汉中期早段	《牛王庙》第 234 页
麒麟岗 M8	乙类 Bc	壶	铜鼎、铜钫、漆器			西汉早期	《考古》1996 年第 3 期
丰 M88	甲类 AaⅣ	鼎 AbⅠ、盒 BⅠ、壶 CⅠ、小壶 BbⅠ、车轮				西汉中期	《丰泰》第 21 页
丰 M344	甲类 AbⅠ	鼎 AbⅢ、盒 BⅢ、壶 BaⅢ、车轮				西汉中期	《丰泰》第 25 页
丰 M246	乙类 Bc		鼎、钫、带钩、环、漆木		连弧纹镜	西汉中期	《丰泰》第 27 页
丰 M281	乙类 Bc	壶 BaⅢ	鼎、洗、铃、泡钉、铜环、刷子、樽、带钩、玉印章、铁剑、铁刀	西汉五铢Ⅱ		西汉中期晚段	《丰泰》第 28 页
丰 M211	丁类 AaⅠ	鼎 Ab、盒 BⅢ、壶 CⅠ、小壶 BⅡ				西汉中期	《丰泰》第 32 页
丰 M342	丁类 AaⅠ	罐 AaⅢ、釜 AaⅡ				西汉晚期	《丰泰》第 33 页
丰 M163	丁类 AaⅡ	罐 BaⅠ	带钩	西汉五铢Ⅲ	日光镜	西汉晚期晚段	《丰泰》第 34 页
刘 M3[4]	乙类 Ba	罐 AⅡ				西汉中期	《刘家沟》第 78 页
刘 M7	乙类 Ba	鼎 AbⅠ、盒 BⅠ、壶 BaⅡ		半两Ⅱ		西汉中期早段	《刘家沟》第 80 页

续表

墓葬	形制	陶器	铜、铁、珠饰	钱币	铜镜	年代	资料来源
刘 M43	乙类 Ba	鼎 AaⅢ、盒 BⅠ、壶 CⅡ、釜甑、罐 BbⅠ				西汉中期	《刘家沟》第 102 页
刘 M72	乙类 Ba	鼎 AaⅢ、盒 AⅢ、罐、釜甑				西汉中期	《刘家沟》第 126 页
九 M28	乙类 Ba	鼎 AbⅡ、盒 AⅡ、釜甑				西汉中期早段	《九里山》第 137 页
九 M157	乙类 Ba	鼎 AaⅢ、盒 CaⅠ、壶 CⅠ、瓮 AaⅠ、灶 BbⅠ				西汉早期	《九里山》第 148 页
九 M132	乙类 Ba	罐 AaⅠ、鏊 AⅠ、盂	铜带钩	半两Ⅳ		西汉早期	《九里山》第 157 页
九 M43	乙类 Cb	鼎 CaⅠ、釜 AaⅢ、瓮 AbⅡ、仓 AbⅠ、灶 BbⅠ、井 BⅠ	泡钉、铁刀、石璧	西汉五铢Ⅱ		西汉中期晚段	《九里山》第 166 页
九 M50	乙类 Ba	鼎 AaⅡ、盒 AⅡ、壶 AⅡ、杯、镟斗 AⅠ、瓮 AbⅡ	珠饰			西汉中期	《九里山》第 186 页
九 M53	乙类 Ba	鼎 AbⅠ、罐 AbⅠ、壶 AⅠ、勺				西汉中期	《九里山》第 192 页
九 M54	乙类 Ba	鼎 AaⅢ、盒 AⅢ、壶 BaⅠ	铜铃、铜带钩			西汉中期	《九里山》第 194 页
九 M111	乙类 Ba	鼎 AaⅣ、盒 BⅡ、壶 CⅠ、豆 B、杯、瓮 AbⅡ、勺				西汉中期早段	《九里山》第 288 页
王 M11[5]	乙类 Aa	鼎 AbⅢ、盒 BⅣ、钫、罐 AaⅡ、灶 AⅡ、陶饼	漆盒			西汉中期	《王坡》第 222 页
王 M22	乙类 Ba	鼎 AbⅢ、盒 BⅣ、壶 BⅣ、罐 BcⅠ、灶 A	铜带钩	半两Ⅴ		西汉中期	《王坡》第 227 页
王 155	乙类 Aa	瓮 AbⅡ、灶	铁剑、漆器、铜鍪	半两Ⅴ		西汉中期	《王坡》第 237 页
过山 M2	甲类 AaⅢ	罐 AaⅡ、瓮 AbⅠ、碗				西汉中期	《江汉考古》1990 年第 3 期

续表

墓葬	形制	陶器	铜、铁、珠饰	钱币	铜镜	年代	资料来源
彭岗 M117	甲类 AaⅢ	盒 BⅡ、壶 BaⅡ、灶 AⅡ、井 BⅠ				西汉中期	《江汉考古》2000 年第 2 期
莲花池 M14	乙类 Ba	鼎、盒、壶 AⅢ、瓮 AaⅡ、盆、鍪、甑、盆	铜印、带钩、铜鍪、铁釜			西汉中期	《考古》2011 年第 4 期
万岗 M1	甲类 AbⅠ	鼎 AbⅠ、盒 AⅢ、壶 BaⅠ	铁镰、铜洗	西汉五铢Ⅰ		西汉中期晚段	《考古》1964 年第 8 期
鳌盖山 M8	甲类 AaⅠ	鼎 AabⅠ、盒 BⅡ、壶 BaⅢ、罐、釜				西汉中期	《江汉考古》1988 年第 4 期
一中 M35	乙类 Ab	鼎 AbⅢ、盒 BⅡ、陶虎座壶	铜饰、铁钩		四山镜	西汉中期	《华夏考古》2004 年第 2 期
烟草局 M7	甲类 AaⅡ	鼎 AbⅢ、盒 BⅡ、壶 CⅠ、瓮 AbⅡ		西汉五铢Ⅰ		西汉中期晚段	《华夏考古》1999 年第 3 期
牛 M3	乙类 Aa	鼎 AbⅢ、盒 BⅠ、壶 CⅠ、小壶 BbⅡ、熏炉	玉片、铁勺、铜泡、铁带钩	半两Ⅲ	蟠螭纹镜	西汉中期早段	《牛王庙》第 13 页
牛 M4	甲类 AaⅠ	鼎 AbⅢ、盒 BⅡ、壶 CⅠ、小壶 BbⅡ、陶狗、俑头	铁条、铜匕形器	半两Ⅲ	蟠螭纹镜	西汉中期早段	《牛王庙》第 16 页
牛 M8	甲类 AaⅠ	瓮 BⅠ、罐 AaⅡ、陶瓶		半两Ⅴ	草叶纹镜	西汉中期早段	《牛王庙》第 26 页
牛 M10	甲类 AaⅠ	瓮 BⅠ、罐 BaⅠ				西汉中期早段	《牛王庙》第 29 页
牛 M41	甲类 AaⅣ	瓮 BⅠ、罐 BaⅡ、陶瓶、车轮		半两Ⅴ		西汉中期早段	《牛王庙》第 92 页

续表

墓葬	形制	陶器	铜、铁、珠饰	钱币	铜镜	年代	资料来源
牛 M51	甲类 Aa I	鼎 Ab I、盒 B II、壶 C I、小壶 Bb II、罐 Ba I			花瓣纹镜	西汉中期	《牛王庙》第 110 页
牛 M60	甲类 Aa III	鼎 Ab III、盒 B II、壶 C I、车轮	铜带钩钩印章、铁刀、铁钩			西汉中期	《牛王庙》第 132 页
牛 M20	乙类 Aa	瓮 B I、罐 Ba I	铜铃	西汉五铢 III	花瓣纹镜	西汉中期晚段	《牛王庙》第 20 页
牛 M22	乙类 Bc	鼎 Ab III、盒 B II、壶 C II、勺、饰品、车轮	带钩、耳饰、铁锸、盖钮		连弧纹镜	西汉中期早段	《牛王庙》第 48 页
牛 M32	甲类 Aa I	瓮 B III、罐 Ba I	铜盆、铜碗、铜刷、铁剑、玉片	西汉五铢 I	草叶纹镜	西汉中期早段	《牛王庙》第 72 页
牛 M108	甲类 AaIV	盒 BIV、壶 Ba III、小壶 Bb I、车轮	玉块	半两 V	草叶纹镜	西汉中期早段	《牛王庙》第 216 页
丰 M41 [6]	甲类 Aa III	罐 Ba I				西汉中期	《丰泰》第 9 页
丰 M8	丁类 Aa II	罐、钵 [7]				西汉中期	《丰泰》第 36 页
王 156	乙类 Aa	瓮 Ab II、仓 Aa I、灶	铜铅		蟠螭纹镜	西汉中期晚段	《王坡》第 239 页
牛 M6	甲类 Aa I	瓮 B III、罐 Ba II	带钩 A		草叶纹镜	西汉晚期	《牛王庙》第 22 页
牛 M12	甲类 Aa I	鼎 Ab III、盒 Ca III、壶 A IV、小壶 Ba III、釜 Ab		五铢 [8]		西汉晚期	《牛王庙》第 31 页
牛 M14	甲类 Aa I	鼎 B II、盒 Cb I、壶 Ba III、小壶 Ba II、仓 AB II、豆		西汉五铢 IV		西汉晚期	《牛王庙》第 33 页
牛 M77	甲类 AaIV	鼎 B III、盒 Ca III、壶 C I、小壶 Ba II	铜圈、铝衔			西汉晚期	《牛王庙》第 160 页

续表

墓葬	形制	陶器	铜、铁、珠饰	钱币	铜镜	年代	资料来源
牛M98	甲类Aa I	鼎B I、盒Ca III、小壶Bb I、瓮B II		西汉五铢IV		西汉晚期	《牛王庙》第195页
牛M118	甲类Aa I	罐Aa III		西汉五铢II	蟠螭纹镜	西汉晚期	《牛王庙》第226页
丰M333	丁类Aa II	鼎B I、盒、罐Aa III、仓、灶、圈厕、陶狗				西汉晚期	《丰乐》第35页
丰M184	丁类Aa II	罐Aa III	铁剑			西汉晚期	《丰乐》第39页
丰M67	丁类Da I	陶片				西汉晚期	《丰乐》第57页
刘M48	乙类Ba	罐Aa III、镶斗A III				西汉晚期	《刘家沟》第108页
刘M51	乙类Ba	壶A V、罐Ba IV、仓Aa II、灶Aa I、钵			日光镜	西汉晚期	《刘家沟》第112页
刘M53	乙类Ba	鼎Aa V、盒B IV、壶A IV、罐Ba I、瓿、钵	铜盆、铁鋗			西汉晚期	《刘家沟》第115页
刘M59	乙类Ba	壶A IV、灶A I、钵				西汉晚期	《刘家沟》第122页
刘M73	庚类A	鼎A V、Cb III、灶A II、A III、仓Aa II、井B II、壶C II、瓮Ab III、盆			西汉晚期	《刘家沟》第129页	
刘M74	乙类Ba	鼎Ca III、壶C II、罐Aa II、仓Aa II、灶A I				西汉晚期	《刘家沟》第132页
九M1[8)	乙类Aa	罐Aa II、仓Ab I、灶Bb I、井B I				西汉晚期	《九里山》第112页
九M2	乙类Bb II	鋗A V、瓮Aa IV、仓Aa II、灶A II		西汉五铢II		西汉晚期	《九里山》第116页
九M12	乙类Ba	鼎Cb I、壶C II、罐Cb I、井	石塞、石蝉			西汉晚期	《九里山》第121页

续表

墓葬	形制	陶器	铜、铁、珠饰	钱币	铜镜	年代	资料来源
九 M147	丁类 Ad	鼎 BⅡ、罐 BcⅡ、仓 AbⅠ、井 AaⅢ、磨 Ba、圈厕、狗		东汉五铢Ⅱ		西汉晚期	《九里山》第 140 页
九 M137	乙类 BbⅡ	鼎 AaⅤ、壶 AⅣ、瓮 AbⅠ、罐 AaⅤ、仓 AbⅠ、灶 BaⅡ、井 AaⅡ		西汉五铢Ⅳ	日光镜	西汉晚期	《九里山》第 160 页
九 M171	乙类 Cb	鼎 CbⅢ、瓮 AbⅠ、灶 BbⅠ、仓 AbⅠ、井 AaⅡ	石塞	西汉五铢Ⅰ		西汉晚期	《九里山》第 171 页
九 M85	乙类 Cb	鼎 CbⅢ、壶 AⅣ、仓 AaⅡ、灶 AⅡ、井 AaⅡ	铜带钩、铁权、铁削、石蝉	西汉五铢Ⅳ		西汉晚期	《九里山》第 234 页
九 M89	乙类 BbⅡ	鼎 CbⅢ、仓 AbⅡ、灶 BbⅠ、井 AaⅠ、陶珠	铝器、铜泡钉	西汉五铢Ⅳ	日光镜	西汉晚期	《九里山》第 245 页
九 M91	乙类 BbⅠ	鼎 CbⅡ、瓮 AbⅢ、仓 AaⅡ、灶 AⅠ、井 BⅡ				西汉晚期	《九里山》第 250 页
九 M92	乙类 BbⅠ	鼎 BⅠ、瓮 AbⅢ、仓 AaⅡ、灶 BbⅠ	石砚、铁削、印章、骨器		昭明镜	西汉晚期	《九里山》第 253 页
九 M93	乙类 BbⅡ	鼎 CbⅢ、罐 AaⅤ、仓 AbⅠ、灶、井	带钩、泡钉	西汉五铢Ⅳ	日光镜	西汉晚期	《九里山》第 256 页
九 M99	乙类 Cb	鼎 AⅥ、壶 AⅣ、罐 BcⅡ、仓 AbⅠ、灶 BbⅡ、井 AaⅠ	带钩、石蝉、石铢	西汉五铢Ⅳ		西汉晚期	《九里山》第 268 页
九 M115	乙类 BbⅠ	鼎 AaⅢ、壶 AⅣ、罐 BbⅡ、仓 AbⅠ、灶 BbⅠ、井 AaⅡ		西汉五铢Ⅱ		西汉晚期	《九里山》第 292 页
王 M154	乙类 Ba	鼎 AⅤ、盒 AⅣ、壶 BaⅢ、罐、灶 AⅡ	漆器			西汉晚期	《王坡》第 236 页

续表

墓葬	形制	陶器	铜、铁、珠饰	钱币	铜镜	年代	资料来源
王 M162	乙类 Bb Ⅱ	鼎 Ca Ⅲ、盒 Ca Ⅱ、壶 B Ⅰ、罐 Ab Ⅰ、仓 Aa Ⅰ、灶 A Ⅱ、井				西汉晚期	《王坡》第 246 页
长虹南 M1	乙类 Bb Ⅰ	鼎 Cb Ⅲ、盒 Ca Ⅰ、壶 A Ⅳ、瓿、瓮 Ab Ⅱ、仓 Ab Ⅱ、灶 A Ⅱ、井 B Ⅰ、博山炉		西汉五铢 Ⅰ		西汉晚期	《江汉考古》1999 年第 4 期
长虹南 M2	乙类 Bb Ⅰ	鼎 Ⅲ、盒 Ca Ⅲ、瓿、仓 Ab Ⅱ、灶 A、井 B Ⅰ		西汉五铢 Ⅰ		西汉晚期	《江汉考古》1999 年第 4 期
王 M180	丁类 Aa Ⅱ	鼎 Cb Ⅴ、壶 Ba Ⅰ、罐 Aa Ⅴ、仓 Aa Ⅱ、灶 A Ⅱ、井 Ab Ⅰ				东汉早期	《王坡》第 347 页
高庄 M7	丁类 Ab Ⅱ	鼎 Aa Ⅵ、盒 Ca Ⅰ、壶 A Ⅳ、小壶 Ba、瓮 Aa Ⅴ、罐 Aa Ⅳ、罐 Ab Ⅲ、磨 Bb、灶 Ba Ⅱ、鸡、狗 A、洗、井		西汉五铢 Ⅳ		西汉晚期	《江汉考古》1999 年第 4 期
马集 M1	甲类 Ab Ⅰ	鼎 Cb Ⅰ、壶 A Ⅳ、仓 Aa Ⅱ、井 B Ⅰ、灶 Ba Ⅰ				西汉晚期	《江汉考古》2006 年第 3 期
彭岗 M126	丁类 Ad Ⅲ	罐 A Ⅲ		西汉五铢 Ⅳ		西汉晚期	《江汉考古》2000 年第 2 期
穰东 M1	乙类 Aa	鼎 Ab Ⅳ、盒 Ca Ⅰ、罐 C Ⅰ、小壶 Ba	石板、石块、银花饰、扣饰、带钩		昭明镜	西汉晚期	《华夏考古》2003 年第 3 期
万岗 M7	丁类 Ad	鼎 Aab Ⅰ、瓮 Ab Ⅱ、仓 Ab Ⅰ、灶	铁器、小铁刀	西汉五铢 Ⅳ	草叶纹镜	西汉晚期	《考古》1964 年第 8 期
陈鹏 M68	乙类 Bb Ⅰ	鼎 B Ⅱ、盒 Cb Ⅰ、壶 A Ⅴ、豆、仓 B Ⅰ、灶 Bb Ⅱ、井 B Ⅱ、磨 Bb	铜匜、铜盆、玉璜、铜铜、铜铃	西汉五铢 Ⅳ		西汉晚期[9]	《考古》2008 年第 10 期

续表

墓葬	形制	陶器	铜、铁、珠饰	钱币	铜镜	年代	资料来源
三杰 M49	乙类 Cb	仓 B I、方盒	铜洗、铜盆、熏炉、弩机、马具、琉璃镇、银环、玉片、石塞		连弧纹镜	西汉晚期	《中原文物》2011 年第 3 期
审计局 M30	丁类 Aa I	仓 B I			昭明镜	西汉晚期	《中原文物》2011 年第 1 期
审计局 M69	丁类 Aa I	鼎 Ab IV、盒 Cb I、壶 A IV、仓 B I、方盒、硬陶罐	瓷壶		昭明镜	西汉晚期	《中原文物》2011 年第 1 期
汽修 M1	甲类 Aa II	鼎 B I、盒 Cb I、壶 A V、仓 Aab II、灶 Bb III、圈厕 B、磨	车马器	西汉五铢 IV		西汉晚期	《中原文物》2008 年第 4 期
508 厂 M1	丁类 Aa I	鼎 Aa I、盒 A II、壶 A III、仓 B I、灶 Bb II、樽			日光镜	西汉晚期	《考古与文物》1994 年第 4 期
简杆岭 M83	庚类 B	鼎 Aa IV、壶 C II、罐 Aa II、瓮 Ab III、盆、仓、灶 A III、B III、井	铜瓿、铜弩机、车马器、铁削	西汉五铢 IV	昭明镜	西汉晚期	《华夏考古》2012 年第 1 期
简杆岭 M38	庚类 A	鼎 Ab IV、壶 A IV、瓮 Aa II、仓 Aa II、灶 A III、井 B II、磨 Bc II、釜甑、博山盖	弩机、铁剑、石片	西汉五铢 IV		西汉晚期	《华夏考古》2006 年第 2 期
罐山塞	丙类 B I	鼎、盒、罐、瓮、钵	铁刀	五铢钱币		西汉晚期	《中原文物》1986 年第 1 期
西峰 M5	丙类 A I	鼎 B I、壶、灶				西汉晚期	《江汉考古》2011 年第 4 期
西峰 M3	丙类 C I	壶、罐 Bb II、灶 Ba I、仓 Ab II	蚌壳			西汉晚期	《江汉考古》2011 年第 4 期

续表

墓葬	形制	陶器	铜、铁、珠饰	钱币	铜镜	年代	资料来源
牛 M85	丁类 Aa II	鼎 B I 、盒 Cb III 、甑、方盒、仓 Ab I 、灶 Bb II 、灯				新莽时期	《牛王庙》第 172 页
牛 M123	甲类 Aa I			大泉五十、小泉直一	博局纹镜	新莽时期	《牛王庙》第 230 页
刘 M50	乙类 Ba	鼎 Aa V 、盒 B V 、壶 A IV 、釜甑				新莽时期	《刘家沟》第 110 页
九 M69	乙类 Aa	瓮 A IV 、罐 Bc II 、仓 Ab III 、灶 Bb I 、井、狗 A 、鸡		大泉五十		新莽时期	《九里山》第 217 页
九 M71	乙类 Bb I	壶 A IV 、仓 Aa II 、灶 Bb II 、井 Aa II		西汉五铢 I		新莽时期	《九里山》第 220 页
九 M98	乙类 Bb I	鼎 A VI 、盒 Ca III 、鍪 A IV 、瓮 Aa III 、仓 Aa II 、灶 A III 、井 B	带钩、铁镯 I			新莽时期	《九里山》第 264 页
九 M171	乙类 Cb	盒 B V 、罐 Bc II 、仓 Ab I 、灶 Bb II 、井 Aa II 、博山	石片、石堡、石蝉	西汉五铢 II		新莽时期	《九里山》第 336 页
王 M161	丁类 Aa II	罐 Aa II 、灶 A II		大泉五十		新莽时期	《王坡》第 225 页
牛王庙 M1	丁类 Ab II			大泉五十、西汉五铢 IV	博局镜	新莽时期	《文物》2005 年第 1 期
东苑 M85	丁类 Da I	鼎 D I 、盒 B IV 、壶 A IV 、仓 B II 、魁	铁刀	大泉五十、西汉五铢 IV		新莽时期	《华夏考古》1999 年第 2 期
岘山 M1	丁类 Db I	鼎 B I 、盒 Ba IV 、壶 Ba IV 、仓 B II 、灶 Ba II 、井 A II 、圈厕 Aa I 、磨	铜盘、铜壶、铁剑	大泉五十、大布黄千		新莽时期	《考古》1996 年第 5 期
牛 M34	丁类 Ab I	鼎 D I 、甑、釜（应为灶上）	圆形玉片	东汉五铢 I		东汉早期	《牛王庙》第 77 页

附录

续表

墓葬	形制	陶器	铜、铁、珠饰	钱币	铜镜	年代	资料来源
牛 M71	丁类 Ac	仓 Ab Ⅲ、磨 A I、瓿、釜（灶上）、陶鸡、鸭	铁带钩			东汉早期	《牛王庙》第 150 页
丰 M127	丁类 Aa Ⅱ	鼎、盒、壶 Ba Ⅳ、罐、仓 Ab I、灶 Bb Ⅱ、磨				东汉早期	《丰泰》第 42 页
丰 M66	丁类 Aa Ⅱ	壶 aⅣ、灶 Bb Ⅱ、井 Ab I、圈厕 A Ⅱ、陶狗 B、磨 A I	铁刀			东汉早期	《丰泰》第 46 页
丰 M330	丁类 Ab I	鼎 B Ⅱ、仓 Ab Ⅱ、灶 Bb Ⅱ、井 Ab I、磨 Ba、圈厕 Aa Ⅱ、鸡				东汉早期	《丰泰》第 49 页
丰 M140	丁类 Ab Ⅱ	鼎 Cb Ⅱ、罐 Ⅲ、井 Ab I、灶 Bb Ⅱ、仓 Ab Ⅲ				东汉早期	《丰泰》第 50 页
丰 M78	丁类 Ac	盒 Cb Ⅲ、仓、灶 Bb Ⅱ、井 Ab Ⅱ、狗、鸡、圈厕 B	铅器（残）			东汉中期	《丰泰》第 53 页
丰 M362	丁类 Ac	鼎 B Ⅱ、盒 Cb Ⅲ、壶 Ba Ⅲ、罐、仓 B Ⅱ、灶 Bb Ⅱ、井 Ab I、盉、鸡、狗 B、磨、圈厕 A Ⅱ				东汉早期	《丰泰》第 55 页
丰 M201	丁类 Ac	盉、方盒、狗 B、圈厕 A Ⅱ、鸡、鸭	铜泡钉			东汉早期	《丰泰》第 56 页
丰 M38	丁类 Db I	仓 B Ⅱ、井 Ab I、灶 Bb Ⅱ、鸡、陶盆				东汉早期	《丰泰》第 59 页
丰 M63	丁类 Db I	鼎 D I、盒 Cb Ⅱ、壶 Ba Ⅳ、仓 B Ⅱ、灶 Bb Ⅲ、井 Ab I、磨 A I、狗 A、圈厕 B、盉、方盒	铜饰	无字陶钱		东汉早期	《丰泰》第 60 页
东 M5[10]	丁类 B Ⅱ	罐 Aa Ⅴ、Ab I、仓 Aa Ⅱ、灶 Ba I	铜洗		蟠螭纹镜	东汉早期	《东沟》第 235 页

263

续表

墓葬	形制	陶器	铜、铁、珠饰	钱币	铜镜	年代	资料来源
东M50	丁类C	罐 AaⅢ、井 AbⅠ、灶 BbⅢ、磨 AⅠ、博山炉、圈厕 Ab		货泉、东汉五铢Ⅰ	四乳镜	东汉早期	《东沟》第260页
九M19	丁类Ad	鼎 AaⅤ、壶 AⅤ、罐 AaⅢ、仓 AbⅠ、灶 BbⅡ、井 AaⅢ、圈厕 AaⅠ、狗 A、鸡、磨 Ba		东汉五铢Ⅰ		东汉早期	《九里山》第127页
九M46	乙类BbⅠ	鼎 BⅢ、壶 AⅤ、罐 AaⅤ、井 AaⅢ、仓 AbⅡ、灶 BbⅡ、磨 Ba、圈厕 AaⅠ				东汉早期	《九里山》第176页
九M47	乙类Ca	鼎 AaⅢ、壶 AaⅣ、井 AbⅠ、灶 BbⅡ、仓 AbⅡ、磨 Ba、杯 AⅠ、圈厕 AaⅠ、鸡、狗 A、磨 Ba				东汉早期	《九里山》第181页
九M63	乙类Ca	鼎 BⅠ、壶 AⅣ、罐 BcⅢ、樽、仓 AbⅡ、井 AaⅢ、圈厕 AⅠ、狗 A、鸡、鸭、磨 Ba		西汉五铢Ⅳ		东汉早期	《九里山》第220页
九M77	丁类AdⅡ	鼎 BⅡ、壶 AⅤ、灶 BaⅠ、井 AaⅢ、罐 BcⅠ、鸡、狗 A、磨 Ba、仓 AbⅡ、博 AⅠ				东汉早期	《九里山》第229页
九M175	乙类Cb	仓 AbⅢ、壶 BaⅣ、井 AaⅢ、灶 BcⅢ、罐 BcⅢ、圈厕 A、狗 A、鸡、磨 Ba、樽	铁刀	东汉五铢Ⅰ		东汉早期	《九里山》第348页
卞营M10	丁类AbⅠ	仓、灶 BaⅠ、井 AaⅡ、磨 AⅠ、圈厕 Ab、鸡、狗 A		大泉五十		东汉早期	《江汉考古》2000年第2期
襄樊M1	丁类Da	瓮 AbⅣ、仓 AbⅢ、灶 BbⅢ、瓶、盆、碗、盘、磨 AⅠ、耳杯 AⅠ、圈厕 Ab	泡钉	货泉		东汉早期	《考古》1993年第5期
孔家营M1	丁类AaⅡ	鼎 BⅠ、壶 AⅣ、盒 CaⅠ、仓 AbⅠ、灶 BbⅡ、井 AaⅢ、磨 Ba、罐 AaⅤ、圈厕 AaⅠ	玉塞、玉蝉			东汉早期	《江汉考古》2005年第3期

墓葬	形制	陶器	铜、铁、珠饰	钱币	铜镜	年代	资料来源
高庄 M27	丁类 Ad Ⅲ	鼎 Ab Ⅴ、壶 Ba Ⅳ、瓮 Ab Ⅳ、罐 Aa Ⅳ、仓 Ab Ⅱ、灶 Ba Ⅱ、井 Ab Ⅱ、圈厕 Aa Ⅰ、狗 A、鸡				东汉早期	《江汉考古》2006 年第 1 期
万岗 M9	丁类 Aa Ⅱ	鼎 B Ⅱ、小壶、瓮、罐 Bb Ⅳ、仓 B Ⅱ、灶 Bb Ⅲ、井 B Ⅱ、圈厕、狗、鸡、案、杯 A Ⅰ		货泉、大泉五十		东汉早期	《考古》1964 年第 8 期
程庄 M39	甲类 Bb Ⅰ	罐 Aa Ⅳ、Ab Ⅰ、仓 Ab Ⅱ、鸡、狗 A、磨 A Ⅰ	铁刀	货泉	四乳镜	东汉早期[11]	《华夏考古》2009 年第 4 期
程庄 M104	乙类 Bb Ⅰ	鼎 B Ⅰ、盒 Cb Ⅲ、小壶 Bb、罐 Aa Ⅲ、仓 Ab Ⅱ、灶 Bb Ⅲ、井 Ab Ⅰ、圈厕 A Ⅰ、盆				东汉早期	《华夏考古》2009 年第 4 期
拆迁办 M3	丁类 Aa Ⅱ	鼎 B Ⅱ、壶 Ba Ⅲ、仓 B Ⅲ、灶 Bb Ⅰ、井 Ab Ⅱ、磨 A Ⅱ、狗 A、鸡、圈厕 Aa Ⅱ		东汉五铢 Ⅰ		东汉早期	《中原文物》2010 年第 6 期
杜甫巷 M2	丁类 Dc Ⅰ	盒、瓮 Ab Ⅳ、罐 Aa Ⅴ、金、仓 B Ⅱ、灶 Bb Ⅲ、井 Aa Ⅲ、狗 A、磨 Ba、鸡、博山炉、奁	铜带钩、铁削	货泉、西汉五铢 Ⅳ		东汉早期	《江汉考古》2000 年第 2 期
牛 M129	壬类	仓 Ab Ⅲ		东汉五铢 Ⅰ		东汉中期	《牛王庙》第 244 页
丰 M208	丁类 Da Ⅱ	仓 Ab Ⅲ、灶、井 Ab Ⅰ、耳杯 B	铜饼、弩机、铜帽	东汉五铢 Ⅱ	凤鸟纹镜	东汉中期	《丰冢》第 63~65 页
幸 M18	丁类 C		铜饰	东汉五铢 Ⅰ		东汉中期	《老幸福》第 75 页
幸 M72	丁类 C	罐 Ba Ⅴ、仓 Ab Ⅲ、灶 Ba、甑	耳珰			东汉中期	《老幸福》第 84 页

续表

墓葬	形制	陶器	铜、铁、珠饰	钱币	铜镜	年代	资料来源
东 M51	丁类 C	井 AbI、圈厕 Ab、狗 B、釜甑（灶上）				东汉中期	《东沟》第 270 页
王 M174	丁类 Da I	壶 Ba V、罐 Aa VI、仓 A III、灶 Bb III、井 AaIV、磨 A II、尊、俑、狗 B、博山炉、猪圈 A II、鸡、硬陶瓷 I		东汉五铢 I		东汉中期	《王坡》第 351 页
松鹤路 M29	丁类 C	罐 Ab III、灶 BbII、井 AaII、圈厕 Ab³、狗 B、鸡、磨 AI、陶锥	铜削、料珠			东汉中期	《襄樊考古文集》（第一辑）
东街 M3	丁类 Da I	罐 A IV、仓 Ab III、甑、灶 Bb III、井 AbII、磨 A I、狗 B、圈厕 Aa I				东汉中期	《襄樊考古文集》
人民北路 M3	丁类 Dc II	罐、壶、细颈壶、井、圈厕、圈厕、磨、樽、陶灯、陶钱	玉蝉	东汉五铢 I	博局纹镜	东汉中期	《华夏考古》1999 年第 3 期
邢庄 M3	丁类 Ab II	鼎、仓 Ab II、灶、甑、鸡、狗 A、磨 Ba、博山炉	铁镢			东汉中期	《华夏考古》2008 年第 3 期
制造厂 M2	丁类 Db I	盒 Cb IV、仓 B II、灶 Bb II、陶楼、鸭、鸡、磨、陶钱		东汉五铢 I	连弧纹镜	东汉中期	《华夏考古》1998 年第 1 期
胶片厂 M6	丁类 Db I	釉陶壶、仓 B II、灶 Bb II、井、狗、圈厕、磨、青瓷罐	铁削刀、银顶针	西汉五铢 IV	博局四神	东汉中期	《华夏考古》1994 年第 4 期
教师新村 M10	丁类 D	仓、井、狗、耳杯、盘、磨、俑、陶楼	车马器、铁镜、玉衣片	西汉五铢 IV		东汉中期	《中原文物》1997 年第 4 期
西峰 M2	丙类 A II	壶 Bb I、罐 Bd、瓮、灶 Bb II、鏊				东汉中期	《江汉考古》2011 年第 4 期
西峰 M15	丙类 B II	壶 Bb II、罐 Bb III、仓 Aa I				东汉中期	《江汉考古》2011 年第 4 期

续表

墓葬	形制	陶器	铜、铁、珠饰	钱币	铜镜	年代	资料来源
西峰M22	丙类CⅡ	罐BcⅢ	银环、铜镯、水晶杯、料管、水晶珠、金蝉、铅珠、铜管、银镯		连弧纹镜	东汉中期	《江汉考古》2011年第4期
丰M12	丁类AaⅡ	盒CbⅣ、壶BaⅤ、罐AaⅦ、碗、仓、AbⅣ、灶、狗B、圈厕AaⅡ、熏炉、方盒、案、盘、人俑、鸡				东汉晚期	《丰泰》第37页
幸M9[12]	丁类C	罐、甑、硬陶瓮Ⅱ、硬陶壶	料珠、耳珰、铜带钩	东汉五铢Ⅱ		东汉晚期	《老幸福》第74页
幸M24	丁类C	壶BbⅠ、罐AaⅤ、瓮AbⅤ、灶、硬陶罐		东汉五铢Ⅰ		东汉晚期	《老幸福》第78页
幸M32	丁类C	罐BaⅤ、BbⅢ、甑		东汉五铢Ⅰ		东汉晚期	《老幸福》第82页
幸M13	丁类BⅠ	罐Ab、甑	铁釜、铜刀、佩饰、银镯、铜带钩、银指环、耳珰	东汉五铢Ⅲ		东汉晚期	《老幸福》第93页
幸M10	丁类BⅡ	鼎BⅣ、罐Ab、盆、仓AbⅢ、灶BbⅢ、盆	铜饰、料珠	东汉五铢Ⅲ		东汉晚期	《老幸福》第98页
幸M11	丁类BⅡ	壶BbⅡ、甑				东汉晚期	《老幸福》第99页
东M61	丁类C	小壶BbⅡ、罐AbⅠ、方盒、杵臼、仓、AbⅢ、灶、BbⅢ、井AaⅢ、鸡、炉、狗B、圈厕Ab	铁匕首	东汉五铢Ⅰ		东汉晚期	《东沟》第280页
贾巷M5	丁类DaⅠ	瓮AbⅣ、硬陶罐、罐、碗	弩机、铜环、铁刀	东汉五铢Ⅰ		东汉晚期	《襄樊考古文集》第一辑[13]

续表

墓葬	形制	陶器	铜、铁、珠饰	钱币	铜镜	年代	资料来源
贾巷 M7	丁类 Da I	壶、罐、盘、磨、樽、鸡、羊、楼、狗、灶、仓、羊、圈厕	铁刀、铜饰			东汉晚期	《襄樊考古文集》
北岗 M1	丁类 C	壶 Bb II、罐 Aa V、瓮 Ab IV、仓 Ab III、灶 Bb II、井 Aa IV、博山炉、磨 A II、圈厕、鸡、狗 B、杯 A II、盘	铁镞、银戒指	东汉五铢 II		东汉晚期	《江汉考古》2004 年第 2 期
杨寨 M3	丁类 B II	瓮 Ab V、狗 B		东汉五铢 II		东汉晚期	《江汉考古》1996 年第 4 期
杨寨 M1	丁类 Da II	壶 Bb II、仓 Ab III、井 Ab II、狗 B		东汉五铢 II		东汉晚期	《江汉考古》1996 年第 4 期
东街 M2	丁类 Da II	罐 Bc III、甑、灶 Bb III、狗 B、圈厕 Aa I、磨、硬陶罐	铁刀	东汉五铢 I		东汉晚期	《襄樊考古文集》
防爆厂 M64	丁类	壶 Ba V、瓷、仓 B II、盘、豆形器、圈厕 Bb II、井 Ab、狗 A、鸡、案、勺、耳杯 A II、魁	带钩、石砚		四神镜	东汉晚期	《中原文物》2008 年第 4 期
秦园路 M3	丁类 C	仓 Ab III、磨、灶、圈厕	银钗	西汉五铢 IV		东汉晚期	《考古》2001 年第 8 期
西峰 M23	丙类 B III	仓 A I、磨 A I、灶、圈厕	银钗	西汉五铢 IV		东汉晚期	《江汉考古》2011 年第 4 期

注：

1) 该表收入的墓葬多未被盗掘、破坏，对于断代具有标型意义的墓葬。不包括画像石墓，限于墓葬装饰的特殊性，详见附表二。

2) "牛"：在"墓葬"一栏表示牛王庙墓地，在"资料来源"一栏表示《南阳牛王庙汉墓考古发掘报告》报告。

3) "钱币"一栏只标出年代相对最晚的钱币。

4) "刘"在"墓葬"一栏表示《淅川刘家冶口墓地》，在"资料来源"一栏表示《淅川刘家冶口墓地》报告。

5) "王"在"墓葬"一栏表示《襄阳王坡东周秦汉墓》，在"资料来源"一栏表示《襄阳王坡东周秦汉墓地》报告。

6) "丰"在"墓葬"一栏表示"南阳丰泰墓地"，在"资料来源"一栏表示《南阳丰泰墓地》报告。

7）表中对部分陶器的形式未进行划分，是因为原报告中对该器物未有文字和线图或照片的描述，因此表中部分墓葬按原文描述，只标明墓葬器物组合。

8）牛王庙 M12 出土一串五铢钱，锈结在一起，无法辨认。

8）"九" 在 "墓葬" 一栏表示 "老河口九里山墓地"，在 "资料来源" 一栏表示《老河口九里山秦汉墓》报告。

9）南阳陈鹏墓的时代在西汉晚期与新莽之际。

10）"东" 在 "墓葬" 一栏表示 "淅川东沟长岭墓地"，在 "资料来源" 一栏表示《淅川东沟长岭楚汉墓》报告。

11）程庄 M39 的时代应在该在王莽与东汉初年之间。

12）"幸"，在 "墓葬" 一栏表示 "郧县老幸福院墓地"，在 "资料来源" 一栏表示《郧县老幸福院墓地》报告。

13）《襄樊考古文集》（第一辑），北京：科学出版社，2007 年。

附录二 南阳汉代画像石墓一览

墓葬	形制		画像位置	画像		随葬品				年代	资料来源
	结构	类型		画像内容	雕刻技法	陶器	铜器	钱币	铜镜		
赵寨砖瓦厂	砖石混构	Bc	门扉、门柱	几何图案	横竖纹衬底面阴线刻	鼎 AbⅢ、瓿、甑、灶、圈厕、陶楼	铁斧、车马器	西汉五铢Ⅲ		西汉中期晚段	《中原文物》1982年第1期
唐河石灰窑	石材构造	AaⅠ	墓门、门柱	几何图案、人物、瑞兽	主要为凹面阴线刻和阴线刻、少量浅浮雕	罐、瓿、盆、磨		西汉五铢Ⅲ		西汉中期晚段3)	《文物》1982年第5期
辛店熊营1)	砖石混构	AaⅡ	墓门正面, 墓室	几何图案、瑞兽	剔地浅浮雕、空间饰以横竖地纹	鼎 BⅡ、盒 Cb Ⅱ、小壶、瓮 Aa Ab Ⅲ、罐 Ⅲ、仓 BⅡ、灶、井 BbⅠ、Ba Ⅱ、鸡、狗 A 磨 Bb		西汉五铢Ⅳ		西汉晚期	《考古》2008年第2期
南阳杨官寺2)	石材构筑	CⅠ	门柱、门额、门扉、墓室内石块	几何图案、神话、人物	阴线刻为主	鼎 AbⅢ、盒 Ca Ⅱ、壶 AⅣ、罐 Bb、仓 BⅠ、磨、案、灶、圈厕	车马器、剑柄	西汉五铢Ⅳ		西汉晚期	《考古学报》1963年第1期
南阳永泰小区	砖石混构	Ba	门楣、门柱、门槛	神话	横竖纹及斜纹衬地浅浮雕	鼎 DⅠ、盒 Ba Ⅲ、罐 Ⅲ、仓 AbⅡ、灶 Bb、井 BⅡ、圈厕 AⅡ、狗 A	剑璏、铁剑	西汉五铢Ⅳ		西汉晚期4)	《华夏考古》2010年第3期

续表

墓葬	形制		画像			随葬品				年代	资料来源
	结构	类型	画像位置	画像内容	雕刻技法	陶器	铜器	钱币	铜镜		
唐河湖阳	砖石混构	Ab	门楣、门扉、门槛	几何图案		壶 A IV、小壶 Ba II、盒 Ca III、仓 B I、磨 Bb、灶 Bb II、井 A II、圈厕、鸡	金饰、鎏金凤凰、印章、铁剑、玉佩	西汉五铢 I、西汉五铢 III、西汉五铢 IV		西汉晚期[6]	《中原文物》1985年第3期
南阳万家园	砖石混构	Aa II	门楣、门柱、门扉	瑞兽、人物	横竖纹及斜纹衬地浅浮雕	泥质红陶片	铜镜、铁刀		蟠螭纹镜	西汉晚期偏早	《中原文物》2010年第5期
唐河湖阳[5]	砖石混构	C II	门楣、门柱、门扉、门槛等	瑞兽、人物	减地浅浮雕、少量的阴线刻	壶、盒、案、瓮、罐、灶、狗、鸡、II、鸟、耳杯、仓 B II、俑头、甑	车马器			新莽时期	《考古学报》1980年第2期
南阳刘洼	砖石混构	Bb II	除四门槛无画像外，其余石面均有	人物、瑞兽	凹面阴线刻和阴线浮雕，少量浅浮雕，图案简略	鼎 D I、壶、盒 Ab I、圈仓 B I、厕 B	铁剑	货泉、大泉五十		新莽时期	《中原文物》1991年第3期
中建七局	砖石混构	Ab	门楣、门柱、过梁、立柱、阶石	神话、祥瑞、辟邪、人物	凿纹减地浅浮雕	鼎 D I、盒 Cb III、耳杯 B、盘、圆盒、圈厕 Aa II、俑	铁镂	西汉五铢 IV、小泉直一、大泉五十		新莽时期	《中原文物》1997年第4期

271

续表

墓葬	形制		画像			随葬品				年代	资料来源
	结构	类型	画像位置	画像内容	雕刻技法	陶器	铜器	钱币	铜镜		
蒲山二号	砖石混构	BbⅡ	门柱、门楣、正门、梁柱	瑞兽、人物	横竖纹衬底、剔地浅浮雕	仓BⅡ、井Aa Ⅲ、圈厕Aa Ⅱ、灶BbⅡ、磨A Ⅰ、狗、鸡	铜洗	西汉五铢、货泉		新莽时期	《中原文物》1997年第4期
南阳蒲山	砖石混构	BbⅡ	门柱、门楣、正门、梁柱	瑞兽、人物	横竖纹衬底、剔地浅浮雕	仓BⅡ、井Aa Ⅲ、圈厕Aa Ⅱ、灶BbⅡ、磨A Ⅰ、狗、鸡		货泉		新莽时期	《华夏考古》1991年第4期
安居新村	砖石混构	BbⅢ	门楣、门柱、过梁、门槛	人物、瑞兽、几何图案	剔地浅浮雕、空间施横竖线条的地纹	罐BaⅤ、灶Ⅱ、案、耳杯B、狗	车器、锏			东汉早期	《考古》2005年第8期
辛店熊营[7]	砖石混构	BbⅡ	门楣、门柱、门扉、中柱等所有石面	人物、瑞兽	横竖纹衬地浅浮雕	鼎BⅢ、盒Cb、壶、釜、灶BbⅡ、圈厕Aa Ⅱ、磨A、鸡、狗A	铁剑	西汉五铢Ⅲ		东汉早期	《中原文物》1996年第3期
针织厂M2	砖石混构	Bc	塞门、门楣、门柱、侧柱、门扉	瑞兽、人物	横竖纹衬地浅浮雕	盒、仓、罐、釜、鸡、灶、井				东汉早期	《中原文物》1985年第3期

墓葬	形制		画像			随葬品				年代	资料来源
	结构	类型	画像位置	画像内容	雕刻技法	陶器	铜器	钱币	铜镜		
南阳陈棚	砖石混构	Ab	门楣、门槛、梁柱、门过梁、侧面	瑞兽、人物	横竖纹及斜纹村地浅浮雕、透雕与高浮雕相同雕刻	鼎BI、盒Cb I、壶AV、灶Bb I、案、罐仓BII、井、磨、陶楼、鸡、狗A、鸭	棺饰、冒钉、车器		四神博局纹镜	东汉早期	《考古学报》2007年第2期
南阳王寨	砖石混构	Bb Ⅲ	墓门、前室石梁、主室侧门门槛	神话、瑞、辟邪、人物	横竖纹及斜纹村地浅浮雕、线条粗犷	钵、壶、灶、盘、仓、狗、灯、鸡、陶楼	车器、车轴			东汉早期	《中原文物》1982年第1期
南阳石桥	砖石混构	Bb Ⅲ	墓门、门楣、门柱、墓室内石块上均有	人物、瑞兽	剔地浮雕	鼎DI、仓Ab I、瓮、圆盒、狗、陶钱	车器	西汉五铢IV、大泉五十		东汉早期	《考古与文物》1982年第1期
南阳军帐营[8]	砖石混构	Bb Ⅳ	门柱、塞门	人物、瑞兽	粗线条减地浮雕	磨、鸡、圈厕仓、豆、俑		货泉		东汉早期	《中原文物》1982年第1期
唐河白庄	砖石混构	Bc	墓门、主室门	瑞兽、几何图案	横竖纹村地浅浮雕	瓮Ab Ⅲ、盒Cb Ⅲ、磨、仓BII、灶、罐A、		货泉、东汉五铢I		东汉早期	《中原文物》1997年第4期
南阳英庄	砖石混构	Bb Ⅰ	门楣、中柱、侧柱、门扉、中柱、盖顶	神话、瑞兽	横竖纹及斜纹村地浅浮雕					东汉早期	《中原文物》1983年第4期

续表

墓葬	形制		画像			随葬品				年代	资料来源
	结构	类型	画像位置	画像内容	雕刻技法	陶器	铜器	钱币	铜镜		
南阳英庄	砖石混构	Bb I	墓门、门柱、门楣	人物、兽、几、何图案	横竖纹及斜纹衬地浅浮雕	盒、瓮、罐、仓、圈厕、磨				东汉早期	《文物》1984年第3期
方城城关	砖石结构	C	门楣、门柱、门扉	建筑、人物、瑞兽	阴刻线浅浮雕					东汉中期	《文物》1980年第3期
邓县长冢店	砖石混构	Bb IV	门楣、门柱、门扉和立柱	瑞兽、人物	横竖纹衬底、剔地浅浮雕	瓮		东汉五铢		东汉中期	《中原文物》1982年第1期
邓州粱寨	砖石混构	Aa II	门楣、塞门	瑞兽、人物、几、何图案	横竖纹及斜纹衬地浅浮雕	鼎、壶、灶、井、圈厕、瓿、鸡9)		东汉五铢 II		东汉晚期	《中原文物》1996年第3期
新野前高庙	砖石混构	Bb V		铺首衔环、二龙穿璧		壶、瓿、盘、甑、案、耳杯、磨、圈厕、灶、斗、镟、陶楼、鸡、俑	铁灯、陶俑	东汉五铢 II		东汉晚期	《中原文物》1985年第3期

注:
1) 该墓为2001年9月在辛店营熊营村清理的一座画像石墓。该墓的墓室南北两墙和封门门使用砖外，其他均使用石料。
2) 该墓用石材顶盖44块、墙壁199块、支柱10块、门额8块、门楣4块、封门4块，总计用石块351块。另外本书认为该墓的初建在西汉晚期，一直沿用使用至东汉早期或更晚至东汉中期。
3) 该墓的形制与丁类（砖室墓）Ab I相似，其时代在西汉中期，另外该墓随葬品时代基本为西汉早期时期，所以本书认为该墓的时代应该在西汉中期晚段，延续使用至东汉早期。
4) 该墓随葬品均为王莽时期随葬品，该墓的具体时代应在西汉晚期至新莽之间。

5）该墓即"郁平大夫冯君孺人"画像石墓。本表把该墓时代考订在"新莽天凤五年"，因为是该墓的初建年代，以后虽有东汉中晚期遗物，但该墓未进行二次建造的痕迹，因此其建造结构和画像的特点应是新莽时期风格。

6）该墓的形制与丁类（砖室墓）Ac型相似，其时代在新莽时期，再者该墓虽被多次使用，但陶器的时代均在西汉晚期，所以本书认为该墓的时代应在西汉晚期，而不是报告中的西汉中期的西汉晚期段。

7）目前该区报道了两座题目相同但未分别编号的画像石墓，该墓为1989年4月在辛店营村清理的一座画像石墓。

8）该墓破坏较为严重，大部分随葬品已经遗失。

9）表中未对器物形制式进行标明的是因原报告较为简略，仅是有随葬品，大多未见照片或线图。

参考文献

白云翔：《战国秦汉时期瓮棺葬研究》，《考古学报》2001 年第 3 期。

半如田：《汉画像墓分区初探》，《中原文物》1988 年第 2 期。

包明军、李华冰：《河南南阳市发现的巴蜀式铜剑》，《华夏考古》2004 年第 2 期。

包明军、王伟：《南阳汉墓出土铜镜简介》，《江汉考古》1997 年第 1 期。

北京市文物考古研究所等：《湖北丹江口市莲花池墓地战国秦汉墓》，《考古》2011 年第 4 期。

蔡全法：《河南秦汉考古的发现与研究》，《华夏考古》1989 年第 3 期。

常任侠：《汉画艺术研究》，上海出版公司，1955。

陈恒树：《湖北随县塔儿湾古城岗发现汉墓》，《考古》1966 年第 3 期。

陈江风：《天文与人文》，国际文化出版社，1988。

陈千万：《谷城县马铃沟东汉墓陶鼎盖模印图像考略》，《江汉考古》1993 年第 4 期。

程林泉、韩国河：《长安汉镜》，陕西人民出版社，2002。

辞海编辑委员会：《辞海》（缩印本），上海辞书出版社，1980。

〔英〕崔瑞德、〔英〕鲁唯一编《剑桥中国秦汉史：公元前 221 年至公元 220 年》，杨品泉等译，中国社会科学出版社，1992。

丁兰：《湖北地区楚墓分区研究》，民族出版社，2006。

峰之：《近30年来汉墓综合研究中的墓葬分类问题》，《中国文物报》2002年11月8日007版。

葛剑雄主编《中国人口史》（第一卷），复旦大学出版社，2005。

龚胜生：《汉唐时期南阳地区农业地理研究》，《中国历史地理论丛》1991年第2期。

广州市文物管理委员会：《广州汉墓》，文物出版社，1981。

广州市文物考古研究所等：《番禺汉墓》，科学出版社，2006。

郭灿江：《河南出土汉代陶灶》，《中原文物》1998年第3期。

郭德维：《楚系墓葬研究》，湖北教育出版社，1995。

郭小霞、陈娟：《南阳郡国五铢及其相关问题》，《中原文物》2009年第5期。

韩国河：《秦汉魏晋丧葬制度研究》，陕西人民出版社，1999。

韩建华：《中国古代城阙的考古学观察》，《中原文物》2005年第1期。

韩维周：《河南西峡县及南阳市两古城调查记》，《考古通讯》1956年第2期。

韩玉祥：《南阳汉代天文画像石研究》，民族出版社，1995。

《汉书》，中华书局，1962。

河南省南阳市文物考古研究所：《河南南阳市陈棚村68号汉墓》，《考古》2008年第10期。

河南省博物馆：《南阳汉代画像石概述》，《文物》1973年第6期。

南阳地区文物研究所：《新野樊集汉画像砖墓》，《考古学报》1990年第4期。

河南省南阳市文物考古研究所、武汉大学历史学院考古系：《南阳丰泰墓地》，科学出版社，2011。

河南省文物局编《淅川东沟长岭楚汉墓》，科学出版社，2011。

河南省文化局文物工作队：《河南南阳杨官寺汉代画像石墓发掘报告》，《考古学报》1963年第1期。

河南省文物局：《淅川刘家沟口墓地》，科学出版社，2011。

河南省文物考古工作队：《河南桐柏万岗汉墓的发掘》，《考古》1964年第8期。

河南省文物考古研究所、南阳市文物考古研究所：《河南方城县平高台遗址汉墓发掘简报》，《华夏考古》2007年第4期。

河南省文物研究所：《南阳北关瓦房庄汉代冶铁遗址发掘报告》，《华夏考古》1991年第1期。

赫玉建：《汉代旱涝疫灾害在汉画中的反映》，《中原文物》2002年第1期。

《后汉书》，中华书局，1965。

胡顺利：《郧县砖瓦厂的两座东汉墓小议》，《江汉考古》1986年第2期。

湖北省博物馆、丹江口市博物馆：《丹江口市肖川两汉墓葬》，《江汉考古》1988年第4期。

湖北省博物馆：《湖北砖瓦厂两座东汉墓》，《江汉考古》1986年第2期。

湖北省江陵县文化局、荆州地区博物馆：《江陵岳山秦汉墓》，《考古学报》2000年第4期。

湖北省荆州博物馆：《荆州高台秦汉墓》，科学出版社，2000。

湖北省文物管理委员会：《湖北均县"双塚"清理简报》，《考古》1965年第12期。

湖北省文物考古研究所等：《湖北省郧西县观沟口墓地发掘简报》，《四川文物》2010年第3期。

湖北省文物考古研究所等：《襄阳王坡东周秦汉墓》，科学出版社，2005。

湖北省文物考古研究所、谷城县博物馆：《谷城过山战国西汉墓葬》，《江汉考古》1990年第3期。

湖北省文物考古研究所：《湖北丹江市吉家院墓地的清理》，《考古》2000年第8期。

湖北省文物考古研究所、十堰市博物馆、丹江口市博物馆：《丹江口市玉皇庙汉晋墓发掘简报》，《江汉考古》2001年第1期。

湖北省文物考古研究所、襄樊市博物馆：《湖北襄樊郑家山战国秦汉墓》，《考古学报》1999 年第 3 期。

湖北省文物考古研究所、襄樊市博物馆：《湖北襄阳邓城韩岗遗址发掘简报》，《江汉考古》2002 年第 2 期。

湖北省文物考古研究所、襄樊市襄阳区文物管理处：《湖北襄阳马集、李食店墓葬发掘简报》，《江汉考古》2006 年第 3 期。

湖北省文物考古研究所：《襄樊市真武山西汉墓葬》，《江汉考古》1993 年第 4 期。

湖北省文物考古研究所、襄阳县文物管理处：《襄阳竹条汉代墓葬、窑址发掘》，《江汉考古》2000 年第 1 期。

黄晓芬：《汉墓的考古学研究》，岳麓书社，2003。

黄雅峰、陈长山编著《南阳麒麟岗汉画像石墓》，三秦出版社，2008。

〔日〕吉村苣子：《中国墓葬中独角类镇墓兽的谱系》，《考古与文物》2007 年第 2 期。

吉林大学边疆考古研究中心：《湖北十堰箪河口遗址 2008 年发掘简报》，《四川文物》2010 年第 6 期。

蒋宏杰等：《河南南阳陈棚汉代彩绘画像石墓》，《考古学报》2007 年第 2 期。

蒋宏杰：《南阳出土铜镜》，文物出版社，2010。

蒋若是：《秦汉钱币研究》，中华书局，1997。

蒋晓春：《三峡地区秦汉墓研究》，巴蜀书社，2010。

瞿同祖：《汉代社会结构》，上海人民出版社，2007。

孔祥星、刘一曼：《中国古代铜镜》，文物出版社，1984。

老河口市博物馆：《湖北老河口市柴店岗两汉墓葬》，《考古》2001 年第 7 期。

老河口市博物馆：《湖北省老河口市北岗东汉墓发掘简报》，《江汉考古》2004 年第 2 期。

老河口市博物馆：《老河口百花山西汉墓清理简报》，《江汉考古》1996 年第 3 期。

老河口市博物馆：《老河口市柴店岗砖厂汉代窑址清理简报》，《江汉考古》2004 年第 4 期。

老河口市博物馆：《老河口市孔家营一号东汉墓清理简报》，《江汉考古》2005 年第 3 期。

老河口市博物馆：《老河口市杨寨东汉墓清理简报》，《江汉考古》1996 年第 4 期。

李陈广、韩玉祥、牛天伟：《南阳汉代画像石墓分期》，《中原文物》1998 年第 4 期。

李陈广：《汉代面具的应用及影响》，《中原文物》1987 年第 1 期。

李崇智：《中国历代年号考》（修订本），中华书局，2006。

李桂阁：《试论汉代的仓囷明器与储量技术》，《华夏考古》2005 年第 2 期。

李京华、陈长山：《南阳汉代冶铁》，中州古籍出版社，1995。

李零：《学术的科索沃》，《中国学术》（第 2 辑），商务印书馆，2000。

李如森：《汉代丧葬礼俗》，沈阳出版社，2003。

李晓杰：《东汉政区地理》，山东教育出版社，1999。

李玉洁：《先秦丧葬制度研究》，中州古籍出版社，1991。

刘克：《南阳汉画像与生态民俗》，学苑出版社，2008。

刘瑞、刘涛：《西汉诸侯王陵墓制度研究》，中国社会科学出版社，2010。

刘绍明：《南阳汉宛城遗址出土新莽钱范》，《中国钱币》1999 年第 2 期。

刘霞：《南阳几件汉代铭刻铜器》，《中原文物》2004 年第 5 期。

刘新建：《秦汉建设"大一统"文化的尝试及其特点》，《社会科学》1990 年第 3 期。

刘尊志：《汉代诸侯王墓研究》，社会科学文献出版社，2012。

刘尊志：《徐州汉墓与汉代社会研究》，科学出版社，2011。

吕品：《河南汉代画像砖出土与研究》，《中原文物》1989 年第 3 期。

栾丰实等：《考古学理论·方法·技术》，文物出版社，2002。

罗二虎：《四川汉代砖石室墓的初步研究》，《考古学报》2001 年第 4 期。

罗二虎：《西南汉代画像与画像墓研究》，四川大学博士学位论文，2001。

罗二虎主编《中国美术考古研究现状》，上海大学出版社，2008。

洛阳区考古发掘队：《洛阳烧沟汉墓》，科学出版社，1959。

马保春：《早期豫陕鄂间文化交流通道初步研究》，《中原文物》2006年第5期。

毛保枝：《汉画中戏车与杂技技术》，《中原文物》2003年第5期。

南京大学历史系、南京市文物考古研究所：《河南南阳市刑庄汉、宋墓群发掘报告》，《华夏考古》2008年第3期。

南阳地区文物工作队：《方城党庄汉画像石墓》，《中原文物》1986年第2期。

南阳地区文物队、南阳博物馆：《唐河汉郁平大尹冯君孺人画像石墓》，《考古学报》1980年第2期。

南阳地区文物工作队、南阳县文化馆：《河南方城县城关镇汉画像石墓》，《文物》1984年第3期。

南阳地区文物工作队、南阳县文化馆：《河南南阳县十里铺画像石墓》，《文物》1986年第4期。

南阳地区文物工作队、南阳县文化馆：《河南南阳县英庄汉画像石墓》，《文物》1984年第3期。

南阳地区文物考古研究所：《河南南阳县蒲山汉墓的发掘》，《华夏考古》1991年第4期。

南阳汉画像馆编著《南阳汉代画像石墓》，河南美术出版社，1998。

南阳市博物馆：《南阳发现东汉许阿瞿墓志画像石》，《文物》1974年第8期。

南阳市博物馆：《南阳县赵寨砖瓦厂汉画像石墓》，《中原文物》1982年第1期。

南阳市古代建筑保护研究所：《南阳市烟草专卖局春秋、西汉墓葬的发掘》，《华夏考古》1999年第3期。

南阳市文物工作队：《河南南阳市麒麟岗8号西汉木椁墓》，《考古》1996年第3期。

南阳市文物工作队：《河南南阳五交化储运站战国墓》，《江汉考古》

1996 年第 3 期。

南阳市文物工作队：《南阳市环卫处汉墓发掘简报》，《中原文物》
1994 年第 1 期。

南阳市文物工作队：《南阳市彭营砖瓦厂战国楚墓》，《中原文物》
1994 年第 1 期。

南阳市文物工作队：《南阳市药材市场画像石墓发掘简报》，《中原文物》1994 年第 1 期。

南阳市文物考古工作队：《南阳汽车制造厂东汉墓发掘简报》，《华夏考古》1998 年第 1 期

南阳市文物考古工作队：《南阳市第二工厂 21 号画像石墓的发掘简报》，《中原文物》1993 年第 1 期。

南阳市文物考古研究所：《河南南阳拆迁办秦墓发掘简报》，《华夏考古》2005 年第 3 期。

南阳市文物考古研究所：《河南南阳牛王庙村 1 号汉墓》，《文物》2005 年第 3 期。

南阳市文物考古研究所：《河南南阳蒲山二号汉画像石墓》，《中原文物》1997 年第 4 期。

南阳市文物考古研究所：《河南南阳市宛城遗址战国水井发掘报告》，《华夏考古》2003 年第 3 期。

南阳市文物考古研究所：《河南南阳市万家园汉画像石墓》，《中原文物》2010 年第 5 期。

南阳市文物考古研究所：《河南南阳市辛店熊营汉画像石墓》，《考古》2008 年第 2 期。

南阳市文物考古研究所：《河南南阳市一中新校址汉墓发掘简报》，《华夏考古》2004 年第 2 期。

南阳市文物研究所、唐河县文化馆：《河南唐河白庄汉画像石墓》，《中原文物》1997 年第 4 期。

南阳市文物考古研究所：《南阳牛王庙汉墓考古发掘报告》，文物出版社，2011。

南阳市文物考古研究所：《南阳市拆迁办住宅楼汉墓 M3 发掘简报》，

《中原文物》2010 年第 6 期。

南阳市文物考古研究所：《南阳市防爆厂住宅小区汉墓 M62、M84 发掘简报》，《中原文物》2008 年第 4 期。

南阳市文物考古研究所：《南阳市教师新村 10 号汉墓》，《中原文物》1997 年第 4 期。

南阳市文物研究所：《南阳市人民北路汉墓发掘简报》，《华夏考古》1999 年第 3 期。

南阳市文物研究所：《南阳中建七局机械厂画像石墓》，《中原文物》1997 年第 4 期。

南阳市文物研究所：《河南省南阳市十里铺二号画像石墓》，《中原文物》1996 年第 3 期。

南阳市文物研究所：《河南省南阳县辛店乡熊营画像石墓》，《中原文物》1996 年第 3 期。

南阳市文物研究所：《河南省桐柏县安棚画像石墓》，《中原文物》1996 年第 3 期

南阳市文物研究所：《南阳市邢营画像石墓发掘报告》，《中原文物》1996 年第 4 期。

南阳市知府衙门博物馆：《南阳市嘉丰汽修厂汉墓清理简报》，《中原文物》2008 年第 4 期。

南阳文物考古研究所等：《河南淅川县徐家岭 11 号楚墓》，《考古》2008 年第 5 期。

南漳县博物馆：《南漳城关东汉墓清理简报》，《江汉考古》2000 年第 2 期。

潘佳红、李俊：《丹江口市肖川战国两汉墓葬发掘简讯》，《江汉考古》1988 年第 1 期。

蒲慕洲：《墓葬与生死：中国古代宗教之省思》，中华书局，2008。

（清）郭庆藩撰《庄子集释》，王孝鱼点校，中华书局，1961。

（清）阮元校刻《十三经注疏：附校勘记》，中华书局，1980。

（清）王先谦撰《荀子集解》，沈啸寰、王星贤点校，中华书局，1988。

山西省考古研究所：《河南淅川县杨岗码头汉墓群发掘简报》，《华夏考古》2011 年第 2 期。

陕西省考古研究所：《白鹿原汉墓》，三秦出版社，2003。

陕西省考古研究所：《西安郑王村西汉墓》，三秦出版社，2008。

《史记》，中华书局，1959。

宋治民：《战国秦汉考古》，四川大学出版社，1993。

宋治民：《战国秦汉考古研究的思考》，《四川大学考古专业创建三十五周年纪念文集》，四川大学出版社，1998。

孙广清：《河南汉代画像石的分布于区域类型》，《华夏考古》1991 年第 4 期。

索德浩：《峡江地区汉晋墓葬文化因素分析》，巴蜀书社，2012。

谭其骧主编《中国历史地图集》第二册，中国地图出版社，1996。

（唐）杜佑：《通典》，中华书局，1988。

田立振：《试论汉代回廊葬制》，《考古与文物》1995 年第 1 期。

王建中：《汉代画像石通论》，紫禁城出版社，2001。

王建中：《南阳古代独玉初探》，《中原文物》2002 年第 2 期。

王恺：《苏鲁豫皖交界地区汉画像石墓的分期》，《中原文物》1990 年第 1 期。

王子今：《秦汉时期生态环境研究》，北京大学出版社，2007。

魏仁华：《河南南阳发现一批秦汉铜钱》，《考古》1964 年第 11 期。

无锡市考古研究所：《丹江口库区鳖盖山墓群发掘简报》，《中原文物》2009 年第 6 期。

吴小平：《汉代青铜容器的考古学研究》，岳麓书社，2005。

西安市文物保护研究所：《西安龙首原汉墓》，西北大学出版社，1999。

西安市文物考古研究所编《西安东汉墓》，文物出版社，2009。

淅川县文管会：《淅川县程凹西汉墓发掘简报》，《中原文物》1987 年第 1 期。

咸阳市文物考古研究所：《任家咀秦墓》，科学出版社，2005。

襄樊考古队：《襄樊高庄墓群第三次发掘》，《江汉考古》2006 年第 1 期。

襄樊市博物馆：《湖北襄樊市两座东汉墓发掘》，《考古》1993 年第 5 期。

襄樊市博物馆：《湖北襄樊市毛纺厂汉墓清理简报》，《考古》1997 年第 12 期。

襄樊市博物馆：《湖北襄樊市区东汉墓发掘简报》，《考古与文物》1993 年第 4 期。

襄樊市博物馆：《湖北襄樊市砚山汉墓》，《考古》1996 年 5 期。

襄樊市博物馆：《湖北襄樊市余岗战国至秦汉墓葬发掘报告》，《考古学报》1996 年第 3 期。

襄樊市博物馆：《湖北襄阳余岗战国墓发掘简报》，《考古》1992 年第 9 期。

襄樊市博物馆：《襄樊杜甫巷东汉、唐墓》，《江汉考古》2000 年第 2 期。

襄樊市博物馆：《襄樊余岗战国秦汉墓第二次发掘简报》，《江汉考古》2003 年第 2 期。

襄樊市考古队：《襄樊彭岗汉墓群发掘简报》，《江汉考古》2000 年第 2 期。

襄樊市考古队：《襄樊市邓城古井清理简报》，《江汉考古》1999 年第 4 期。

襄樊市考古队：《襄樊市高庄墓群第三次发掘》，《江汉考古》2006 年第 1 期。

襄樊市考古队：《襄樊市高庄墓群发掘报告》，《江汉考古》1999 年第 4 期。

襄樊市考古队：《襄樊团山下营墓地第二次发掘》，《江汉考古》2000 年第 2 期。

襄樊市考古队：《襄樊王寨许家岗墓群发掘》，《江汉考古》1999 年第 4 期。

襄樊市考古队、襄樊县文物管理处：《襄阳东津洪山头遗址发掘简报》，《江汉考古》1999 年第 4 期。

襄樊市文物考古研究所、武安铁路复线九里山考古队：《老河口九里山秦汉墓》，文物出版社，2009。

襄樊市文物考古研究所：《襄樊付岗墓地第二次发掘报告》，《襄樊考古文集》，科学出版社，2007年。

襄樊市文物考古研究所：《襄樊贾巷墓地发掘报告》，《襄樊考古文集》，科学出版社，2007年。

襄樊市文物考古研究所：《襄樊松鹤路墓地发掘简报》，《襄樊考古文集》，科学出版社，2007年。

襄樊市文物考古研究所：《襄阳城车街汉晋墓地发掘报告》，《襄樊考古文集》，科学出版社，2007年。

襄樊市文物考古研究所：《余岗楚墓》，科学出版社，2011。

襄樊学院、襄阳及三国历史文化研究所：《湖北郧县西峰汉墓群发掘简报》，《江汉考古》2011年第4期。

襄石复线襄樊考古队：《湖北襄阳法龙付岗墓地发掘简报》，《江汉考古》2002年第4期。

襄阳市文物管理处：《襄阳贾家冲画像砖墓》，《江汉考古》1986年第1期。

信立祥：《汉代画像石墓综合研究》，文物出版社，2000。

信立祥：《汉画像石的分区与分期研究》，《考古类型学的理论与实践》，文物出版社，1989。

徐承泰：《南阳战国晚期至秦汉墓葬出土仿铜礼器研究》，《江汉考古》2011年第2期。

徐少华：《周代南土历史地理与文化》，武汉大学出版社，1994。

徐永斌：《南阳汉画像石的发展与分期》，《中原文物》2009年第1期。

闫虹：《湖北襄樊文物处征集的青铜镜》，《文物世界》2008年第2期。

严耕望：《两汉太守刺史表》，上海古籍出版社，2007。

晏昌贵：《丹江口水库区域古代城址的沿革和地望考述》，《江汉考古》1996年第1期。

晏昌贵：《丹江口水库区域历史地理研究》，科学出版社，2007。

杨爱国：《五十年来汉画像石研究》，《东南文化》2005 年第 4 期。

杨爱国：《幽明两界：纪年汉代画像石研究》，陕西人民美术出版社，2006。

印群：《黄河中下游地区的东周墓葬制度》，社会科学文献出版社，2001。

余静：《中国南方地区两汉墓葬研究》，长春：吉林大学博士学位论文，2009 年。

俞伟超、高文：《周代用鼎制度研究》，《北京大学学报》（哲学社会科学版），1978 年第 1、2 期。

俞伟超：《古史的考古学探索》，文物出版社，2002。

俞伟超：《考古学是什么：俞伟超考古学理论文选》，中国社会科学出版社，1996。

院文清：《楚与秦汉漆器的几个问题》，《江汉考古》1987 年第 1 期。

岳庆平：《中国秦汉习俗史》，人民出版社，1994。

《云梦睡虎地秦墓》编写组：《湖北云梦睡虎地秦墓》，文物出版社，1981。

郧县地区博物馆：《湖北郧县老观庙汉墓的清理》，《考古》1999 年第 7 期。

张方、卓玉：《河南南阳出土一件汉代铁镜》，《文物》1997 年第 1 期。

张光直：《考古学与中国历史学》，《考古与文物》1981 年第 3 期。

张晓军：《南阳汉代花纹砖》，《中原文物》2005 年第 4 期。

张新斌：《汉画像石所见楚风与儒风》，《中原文物》1993 年第 1 期。

张尧成：《河南出土半两钱钱范》，《中国钱币》2008 年第 2 期。

张勇：《河南出土汉代建筑明器》，《中原文物》1999 年第 2 期。

张勇、田丽：《谈南阳杨官寺汉画像石墓的年代问题》，《中原文物》2009 年第 6 期。

赵化成：《从商周"集中公墓制"到秦汉"独立陵园制"演化轨迹》，《文物》2007 年第 7 期。

赵化成、高崇文：《秦汉考古》，文物出版社，2002。

中国大百科全书编辑委员会：《中国大百科全书·考古学》，中国大百科全书出版社，1986。

中国硅酸盐学会：《中国陶瓷史》，文物出版社，1982。

中国社会科学院考古研究所长江工作队：《鄂西北地区的三座古墓》，《考古》1990年第8期。

中国社会科学院考古研究所等：《西汉南越王墓》，文物出版社，1991。

中国社会科学院考古研究所：《中国考古学·秦汉卷》，中国社会科学出版社，2010。

周到：《河南汉画像石考古四十年概况》，《中原文物》1989年第3期。

周学鹰：《汉代建筑明器探源》，《中原文物》2003年第3期。

周振鹤：《西汉政区地理》，人民出版社，1987。

周振鹤：《中国历史文化区域研究》，复旦大学出版社，1997。

朱凤瀚：《论中国考古学与历史学的关系》，《历史研究》2003年第1期。

Flad R. Ritual. "Analysis of Burial Elaboration at Dadianzi, Inner Mongoli," *Journal of East Asian Archaeology*, 2001, 3（3~4）.

von Falkenhausen L. . "On the historiograghical orientation of Chinese orientation of Chinesearchaeology," *Antiquty*, 1993, 67（257）.

后　记

本书的选题、写作、修订都得到罗二虎教授的悉心指导。恩师勤恳沉稳、精益求精，但我懒散拖延、眼高手低，一直未能企及老师的要求。

段小强教授十分关心本书的出版事宜，也给予了莫大的帮助。单位领导和同事在工作中给予诸多方便，让我有充足时间完成学业。

多年的求学生活，离不开家人的支持和理解。妻子在自己繁重科研工作之余，帮助校订全文。这些都铭刻于心底。

由于各种原因，未能将部分新增资料填补其中，部分内容也未能反复推敲，实属遗憾。作为学习和成长的见证，我愿接受师友的批评指正。

陈亚军

2018 年 10 月

图书在版编目（CIP）数据

南阳地区汉墓的考古学研究／陈亚军著. -- 北京：
社会科学文献出版社，2018.12
ISBN 978 - 7 - 5201 - 3902 - 1

Ⅰ.①南…　Ⅱ.①陈…　Ⅲ.①汉墓 - 研究 - 南阳
Ⅳ.①K878.84

中国版本图书馆 CIP 数据核字（2018）第 252027 号

南阳地区汉墓的考古学研究

著　　者／陈亚军

出 版 人／谢寿光
项目统筹／王玉敏
责任编辑／王玉敏　赵怀英

出　　版／社会科学文献出版社·独立编辑工作室（010）59367153
　　　　　　地址：北京市北三环中路甲 29 号院华龙大厦　邮编：100029
　　　　　　网址：www.ssap.com.cn
发　　行／市场营销中心（010）59367081　59367083
印　　装／三河市尚艺印装有限公司

规　　格／开　本：787mm×1092mm　1/16
　　　　　　印　张：18.25　字　数：291 千字
版　　次／2018 年 12 月第 1 版　2018 年 12 月第 1 次印刷
书　　号／ISBN 978 - 7 - 5201 - 3902 - 1
定　　价／79.00 元

本书如有印装质量问题，请与读者服务中心（010 - 59367028）联系